Johann Wolfgang Goethe
Iphigenie auf Tauris

Ein Schauspiel

Leipzig 1787

Mit einem Kommentar
von Axel Schmitt

Suhrkamp

Der vorliegende Text folgt der Ausgabe: Johann Wolfgang Goethe. *Sämtliche Werke. Briefe, Tagebücher und Gespräche.* I. Abteilung: Sämtliche Werke, Bd. 5: *Dramen 1776–1790.* Unter Mitarbeit von Peter Huber herausgegeben von Dieter Borchmeyer, S. 553–619. Frankfurt am Main: Deutscher Klassiker Verlag 1988.

Originalausgabe
Suhrkamp BasisBibliothek 103
Erste Auflage 2011

Satz: pagina GmbH, Tübingen
Druck: CPI – Ebner & Spiegel, Ulm
Printed in Germany

ISBN 978-3-518-18903-0

1 2 3 4 5 6 – 16 15 14 13 12 11

Inhalt

Thematik: Gewissenskonflikt der Haupthandlungsträgerin
zwischen dem Willen des Individuums und seiner Fremdb.
ideale Menschenbild und seiner Entscheidungsweisen
→ Iphigenie als Beispiel eines idealen Menschen im Sinne des klass. Idealismus

Themat. Abriss: Gefangenschaft/Heiratsantrag, Ankunft des Bruders,
Fluchtgedanken, Entscheidung zu bleiben, Heimkehr

info. des Auszug   Die vorliegenden Auszüge aus .... zentrieren um
zu diesem Zeitpunkt reflektiert Iphigenie /Unmittelbar in der darauf
                                              folgenden Szene ...
Hauptteil Am Anfang beklagt I. .... (lineare) Zitate !
   Inhalt + Form: funktionale Deutung

Schluss Abgleich mit dem Gedankengut der Klassik
Schillersche Idealismus (1793)   Herder (1793)
Mensch ist vernunftbezog. Wesen   Menschenwürde = Ziel des menschl.
ist beherrscht Körper   Daseins
wahre Humanität als   Bildung zur Humanität = Kunst
vermittelt von Wahr-   des menschl. Geschlechts
-heit   lebenslange Entwicklung

Dialoganalyse

Einleitung:

- Einleitungssatz (Autor, Titel, Jahr, Textsorte, Thema
- Gesprächspartner
- Thematik des Gesprächs
- In Kontext einordnen

Intention analysieren:

Gesprächsziele ermitteln

Hauptteil:

- Untersuchung der Gesprächsstrategien (Sprachliche Mittel)
- Gesprächsverlauf (möglichst genau Beschreiben)
- Entwicklung des Konflikts analysieren (Wendepunkt
- Verhältnis der Sprecher
- Gesprächsbeteiligung

Ergebnis:

- Welcher Gespr. Partner hat seine Ziele erreicht?
- Welche Funktion hat der Dialog innerhalb des Dramas
- Welche Folgen hat der Gesprächsausgang für das Drama

⌈Iphigenie auf Tauris⌉

Ein Schauspiel

⟨Versfassung⟩ Szenenanalyse

<u>Einleitung:</u>

---

1 <u>Hauptteil:</u> Wiedergabe

- Einordnung in das Drama (Akt/Auftritt)

- Handlungsstruktur der Szene
- Funktionale Einordnung der Szene in den Kontext
- Dialogstruktur

2.1 <u>Strukturanalyse</u>

- Rhetorische Mittel
- Anteil: Sprache Handlung

- Dominierung einer Figur

- Beziehen sich die Sprecher aufeinander, reden sie
aneinander vorbei

<u>Schluss</u>

- Funktion der Szene für einzelne Personen
- Kurze Bewertung

IPHIGENIE
THOAS, *König der Taurier*
OREST
PYLADES
ARKAS

Schauplatz

⌐Hain⌐ *vor* ⌐Dianens⌐ *Tempel.*

⌐Erster Aufzug⌐

Erster Auftritt

IPHIGENIE Heraus in eure ⌐Schatten⌐, rege Wipfel
    Des alten heil'gen, dichtbelaubten Haines,
    Wie in der Göttin stilles Heiligtum,
    Tret' ich noch jetzt mit schauderndem Gefühl,
5   Als wenn ich sie zum erstenmal beträte,
    Und es gewöhnt sich nicht mein Geist hierher.
    So manches Jahr bewahrt mich hier verborgen
    ⌐Ein hoher Wille⌐, dem ich mich ergebe;
    Doch immer bin ich, wie im ersten, fremd.
10   Denn ach mich trennt das Meer von den Geliebten,
    Und an dem Ufer steh' ich lange Tage,
    Das Land der Griechen mit der Seele suchend;
    Und gegen meine Seufzer bringt die Welle
    Nur dumpfe Töne brausend mir herüber.
15   Weh dem, der fern von Eltern und Geschwistern
    Ein einsam Leben* führt! Ihm zehrt der Gram
    Das nächste* Glück vor seinen Lippen weg.
    Ihm schwärmen abwärts* immer die Gedanken
    Nach seines Vaters Hallen, wo die Sonne
20   Zuerst den Himmel vor ihm aufschloß, wo
    Sich ⌐Mitgeborne⌐ spielend fest und fester
    Mit sanften Banden aneinander knüpften.
    Ich rechte mit den Göttern nicht; allein
    ⌐Der Frauen⌐ Zustand ist beklagenswert.
25   Zu Haus' und in dem Kriege herrscht der Mann
    Und in der Fremde weiß er sich zu helfen.
    Ihn freuet der Besitz; ihn krönt der Sieg;
    Ein ehrenvoller Tod ist ihm bereitet.
    Wie eng-gebunden ist des Weibes Glück!

Flexionslose Form als antikisierendes Stilmittel

nächstliegende

In der Bedeutung von: weg, abseits

Schon einem rauhen Gatten zu gehorchen, 30
Ist Pflicht und Trost; wie elend, wenn sie gar
Ein feindlich Schicksal in die Ferne treibt!
So hält mich Thoas hier, ein edler Mann,
In ernsten, heil'gen Sklavenbanden fest.
O wie beschämt gesteh' ich, daß ich dir 35
Mit stillem Widerwillen diene, Göttin,
Dir meiner Retterin! Mein Leben sollte
Zu freiem Dienste dir gewidmet sein.
Auch hab' ich stets auf dich gehofft und hoffe
Noch jetzt auf dich Diana, die du mich, 40
Des größten Königes verstoßne Tochter,
In deinen heil'gen, sanften Arm genommen.
Ja, ⌜Tochter Zeus⌝, ⌜wenn du den hohen Mann,

Im Drama
wiederholt
neben
›fordernd‹
verwendet

Den du, die Tochter fodernd*, ängstigtest⌝;
Wenn du den göttergleichen Agamemnon, 45
Der dir sein Liebstes zum Altare brachte,
Von Troja's ⌜umgewandten Mauern⌝ rühmlich
Nach seinem Vaterland zurückbegleitet,

Gemeint ist
Klytaimnestra.

Die Gattin* ihm, Elektren und den Sohn,
⌜Die schönen Schätze⌝, wohl erhalten hast; 50
So gib auch mich den Meinen endlich wieder,
Und rette mich, die du vom Tod' errettet,
Auch von dem Leben hier, dem zweiten Tode.

Zweiter Auftritt

Iphigenie. Arkas.

entbietet ⌜ARKAS⌝ Der König sendet mich hieher und beut*
Der Priesterin Dianas Gruß und Heil. 55
Dies ist der Tag, da Tauris seiner Göttin
Für wunderbare neue Siege dankt.

Ich eile vor dem König' und dem Heer',
Zu melden, daß er kommt und daß es naht.

60 IPHIGENIE Wir sind bereit, sie würdig zu empfangen,
Und unsre Göttin sieht willkomm'nem Opfer
Von Thoas Hand mit Gnadenblick entgegen.

ARKAS O fänd' ich auch den Blick der Priesterin,
Der werten, vielgeehrten, deinen Blick
65 O heil'ge Jungfrau, heller, leuchtender,
Uns allen gutes Zeichen! Noch bedeckt
Der Gram geheimnisvoll dein Innerstes;
Vergebens harren wir schon Jahre lang
Auf ein vertraulich Wort aus deiner Brust.
70 So lang' ich dich an dieser Stätte kenne,
Ist dies der Blick, vor dem ich immer schaudre;
Und wie mit Eisenbanden bleibt die Seele
In's Innerste des Busens dir geschmiedet.

IPHIGENIE Wie's der Vertriebnen, der Verwais'ten ziemt.
75 ARKAS Scheinst du dir hier vertrieben und verwais't?
IPHIGENIE Kann uns zum Vaterland' die Fremde werden?
ARKAS Und dir ist fremd das Vaterland geworden.
IPHIGENIE Das ist's warum mein blutend Herz nicht heilt.
In erster Jugend, da sich kaum die Seele
80 An Vater, Mutter und Geschwister band;
Die neuen Schößlinge, gesellt und lieblich,
Vom Fuß der alten Stämme himmelwärts
Zu dringen strebten; leider faßte da
Ein fremder Fluch mich an und trennte mich
85 Von den Geliebten, riß das schöne Band
Mit ehrner* Faust entzwei. Sie war dahin,
Der Jugend beste Freude, das Gedeihn
Der ersten Jahre. Selbst gerettet, war
Ich nur ein ⌜Schatten⌝ mir, und frische Lust
90 Des Lebens blüht in mir nicht wieder auf.

ARKAS Wenn du dich so unglücklich nennen willst;
So darf ich dich auch wohl undankbar nennen.

* eiserner; hier in metaphor. Bedeutung: ›ewig währender‹, meist sogar als ›schicksalhafter Zwang‹ verstanden

Um des Halb-
verses willen
verkürzt um:
erhalten
(von mir)

IPHIGENIE Dank habt ihr stets.[*]

ARKAS   Doch nicht den reinen Dank,
Um dessentwillen man die Wohltat tut;
Den frohen Blick, der ein zufriednes Leben   95

Gastgeber

Und ein geneigtes Herz dem Wirte[*] zeigt.
Als dich ein tief-geheimnisvolles Schicksal
Vor so viel Jahren diesem Tempel brachte,
Kam Thoas, dir als einer Gottgegeb'nen
Mit Ehrfurcht und mit Neigung zu begegnen.   100
Und dieses Ufer ward dir hold und freundlich,
Das jedem Fremden sonst ⌜voll Grausens⌝ war,
Weil niemand unser Reich vor dir betrat,
Der an Dianens heil'gen Stufen nicht
Nach altem Brauch, ein blut'ges Opfer, fiel.   105

IPHIGENIE Frei atmen macht das Leben nicht allein.
Welch Leben ist's, das an der heil'gen Stätte,
Gleich einem Schatten um sein eigen Grab,
Ich nur vertrauern muß? Und nenn' ich das
Ein fröhlich selbstbewußtes Leben, wenn   110
Uns jeder Tag, vergebens hingeträumt,
⌜Zu jenen grauen Tagen vorbereitet,⌝
Die an dem Ufer ⌜Lethe's⌝, selbstvergessend,

Hier: untätig
verbringt

Die Trauerschar der Abgeschiednen feiert[*]?

Die Prosafas-
sung ist hier
deutlicher:
»Meist ist das
des Weibes
Schicksal
und vor allen
meines.«
(SW 5, 153)

Ein unnütz Leben ist ein früher Tod;   115
Dies Frauenschicksal ist vor allen mein's[*].

ARKAS Den edel Stolz, daß du dir selbst nicht g'nügest,
Verzeih' ich dir, so sehr ich dich bedaure:
Er raubet den Genuß des Lebens dir.
D u hast hier nichts getan seit deiner Ankunft?   120
Wer hat des Königs trüben Sinn erheitert?
Wer hat den alten grausamen Gebrauch,
Daß am Altar Dianens jeder Fremde
Sein Leben blutend läßt, von Jahr zu Jahr
Mit sanfter Überredung aufgehalten,   125
Und die Gefangnen vom gewissen Tod'

In's Vaterland so oft zurückgeschickt?
Hat nicht Diane, statt erzürnt zu sein
Daß sie der blut'gen alten Opfer mangelt,
Dein sanft Gebet in reichem Maß erhört?
⌐Umschwebt mit frohem Fluge nicht der Sieg⌐
Das Heer? und eilt er nicht sogar voraus?
Und fühlt nicht jeglicher ein besser Los,
Seitdem der König, der uns weis' und tapfer
So lang geführet, nun sich auch der Milde
In deiner Gegenwart erfreut und uns
Des schweigenden Gehorsams Pflicht erleichtert.
Das nennst du unnütz? wenn von deinem Wesen
Auf Tausende herab ein Balsam träufelt;
Wenn du dem Volke, dem ein Gott* dich brachte,
Des neuen Glückes ew'ge Quelle wirst,
Und an dem ⌐unwirtbaren Todes-Ufer⌐
Dem Fremden Heil und Rückkehr zubereitest?

IPHIGENIE Das Wenige verschwindet leicht dem Blick,
Der vorwärts sieht wie viel noch übrig bleibt.

ARKAS Doch lobst du den, der was er tut nicht schätzt?

IPHIGENIE Man tadelt den, der seine Taten wägt.

ARKAS Auch den, der wahren Wert zu stolz nicht achtet,
Wie den, der falschen Wert zu eitel hebt*.
Glaub' mir und hör' auf eines Mannes Wort,
Der treu und redlich dir ergeben ist:
Wenn heut der König mit dir redet, so
Erleichtr' ihm, was er dir zu sagen denkt.

IPHIGENIE Du ängstest mich mit jedem guten Worte;
Oft wich ich seinem Antrag mühsam aus.

ARKAS Bedenke was du tust und was dir nützt.
Seitdem der König seinen Sohn verloren,
Vertraut er wenigen der Seinen mehr,
Und diesen Wenigen nicht mehr wie sonst.
Mißgünstig sieht er jedes Edeln Sohn
Als seines Reiches Folger* an; er fürchtet

130

135

140

145

150

155

160

Entsprechend
dem griech.
θεος, ›Gott,
Göttin, Gott-
heit‹; hier:
Diana

erhebt, rühmt,
preist

Nachfolger;
der häufige
Ausfall der
Vorsilbe dient
als archai-
sierendes
Stilmittel.

Ein einsam hülflos Alter, ja vielleicht
Verwegnen Aufstand und frühzeit'gen Tod.
⌐Der Scythe setzt in's Reden keinen Vorzug,
Am wenigsten der König. Er, der nur   165
Gewohnt ist zu befehlen und zu tun,
Kennt nicht die Kunst, von weitem ein Gespräch
Nach seiner Absicht langsam fein zu lenken.⌐

Erschwer's ihm nicht durch ein rückhaltend* Weigern,
Durch ein vorsetzlich Mißverstehen. Geh   170
Gefällig ihm den halben Weg entgegen.

IPHIGENIE Soll ich beschleunigen was mich bedroht?
ARKAS Willst du sein Werben eine Drohung nennen?
IPHIGENIE Es ist die schrecklichste von allen mir.
ARKAS Gib ihm für seine Neigung nur Vertraun.   175
IPHIGENIE Wenn er von ⌐Furcht⌐ erst meine Seele lös't.
ARKAS Warum verschweigst du deine Herkunft ihm?
IPHIGENIE Weil einer Priesterin Geheimnis ziemt.
ARKAS Dem König' sollte nichts Geheimnis sein;
Und ob er's gleich nicht fordert, fühlt er's doch   180
Und fühlt es tief in seiner großen Seele,
Daß du sorgfältig dich vor ihm verwahrst.
IPHIGENIE Nährt er Verdruß und Unmut gegen mich?
ARKAS So scheint es fast. Zwar schweigt er auch von dir;
Doch haben hingeworfne Worte mich   185
Belehrt, daß seine Seele fest den Wunsch
Ergriffen hat, dich zu besitzen. Laß,
O überlaß ihn nicht sich selbst! damit
In seinem Busen nicht der Unmut reife
Und dir Entsetzen bringe, du zu spät   190
An meinen treuen Rat mit Reue denkest.
IPHIGENIE Wie? sinnt der König, was kein edler Mann,
Der seinen Namen liebt und dem Verehrung
Der Himmlischen den Busen bändiget,
Je denken sollte? Sinnt er vom Altar   195
Mich in sein Bette mit Gewalt zu ziehn?

So ruf’ ich alle Götter und vor allen
Dianen die entschloßne Göttin an,
Die ihren Schutz der Priesterin gewiß,
200 Und ⌜Jungfrau einer Jungfrau⌝, gern gewährt.

ARKAS   Sei ruhig! Ein gewaltsam neues Blut
Treibt nicht den König, solche Jünglingstat
Verwegen auszuüben. Wie er sinnt,
Befürcht’ ich andern harten Schluß* von ihm,   Entschluss
205 Den unaufhaltbar er vollenden wird:
Denn seine Seel’ ist fest und unbeweglich.
Drum bitt’ ich dich, vertrau’ ihm; sei ihm dankbar,
Wenn du ihm weiter nichts gewähren kannst.

IPHIGENIE   O sage was dir weiter noch bekannt ist.

210 ARKAS   Erfahr’s von ihm. Ich seh’ den König kommen;
Du ehrst ihn, und dich heißt dein eigen Herz,
Ihm freundlich und vertraulich zu begegnen.
Ein edler Mann wird durch ein gutes Wort
Der Frauen weit geführt.

IPHIGENIE *allein:*   Zwar seh’ ich nicht,
215 Wie ich dem Rat des Treuen folgen soll.
Doch folg’ ich gern der Pflicht, dem Könige
Für seine Wohltat gutes Wort zu geben,
Und wünsche mir, daß ich dem Mächtigen,
Was ihm gefällt, mit Wahrheit sagen möge.

Dritter Auftritt

Iphigenie. Thoas.

220 IPHIGENIE   Mit königlichen Gütern segne dich
Die Göttin! Sie gewähre Sieg und Ruhm
Und Reichtum und das Wohl der Deinigen
Und jedes frommen Wunsches* Fülle* dir!

›Wunsch‹
bezeichnet
im 18. Jh.
nicht nur den
Ausdruck
eines Verlan-
gens, sondern
auch dessen
Gegenstand.

Im Sinne
Klopstocks
zur Steigerung
des erhabenen
Stils statt
›Erfüllung‹
gebraucht

Daß, der du über viele sorgend herrschest,
Du auch vor vielen seltnes Glück genießest.   225

THOAS Zufrieden wär' ich, wenn mein Volk mich rühmte:
Was ich erwarb, genießen andre mehr
Als ich. Der ist am glücklichsten, er sei
Ein König oder ein Geringer, dem
In seinem Hause Wohl bereitet ist.   230
Du nahmest Teil an meinen tiefen Schmerzen,
Als mir das Schwert der Feinde meinen Sohn,
Den letzten, besten, von der Seite riß.

gerächt; starke
Flexion des
Partizips
Perfekt von
›rächen‹

So lang' die Rache meinen Geist besaß,
Empfand ich nicht die Öde meiner Wohnung;   235
Doch jetzt, da ich befriedigt wiederkehre,
Ihr Reich zerstört, mein Sohn gerochen* ist,

mich ergötzt,
mir Freude
bereitet

Bleibt mir zu Hause nichts das mich ergetze*.
Der fröhliche Gehorsam, den ich sonst
Aus einem jeden Auge blicken sah,   240
Ist nun von Sorg' und Unmut still gedämpft.
Ein jeder sinnt was künftig werden wird,
Und folgt dem Kinderlosen, weil er muß.
Nun komm' ich heut in diesen Tempel, den
Ich oft betrat um Sieg zu bitten und   245
Für Sieg zu danken. Einen alten Wunsch
Trag' ich im Busen, der auch dir nicht fremd,
Noch unerwartet ist: ich hoffe, dich
Zum Segen meines Volks und mir zum Segen,
Als Braut in meine Wohnung einzuführen.   250

IPHIGENIE Der Unbekannten bietest du zu viel,
O König, an. Es steht die Flüchtige

Herkunft,
Abstammung

Beschämt vor dir, die nichts an diesem Ufer
Als Schutz und Ruhe sucht, die du ihr gabst.

THOAS Daß du in das Geheimnis deiner Abkunft*   255

Vor Thoas als
dem Höchsten
ebenso wie vor
dem Nied-
rigsten der
Taurer

Vor mir wie vor dem Letzten* stets dich hüllest,
Wär' unter keinem Volke recht und gut.
Dies Ufer schreckt die Fremden: ⌐das Gesetz

Gebietet's⌉ und die Not*. Allein von dir,
260 Die jedes frommen Rechts* genießt, ein wohl
Von uns empfangner Gast nach eignem Sinn
Und Willen ihres Tages sich erfreut,
Von dir hofft' ich Vertrauen, das der Wirt
Für seine Treue wohl erwarten darf.
265 IPHIGENIE Verbarg ich meiner Eltern Namen und
Mein Haus, o König, war's Verlegenheit,
Nicht Mißtrau'n. Denn vielleicht, ach wüßtest du,
Wer vor dir steht, und welch ⌈verwünschtes Haupt⌉
Du nährst und schützest; ein Entsetzen faßte
270 Dein großes Herz mit seltnem ⌈Schauer⌉ an,
Und statt die Seite deines Thrones mir
Zu bieten, triebest du mich vor der Zeit
Aus deinem Reiche; stießest mich vielleicht,
Eh' zu den Meinen frohe Rückkehr mir
275 Und meiner Wandrung* Ende zugedacht ist,
Dem Elend* zu, das jeden Schweifenden,
Von seinem Haus' Vertriebnen überall
Mit kalter fremder Schreckenshand erwartet.
THOAS Was auch der Rat* der Götter mit dir sei,
280 Und was sie deinem Haus' und dir gedenken;
So fehlt es doch, seitdem du bei uns wohnst
Und eines frommen Gastes Recht genießest,
An Segen nicht, der mir von oben kommt.
Ich möchte* schwer zu überreden sein,
285 Daß ich an dir ein schuldvoll Haupt beschütze.
IPHIGENIE Dir bringt die Wohltat Segen, nicht der Gast.
THOAS Was man Verruchten tut, wird nicht gesegnet.
Drum endige dein Schweigen und dein Weigern;
Es fordert dies kein ungerechter Mann.
290 Die Göttin übergab dich meinen Händen;
Wie du ihr heilig warst, so warst du's mir.
Auch sei ihr Wink noch künftig mein Gesetz:
Wenn du nach Hause Rückkehr hoffen kannst,

Hier: Notwendigkeit, Zwang der Umstände

Das göttl. Recht, dem sich auch ein König zu beugen hat; ›fromm‹ wird hier entsprechend zu lat. pius (»von Gott geheiligt«) benutzt.

Hier i. S. v. einer unfreiwilligen Entfernung von Heimat und Familie gebraucht

Hier klingt noch die urspr. Bedeutung ›Fremde‹, ›Ausland‹ an.

Ratschluss, Überlegung

Potentialis zu ›mögen‹ in der Bedeutung: ›vermögen‹, ›können‹

So sprech' ich dich von aller Fordrung los.
Doch ist der Weg auf ewig dir versperrt, 295
Und ist dein Stamm vertrieben, oder durch
Ein ungeheures Unheil ausgelöscht,
So bist du mein durch mehr als Ein Gesetz.
Sprich offen! und du weißt, ich halte Wort.

IPHIGENIE Vom alten Bande löset ungern sich 300
Die Zunge los, ein langverschwiegenes
Geheimnis endlich zu entdecken. Denn
⌜Einmal vertraut, verläßt es ohne Rückkehr
Des tiefen Herzens sichre Wohnung, schadet,
Wie es die Götter wollen, oder nützt.⌝ 305
Vernimm! ⌜Ich bin aus Tantalus Geschlecht.⌝

THOAS Du sprichst ein großes Wort gelassen aus.
Nennst du Den deinen Ahnherrn, den die Welt

reich
mit Gnade
Beschenkten

Als einen ehmals Hochbegnadigten*
Der Götter kennt? Ist's jener Tantalus, 310
Den Jupiter zu Rat und Tafel zog,
An dessen alterfahrnen, vielen Sinn
Verknüpfenden Gesprächen Götter selbst,
Wie an Orakelsprüchen sich ergetzten?

IPHIGENIE Er ist es; aber Götter sollten nicht 315
Mit Menschen, wie mit ihres Gleichen, wandeln;
Das sterbliche Geschlecht ist viel zu schwach
In ungewohnter Höhe nicht zu schwindeln.
Unedel war er nicht und kein Verräter;
Allein zum Knecht zu groß, und zum Gesellen 320

Beiname
Zeus'/
Iuppiters

Des großen Donn'rers* nur ein Mensch. So war
Auch sein Vergehen menschlich; ihr Gericht
War streng, und Dichter singen: ⌜Übermut⌝

Lat. Genitiv
zu Iuppiter

Und Untreu stürzten ihn, von Jovis* Tisch
Zur ⌜Schmach des alten Tartarus⌝ hinab. 325

Im 18. Jh.
auch i. S. v.
›gewalttätige‹,
›gewaltsam
handelnde‹

Ach und sein ganz Geschlecht trug ihren Haß!

THOAS Trug es die Schuld des Ahnherrn oder eigne?

IPHIGENIE Zwar die gewalt'ge* Brust und der ⌜Titanen⌝

Kraftvolles Mark war seiner Söhn' und Enkel
330 Gewisses* Erbteil; doch es schmiedete
Der Gott um ihre Stirn ⌜ein ehern Band⌝.
Rat*, Mäßigung und Weisheit und Geduld
Verbarg er ihrem scheuen düstern Blick;
Zur Wut ward ihnen jegliche Begier,
335 Und grenzenlos drang ihre Wut umher.
Schon Pelops, der Gewaltig-wollende,
Des Tantalus geliebter Sohn, erwarb
Sich durch Verrat und Mord das schönste Weib,
⌜Des Önomaus Tochter, Hippodamien⌝.
340 Sie bringt den Wünschen des Gemahls zwei Söhne,
Thyest und Atreus. Neidisch sehen sie
Des Vaters Liebe zu dem ersten Sohn*
Aus einem andern Bette wachsend an.
Der Haß verbindet sie, und heimlich wagt
345 Das Paar im Brudermord die erste Tat*.
Der Vater wähnet Hippodamien
Die Mörderin, und grimmig fordert er
Von ihr den Sohn zurück, und sie entleibt
Sich selbst –

THOAS   Du schweigst? Fahre fort zu reden!
350 Laß dein Vertrau'n dich nicht gereuen! Sprich!

IPHIGENIE Wohl dem, der seiner Väter gern gedenkt,
Der froh von ihren Taten, ihrer Größe,
Den Hörer unterhält und still sich freuend
An's Ende dieser schönen Reihe sich
355 Geschlossen sieht! Denn es erzeugt nicht gleich
Ein Haus den Halbgott noch das Ungeheuer;
Erst eine Reihe Böser oder Guter
Bringt endlich das Entsetzen, bringt die Freude
Der Welt hervor. – Nach ihres Vaters Tode
360 Gebieten Atreus und Thyest der Stadt*,
Gemeinsam-herrschend. Lange konnte nicht
Die Eintracht dauern. Bald entehrt Thyest

Hier: Sicheres

Hier: Überlegung

Gemeint ist Chrysippos.

In der Reihe der Freveltaten des Tantalidengeschlechts

l. S. v. griech. πολις, ›Stadtstaat‹. Gemeint ist Mykene in Argos.

Des Bruders Bette. Rächend treibet Atreus
Ihn aus dem Reiche. Tückisch hatte schon
Thyest, auf schwere Taten sinnend, lange   365
Dem Bruder einen Sohn* entwandt und heimlich
Ihn als den seinen schmeichelnd auferzogen.
Dem füllet er die Brust mit Wut und Rache
Und sendet ihn zur Königsstadt, daß er
Im Oheim seinen eignen Vater morde.   370
Des Jünglings Vorsatz wird entdeckt; der König
Straft grausam den gesandten Mörder, wähnend
Er töte seines Bruders Sohn. Zu spät
Erfährt er, wer vor seinen trunknen Augen
Gemartert stirbt; und die Begier der Rache   375
Aus seiner Brust zu tilgen, sinnt er still
Auf unerhörte Tat. Er scheint gelassen,
Gleichgültig und versöhnt, und lockt den Bruder
Mit seinen beiden Söhnen in das Reich
Zurück, ergreift die Knaben, schlachtet sie   380
Und setzt die ekle schaudervolle Speise
Dem Vater bei dem ersten Mahle vor.
Und da Thyest an seinem Fleische sich
Gesättigt, eine Wehmut ihn ergreift,
Er nach den Kindern fragt, den Tritt, die Stimme 385
Der Knaben an des Saales Türe schon
Zu hören glaubt, wirft Atreus grinsend
Ihm Haupt und Füße der Erschlagnen hin.
Du wendest schaudernd dein Gesicht, o König:
⌐So wendete die Sonn' ihr Antlitz weg   390
Und ihren Wagen aus dem ew'gen Gleise.⌐
Dies sind die Ahnherrn deiner Priesterin;
Und viel unseliges Geschick der Männer,
Viel Taten des verworrnen Sinnes deckt
Die Nacht mit schweren Fittigen und läßt   395
Uns nur in grauenvolle Dämmrung sehn.
THOAS Verbirg sie schweigend auch. Es sei genug

Gemeint ist
Pleisthenes.

Der Greuel! Sage nun, durch welch ein Wunder
Von diesem wilden Stamme Du entsprangst.

400 IPHIGENIE ⌐Des Atreus ältster Sohn war Agamemnon⌐;
Er ist mein Vater. Doch ich darf es sagen,
In ihm hab' ich seit meiner ersten Zeit
Ein Muster des vollkommnen Manns gesehn.
Ihm brachte Clytemnestra mich, den Erstling
405 Der Liebe, dann Elektren. Ruhig herrschte
Der König, und es war dem Hause Tantals
Die lang' entbehrte Rast gewährt. Allein
Es mangelte dem Glück der Eltern noch
Ein Sohn, und kaum war dieser Wunsch erfüllt,
410 Daß zwischen beiden Schwestern nun Orest
Der Liebling wuchs; als neues Übel schon
Dem sichern* Hause zubereitet war.
Der Ruf des Krieges ist zu euch gekommen,
Der, um den ⌐Raub der schönsten Frau⌐ zu rächen,
415 Die ganze Macht der Fürsten Griechenlands
Um Trojens Mauern lagerte. Ob sie
Die Stadt gewonnen, ihrer Rache Ziel
Erreicht, vernahm ich nicht. Mein Vater führte
Der Griechen Heer. In ⌐Aulis⌐ harrten sie
420 Auf günst'gen Wind vergebens: denn Diane,
Erzürnt auf ihren großen Führer, hielt
Die Eilenden zurück und forderte
Durch ⌐Kalchas⌐ Mund des Königs ältste Tochter.
Sie lockten mit der Mutter mich in's Lager;
425 Sie rissen mich vor den Altar und weihten
Der Göttin dieses Haupt. – Sie war versöhnt;
Sie wollte nicht mein Blut, und hüllte rettend
In eine Wolke mich; in diesem Tempel
Erkannt' ich mich* zuerst vom Tode wieder.
430 Ich bin es selbst, bin Iphigenie,
Des Atreus Enkel, Agamemnons Tochter,
Der Göttin Eigentum, die mit dir spricht.

Hier: sorg-
losen, frei
von Befürch-
tungen; das
Wort bezeich-
net eine trüge-
rische Sicher-
heit, die vor
den Göttern
schnell
zuschanden
wird.

I. S. v.: Fand
ich mich …
wieder /
zurecht.

THOAS Mehr Vorzug und Vertrauen geb' ich nicht
Der Königstochter als der Unbekannten.
Ich wiederhole meinen ersten Antrag: 435
Komm, folge mir und teile was ich habe.

IPHIGENIE Wie darf ich solchen Schritt, o König, wagen?
Hat nicht die Göttin, die mich rettete,
Allein das Recht auf mein geweihtes Leben?
Sie hat für mich den Schutzort ausgesucht,   440
Und sie bewahrt mich einem Vater, den
Sie durch den Schein genug gestraft, vielleicht
Zur schönsten Freude seines Alters hier.
Vielleicht ist mir die frohe Rückkehr nah;
Und ich, auf ihren Weg nicht achtend, hätte   445
Mich wider ihren Willen hier gefesselt?

erbat   Ein Zeichen bat* ich, wenn ich bleiben sollte.

THOAS Das Zeichen ist, daß du noch hier verweilst.
Such' Ausflucht solcher Art nicht ängstlich auf.
Man spricht vergebens viel, um zu versagen;   450
Der andre hört von allem nur das Nein.

IPHIGENIE Nicht Worte sind es, die nur blenden sollen;
Ich habe dir mein tiefstes Herz entdeckt.
Und sagst du dir nicht selbst, wie ich dem Vater,
Der Mutter, den Geschwistern mich entgegen   455
Mit ängstlichen Gefühlen sehnen muß?
Daß in den alten Hallen, wo die Trauer
Bis ins 19. Jh.   Noch manchmal stille meinen Namen lispelt*,
gleichbe-   Die Freude, wie um eine Neugeborne,
deutend
mit ›flüstern‹   ⌈Den schönsten Kranz⌉ von ⌈Säul' an Säulen⌉ schlinge.   460
bzw. ›leise   O sendetest du mich auf Schiffen hin!
rauschen‹   Du gäbest mir und allen neues Leben.

THOAS So kehr' zurück! Tu' was dein Herz dich heißt;
Und höre nicht die Stimme guten Rats
Und der Vernunft. Sei ganz ein Weib und gib   465
Dich hin dem Triebe, der dich zügellos
Ergreift und dahin oder dorthin reißt.

Wenn ihnen eine Lust im Busen brennt,
Hält vom Verräter sie kein heilig Band,
470 Der sie dem Vater oder dem Gemahl
Aus langbewährten, treuen Armen lockt;
Und schweigt in ihrer Brust die rasche Glut,
So dringt auf sie vergebens treu und mächtig
Der Überredung goldne Zunge los.

475 IPHIGENIE Gedenk, o König, deines edeln Wortes!
Willst du mein Zutrau'n so erwidern? Du
Schienst vorbereitet, alles zu vernehmen.

THOAS Auf's Ungehoffte war ich nicht bereitet;
Doch sollt' ich's auch erwarten*: wußt' ich nicht,
480 Daß ich mit einem Weibe handeln ging?

IPHIGENIE Schilt nicht, o König, unser arm Geschlecht.
Nicht herrlich wie die euern, aber nicht
⌐Unedel sind die Waffen eines Weibes.
⌐Glaub' es⌐, darin bin ich dir vorzuziehn,
485 Daß ich dein Glück mehr als du selber kenne.
Du wähnest, unbekannt mit dir und mir,
Ein näher Band werd' uns zum Glück vereinen.
Voll guten Mutes, wie voll guten Willens,
Dringst du in mich, daß ich mich fügen soll;
490 Und hier dank' ich den Göttern, daß sie mir
Die Festigkeit gegeben, dieses Bündnis
Nicht einzugehen, das sie nicht gebilligt.

THOAS ⌐Es sprich kein Gott; es spricht dein eignes Herz.

IPHIGENIE Sie reden nur durch unser Herz zu uns.

495 THOAS Und hab' Ich, sie zu hören, nicht das Recht?

IPHIGENIE Es überbraust der Sturm* die zarte Stimme.⌐

THOAS Die Priesterin vernimmt sie wohl allein?

IPHIGENIE Vor allen andern merke sie der Fürst.

THOAS Dein heilig Amt und dein geerbtes Recht
500 An Jovis Tisch bringt dich den Göttern näher,
Als ⌐einen erdgebornen Wilden⌐.

IPHIGENIE   So
Büß' ich nun das Vertrau'n, das du erzwangst.

Irrealis der Vergangenheit: Doch hätte ich es auch erwarten sollen.

Aus metrischen Gründen verkürzt aus: Sturm der Leidenschaft (vgl. SW 5, 160)

THOAS Ich bin ein Mensch; und besser ist's wir enden.
So bleibe denn mein Wort: Sei Priesterin
Der Göttin, wie sie dich erkoren hat; 505
Doch mir verzeih' Diane, daß ich ihr
Bisher mit Unrecht und mit innerm Vorwurf
Die alten Opfer vorenthalten habe.
Kein Fremder nahet glücklich unserm Ufer;
Von Alters her ist ihm der Tod gewiß. 510
Nur Du hast mich mit einer Freundlichkeit,
In der ich bald der zarten Tochter Liebe,
Bald stille Neigung einer Braut zu sehn
Mich tief erfreute, wie mit Zauberbanden
Gefesselt, daß ich meiner Pflicht vergaß. 515
Du hattest mir die Sinnen eingewiegt,
⌜Das Murren meines Volks vernahm ich nicht;
Nun rufen sie die Schuld von meines Sohnes
Frühzeit'gem Tode lauter über mich
Um deinetwillen halt' ich länger nicht 520
Die Menge, die das Opfer dringend fordert.⌝
IPHIGENIE Um meinetwillen hab' ich's nie begehrt.
⌜Der mißversteht die Himmlischen, der sie
Blutgierig wähnt; er dichtet ihnen nur
Die eignen grausamen Begierden an.⌝ 525
Entzog die Göttin mich nicht selbst dem Priester?
Ihr war mein Dienst willkommner, als mein Tod.
THOAS Es ziemt sich nicht für uns, den heiligen
Gebrauch mit leicht beweglicher Vernunft
Nach unserm Sinn zu deuten und zu lenken. 530
Tu deine Pflicht, ich werde meine tun.
Zwei Fremde, die wir in des Ufers Höhlen
Versteckt gefunden, und die meinem Lande
Nichts gutes bringen, sind in meiner Hand.
Mit diesen nehme deine Göttin wieder 535
Ihr erstes, rechtes lang' entbehrtes Opfer!
Ich sende sie hierher; du weißt den Dienst.

Vierter Auftritt

IPHIGENIE *allein:* ⌐Du hast Wolken⌐, gnädige Retterin,
Einzuhüllen unschuldig Verfolgte,
540   Und auf Winden dem ehrnen Geschick sie
Aus den Armen, über das Meer,
Über der Erde weiteste Strecken
Und wohin es dir gut dünkt zu tragen.
Weise bist du und siehest das Künftige;
545   Nicht vorüber ist dir das Vergangne,
⌐Und dein Blick ruht über den Deinen
Wie dein Licht, das Leben der Nächte⌐,
Über der Erde ruhet und waltet.
O enthalte* vom Blut meine Hände!
550   Nimmer bringt es Segen und Ruhe;
Und die Gestalt des ⌐zufällig⌐ Ermordeten
Wird auf des traurig-unwilligen* Mörders
Böse Stunde lauern – und schrecken.
⌐Denn die Unsterblichen lieben der Menschen
555   Weit verbreitete gute Geschlechter,
Und sie fristen* das flüchtige Leben
Gerne dem Sterblichen, wollen ihm gerne
Ihres eigenen, ewigen Himmels
Mitgenießendes fröhliches Anschau'n
560   Eine Weile gönnen und lassen.⌐

In transitiver
Verwendung
hat ›enthalten‹
noch die ältere
Bedeutung:
halte ab,
halte fern.

›Unwillig‹ hat
die Bedeutung
von lat. invitus,
›unfreiwillig‹,
›gegen den
eigenen Willen
handelnd‹.

Im urspr.
transitiven
Sinne von
›verlängern‹,
›eine Frist
gewähren‹

⌐Zweiter Aufzug⌐

Erster Auftritt

Orest. Pylades.

OREST Es ist der Weg des Todes, den wir treten:
Mit jedem Schritt wird meine Seele stiller.
Als ich Apollen bat, ⌐das gräßliche
Geleit der Rachegeister⌐ von der Seite
Mir abzunehmen, schien er Hülf' und Rettung   565
Im Tempel seiner vielgeliebten Schwester*,
Die über Tauris herrscht, mit hoffnungsreichen
Gewissen Götterworten* zu versprechen;
⌐Und nun erfüllet sich's, daß alle Not
Mit meinem Leben völlig enden soll.   570
Wie leicht wird's mir, dem eine Götterhand
Das Herz zusammendrückt, den Sinn betäubt,
Dem schönen Licht der Sonne zu entsagen.⌐
Und sollen Atreus Enkel in der Schlacht
Ein siegbekröntes Ende nicht gewinnen;   575
⌐Soll ich wie meine Ahnen, wie mein Vater
Als Opfertier im Jammertode bluten:
So sei es! Besser hier vor dem Altar,
Als im verworfnen Winkel, wo die Netze
Der nahverwandte Meuchelmörder stellt.⌐   580
Laßt mir so lange Ruh', ⌐ihr Unterird'schen,
Die nach dem Blut' ihr, das von meinen Tritten
Hernieder träufend* meinen Pfad bezeichnet,
Wie losgelaßne Hunde spürend hetzt.⌐
Laßt mich, ich komme bald zu euch hinab;   585
Das Licht des Tags soll euch nicht sehn, noch mich.
Der Erde schöner grüner Teppich soll
Kein Tummelplatz für ⌐Larven⌐ sein. Dort unten

Apollons
»vielgeliebte
Schwester«
ist Diana.

Bestimmten,
unfehlbaren
Götterworten

triefend,
tropfend

Such' ich euch auf: dort bindet alle dann
590 Ein gleich Geschick in ew'ge matte Nacht.
Nur dich, mein Pylades, dich, meiner Schuld
Und ⌜meines Banns⌝ unschuldigen Genossen,
Wie ungern nehm' ich dich in jenes Trauerland
Frühzeitig mit! Dein Leben oder Tod
595 Gibt mir allein noch Hoffnung oder Furcht.
PYLADES ⌜Ich bin noch nicht, Orest, wie du bereit,
In jenes Schattenreich hinabzugehn.
Ich sinne noch, durch die verworrnen Pfade,
Die nach der schwarzen Nacht zu führen scheinen,
600 Uns zu dem Leben wieder aufzuwinden.⌝
Ich denke nicht den Tod*; ich sinn' und horche,
Ob nicht zu irgend einer frohen Flucht
Die Götter Rat und Wege zubereiten.
Der Tod, gefürchtet oder ungefürchtet,
605 Kommt unaufhaltsam. Wenn die Priesterin
⌜Schon unsre Locken weihend abzuschneiden⌝
Die Hand erhebt, soll dein' und meine Rettung
Mein einziger Gedanke sein. Erhebe
Von diesem Unmut* deine Seele; zweifelnd
610 Beschleunigest du die Gefahr. Apoll
Gab uns das Wort: im Heiligtum der Schwester
Sei Trost und Hülf' und Rückkehr dir bereitet.
⌜Der Götter Worte sind nicht doppelsinnig,
Wie der Gedrückte sie im Unmut wähnt.⌝
615 OREST ⌜Des Lebens dunkle Decke breitete
Die Mutter schon mir um das zarte Haupt,
Und so wuchs ich herauf, ein Ebenbild
Des Vaters, und es war mein stummer Blick
Ein bittrer Vorwurf ihr und ihrem Buhlen.
620 Wie oft, wenn still Elektra meine Schwester
Am Feuer in der tiefen Halle saß,
Drängt' ich beklommen mich an ihren Schoß,
Und starrte, wie sie bitter weinte, sie

Seit Klopstock
auch als tran-
sitives Verb
ohne die sonst
übliche Präpo-
sition ›an‹
verwendet

Hier:
Mutlosigkeit

Mit großen Augen an. Dann sagte sie
Von unserm hohen Vater viel: wie sehr   625
Verlangt' ich ihn zu sehn, bei ihm zu sein!
Mich wünscht' ich bald nach Troja, ihn bald her.
Es kam der Tag⌐ –

PYLADES   O laß von jener Stunde
Sich Höllengeister nächtlich unterhalten!
Uns gebe die Erinnrung schöner Zeit   630
Zu frischem Heldenlaufe neue Kraft.
Die Götter brauchen manchen guten Mann
Zu ihrem Dienst auf dieser weiten Erde.
Sie haben noch auf dich gezählt; sie gaben
Dich nicht dem Vater zum Geleite mit,   635

Da er unwillig* nach dem ⌐Orkus⌐ ging.

OREST   O wär' ich, seinen Saum ergreifend, ihm

Gefolgt.

PYLADES   So haben die, die dich erhielten,
Für m i c h gesorgt: denn was ich worden* wäre,

Wenn Du nicht lebtest, kann ich mir nicht denken;   640
Da ich mit dir und deinetwillen nur
Seit meiner Kindheit leb' und leben mag.

OREST   Erinnre mich nicht jener schönen Tage,
Da mir dein Haus die freie Stätte gab,
⌐Dein edler Vater⌐ klug und liebevoll   645
Die halb erstarrte junge Blüte pflegte;
Da du ein immer munterer Geselle,
Gleich einem leichten bunten Schmetterling'
Um eine dunkle Blume, jeden Tag
Um mich mit neuem Leben gaukeltest,   650
Mir deine Lust in meine Seele spieltest,
Daß ich, vergessend meiner Not, mit dir
In rascher Jugend hingerissen schwärmte.

PYLADES   Da fing mein Leben an, als ich dich liebte.

OREST   Sag: meine Not begann, und du sprichst wahr.   655
Das ist das Ängstliche* von meinem Schicksal,
Daß ich, wie ein verpesteter Vertriebner,

Geheimen Schmerz und Tod im Busen trage;
Daß, wo ich den gesund'sten Ort betrete,
660 Gar bald um mich die blühenden Gesichter
Den Schmerzenszug langsamen Tod's verraten.

PYLADES Der nächste wär' ich diesen Tod zu sterben
Wenn je dein Hauch, Orest, vergiftete.
Bin ich nicht immer noch voll Mut und Lust?
665 Und Lust und Liebe sind die Fittige*   Flügel
Zu großen Taten.

OREST   Große Taten? Ja,
Ich weiß die Zeit, da wir sie vor uns sahn!
Wenn wir zusammen oft dem Wilde nach
Durch Berg' und Täler rannten, und dereinst
670 An Brust und Faust ⌐dem hohen Ahnherrn gleich⌐
Mit Keul' und Schwert dem Ungeheuer so,
Dem Räuber auf der Spur zu jagen hofften;
Und dann wir Abends an der weiten See
Uns an einander lehnend ruhig saßen,
675 Die Wellen bis zu unsern Füßen spielten,
Die Welt so weit, so offen vor uns lag;
Da fuhr wohl einer manchmal nach dem Schwert,
Und künft'ge Taten drangen wie die Sterne
Rings um uns her unzählig aus der Nacht.

680 PYLADES Unendlich ist das Werk, das zu vollführen
Die Seele dringt. Wir möchten jede Tat
So groß gleich tun als wie sie wächst und wird,
Wenn Jahre lang durch Länder und Geschlechter
Der Mund der Dichter sie vermehrend wälzt.
685 Es klingt so schön was unsre Väter taten,
Wenn es in stillen Abendschatten ruhend
Der Jüngling mit dem ⌐Ton der Harfe⌐ schlürft;
Und was wir tun ist, wie es ihnen war,
Voll Müh' und ⌐eitel⌐ Stückwerk!
690 So laufen wir nach dem was vor uns flieht,
Und achten nicht des Weges den wir treten,

Und sehen neben uns der Ahnherrn Tritte
Und ihres Erdelebens Spuren kaum.
Wir eilen immer ihrem Schatten nach,
Der göttergleich in einer weiten Ferne   695
Der Berge Haupt auf goldnen Wolken krönt.
Ich halte nichts von dem, der von sich denkt

Hier: preisen

Wie ihn das Volk vielleicht erheben* möchte.
Allein, o Jüngling, danke du den Göttern,
Daß sie so früh durch dich so viel getan.   700

 OREST Wenn sie dem Menschen frohe Tat bescheren,
Daß er ein Unheil von den Seinen wendet,
Daß er sein Reich vermehrt, die Grenzen sichert,
Und alte Feinde fallen oder fliehn;
Dann mag er danken! denn ihm hat ein Gott   705
Des Lebens erste, letzte Lust gegönnt.
⌜Mich haben sie zum Schlächter auserkoren,
Zum Mörder meiner doch verehrten Mutter,

An Pylades
gerichteter
Imperativ

Und eine Schandtat schändlich rächend, mich
Durch ihren Wink zu Grund' gerichtet. Glaube*,   710

auf Tantals
Haus
abgesehen

Sie haben es auf Tantals Haus gerichtet*⌝,
Und ich, der Letzte, soll nicht schuldlos, soll
Nicht ehrenvoll vergehn.

PYLADES   Die Götter rächen
Der Väter Missetat nicht an dem Sohn;
Ein jeglicher, gut oder böse, nimmt   715

In intransitiver
Bedeutung ist
›erben‹ gleich-
bedeutend
mit ›sich
vererben‹.

Sich seinen Lohn mit seiner Tat hinweg.
Es erbt* der Eltern Segen, nicht ihr Fluch.

OREST Uns führt ihr Segen, dünkt mich, nicht hierher.

PYLADES Doch wenigstens der hohen Götter Wille.

verdirbt

OREST So ist' s ihr Wille denn, der uns verderbt*.   720

Ältere Form
i. S. v.: warte

PYLADES Tu' was sie dir gebieten und erwarte*.
⌜Bringst du die Schwester zu Apollen hin⌝,

Gemeint sind
die Geschwis-
ter Apollon
und Diana.

Und wohnen beide dann vereint zu ⌜Delphis⌝,
Verehrt von einem Volk das edel denkt;
So wird für diese Tat das hohe Paar*   725

Dir gnädig sein, sie werden aus der Hand
Der Unterird'schen* dich erretten. Schon

Gemeint sind
die Erinnyen.

In diesen heil'gen Hain wagt keine sich.

OREST So hab' ich wenigstens geruh'gen Tod.

730 PYLADES Ganz anders denk' ich, und nicht ungeschickt
Hab' ich das schon Gescheh'ne mit dem Künft'gen
Verbunden und im stillen ausgelegt.
Vielleicht reift in der Götter Rat schon lange
Das große Werk. Diane sehnet sich
735 Von diesem rauhen Ufer der Barbaren
Und ihren blut'gen Menschenopfern weg.
Wir waren zu der schönen Tat bestimmt,
Uns wird sie auferlegt und seltsam sind
Wir an der Pforte schon gezwungen hier.

740 OREST Mit seltner Kunst flich⟨t⟩st du der Götter Rat
Und deine Wünsche klug in eins zusammen.

PYLADES Was ist des Menschen Klugheit, wenn sie nicht
Auf Jener Willen droben achtend lauscht?
⌐Zu einer schweren Tat beruft ein Gott
745 Den edlen Mann, der viel verbrach, und legt
Ihm auf was uns unmöglich scheint zu enden.
Es siegt der Held, und büßend dienet er
Den Göttern und der Welt, die ihn verehrt.⌐

OREST Bin ich bestimmt, zu leben und zu handeln;
750 So nehm' ein Gott von meiner schweren Stirn
Den Schwindel* weg, der auf dem schlüpfrigen,

In metaphor.
Bedeutung:
Betrübung,
Beklemmung

Mit Mutterblut besprengten Pfade fort
Mich zu den Toten reißt. Er trockne gnädig
Die Quelle, die, mir aus der Mutter Wunden
755 Entgegen sprudelnd, ewig mich befleckt.

PYLADES Erwart' es ruhiger! Du mehrst das Übel
Und nimmst das Amt der Furien* auf dich.

Röm. Name
der Erinnyen

Laß mich nur sinnen, bleibe still! Zuletzt,
Bedarf's zur Tat vereinter Kräfte, dann
760 Ruf' ich dich auf, und beide schreiten wir
Mit überlegter Kühnheit zur Vollendung.

OREST Ich hör' ⌈Ulyssen⌉ reden.

PYLADES   Spotte nicht.
  Ein jeglicher muß seinen Helden wählen,
  Dem er die Wege zum ⌈Olymp⌉ hinauf
  Sich nacharbeitet. Laß es mich gestehn: 765
  Mir scheinet List und Klugheit nicht den Mann
  Zu schänden, der sich kühnen Taten weiht.

OREST Ich schätze den, der tapfer ist und g'rad.

PYLADES Drum hab' ich keinen Rat von dir verlangt.
  Schon ist ein Schritt getan. Von unsern Wächtern   770
  Hab' ich bisher gar vieles ausgelockt.
  Ich weiß, ⌈ein fremdes, göttergleiches Weib⌉
  Hält jenes blutige Gesetz gefesselt;
  Ein reines Herz und Weihrauch und Gebet
  Bringt sie den Göttern dar. Man rühmet hoch   775
  Die Gütige; man glaubet, sie entspringe
  Vom Stamm der ⌈Amazonen⌉, sei geflohn,
  Um einem großen Unheil zu entgehn.

OREST Es scheint, ihr lichtes Reich verlor die Kraft
  Durch des Verbrechers Nähe, den der Fluch   780
  Wie eine breite Nacht verfolgt und deckt.
  Die fromme Blutgier lös't den alten Brauch
  Von seinen Fesseln los, uns zu verderben.
  Der wilde Sinn des Königs tötet uns;
  Ein Weib wird uns nicht retten, wenn er zürnt.   785

PYLADES Wohl uns, daß es ein Weib ist! denn ein Mann,
  Der beste selbst, gewöhnet seinen Geist
  An Grausamkeit, und macht sich auch zuletzt
  Aus dem, was er verabscheut, ein Gesetz,
  Wird aus Gewohnheit hart und fast unkenntlich.   790
  Allein ein Weib bleibt stät* auf Einem Sinn,
  Den sie gefaßt. Du rechnest sicherer
  Auf sie im Guten wie im Bösen. – Still!
  Sie kommt; laß uns allein. Ich darf nicht gleich
  Ihr unsre Namen nennen, unser Schicksal   795

stets,
beständig

Nicht ohne Rückhalt ihr vertrau'n. Du gehst,
Und eh' sie mit dir spricht treff' ich dich noch.

Zweiter Auftritt

Iphigenie. Pylades.
IPHIGENIE Woher du seist und kommst, o Fremdling,

sprich!

Mir scheint es, daß ich eher einem Griechen
800   Als einem Scythen dich vergleichen soll.
Sie nimmt ihm die Ketten ab.
⌜Gefährlich ist die Freiheit, die ich gebe;
Die Götter wenden ab* was euch bedroht!⌝

Optativ i. S. v.: mögen abwenden

PYLADES O süße Stimme! ⌜Vielwillkommner Ton⌝
Der Muttersprach' in einem fremden Lande!
805   ⌜Des väterlichen Hafens⌝ blaue Berge
Seh' ich Gefangner neu willkommen wieder
Vor meinen Augen. Laß dir diese Freude
Versichern, daß auch ich ein Grieche bin!
Vergessen hab' ich einen Augenblick,
810   Wie sehr ich dein bedarf, und meinen Geist
Der herrlichen Erscheinung zugewendet.
O sage, wenn dir ein Verhängnis nicht
Die Lippe schließt, aus welchem unsrer Stämme
Du deine göttergleiche Herkunft zählst.
815   IPHIGENIE Die Priesterin, von ihrer Göttin selbst
Gewählet und geheiligt, spricht mit dir.
Das laß dir g'nügen; sage, wer du seist
Und welch unselig-waltendes Geschick
Mit dem Gefährten dich hierher gebracht.
820   PYLADES Leicht kann ich dir erzählen, welch ein Übel
Mit lastender Gesellschaft uns verfolgt.

O könntest du der Hoffnung frohen Blick
Uns auch so leicht, du Göttliche, gewähren!
⌐Aus Kreta sind wir⌐, Söhne des Adrasts:
Ich bin der jüngste, Cephalus genannt,   825
Und er Laodamas, der älteste
Des Hauses. Zwischen uns stand rauh und wild
Ein mittlerer, und trennte schon im Spiel
Der ersten Jugend Einigkeit und Lust.
Gelassen folgten wir der Mutter Worten,   830
So lang' ⌐des Vaters Kraft⌐ vor Troja stritt;
Doch als er beutereich zurücke kam
Und kurz darauf verschied, da trennte bald
Der Streit um Reich und Erbe die Geschwister.
Ich neigte mich zum Ältsten. Er erschlug   835
Den Bruder. Um der Blutschuld willen treibt.
Die Furie gewaltig ihn umher.
Doch diesem wilden Ufer sendet uns
Apoll, der Delphische, mit Hoffnung zu.
Im Tempel seiner Schwester hieß er uns   840
Der Hülfe segensvolle Hand erwarten.
Gefangen sind wir und hierher gebracht,
Und dir als Opfer dargestellt*. Du weißt's.

In der Bedeu-
tung von:
dargebracht

IPHIGENIE ⌐Fiel Troja? Teurer Mann, versichr' es mir.⌐

PYLADES Es liegt. O sich're du uns Rettung zu!   845
Beschleunige die Hülfe, die ein Gott
Versprach. Erbarme meines Bruders dich.
O sag' ihm bald ein gutes holdes Wort;
Doch ⌐schone seiner⌐ wenn du mit ihm sprichst,
Das bitt' ich eifrig: denn es wird gar leicht   850
Durch Freud' und Schmerz und durch Erinnerung
Sein Innerstes ergriffen und zerrüttet.
Ein fieberhafter Wahnsinn fällt ihn an,
Und seine ⌐schöne freie Seele⌐ wird
Den Furien zum Raube hingegeben.   855

IPHIGENIE So groß dein Unglück ist, beschwör' ich dich,
Vergiß es, ⌐bis du mir genug getan⌐.

PYLADES Die hohe Stadt, die zehen* lange Jahre
Dem ganzen Heer der Griechen widerstand,
860 Liegt nun im Schutte, steigt nicht wieder auf.
Doch manche Gräber unsrer Besten heißen
Uns an das Ufer der ⌐Barbaren⌐ denken.
⌐Achill liegt dort mit seinem schönen Freunde.⌐

IPHIGENIE So seid ihr Götterbilder auch zu Staub!

865 PYLADES Auch ⌐Palamedes⌐, ⌐Ajax Telamons⌐,
Sie sahn des Vaterlandes Tag nicht wieder.

IPHIGENIE Er schweigt von meinem Vater, nennt ihn nicht
Mit den Erschlagnen. Ja! er lebt mir noch!
Ich werd' ihn sehn. O hoffe, ⌐liebes Herz⌐!

870 PYLADES Doch selig sind die Tausende, die starben
Den bittersüßen Tod von Feindes Hand!
Denn wüste Schrecken und ein traurig Ende
Hat den Rückkehrenden statt des Triumphs
Ein feindlich aufgebrachter Gott bereitet.
875 Kommt denn der Menschen Stimme nicht zu euch?
So weit sie reicht, trägt sie den Ruf umher
Von unerhörten Taten die geschah'n.
So ist der Jammer, der Mycenens Hallen
Mit immer wiederholten Seufzern füllt,
880 Dir ein Geheimnis? – Klytemnestra hat
Mit Hülf' ⌐Ägisthens⌐ den Gemahl ⌐berückt⌐,
Am Tage seiner Rückkehr ihn ermordet! –
Ja du verehrest dieses Königs Haus!
Ich seh' es, deine Brust bekämpft vergebens
885 Das unerwartet ungeheure Wort.
Bist du die Tochter eines Freundes? bist
Du nachbarlich in dieser Stadt geboren?
Verbirg es nicht und rechne mir's nicht zu,
Daß ich der erste diese Greuel melde.

890 IPHIGENIE Sag' an, wie ward die schwere Tat vollbracht?

PYLADES Am Tage seiner Ankunft, da der König
Vom Bad' erquickt und ruhig, sein Gewand

Ältere Form des Zahlworts ›zehn‹, dessen Verwendung hier dem Metrum geschuldet ist.

Aus der Gemahlin Hand verlangend, stieg,
⌐Warf die Verderbliche ein faltenreich
Und künstlich sich verwirrendes Gewebe   895
Ihm auf die Schultern, um das edle Haupt;
Und da er wie von einem Netze sich

Hier noch der urspr., erst im 18. Jh. ausgeweitete Sinn von: herauszuwickeln, herauszuwinden

Vergebens zu entwickeln* strebte, schlug
Ägisth ihn, der Verräter, und verhüllt
Ging zu den Toten dieser große Fürst.⌐   900

IPHIGENIE   Und welchen Lohn erhielt der Mitver-
                                              schworne?
PYLADES   Ein Reich und Bette, das er schon besaß.
IPHIGENIE   So trieb zur Schandtat eine böse Lust?
PYLADES   Und ⌐einer alten Rache tief Gefühl⌐.

Gemeint ist Klytaimnestra.

IPHIGENIE   Und wie beleidigte der König sie?*   905
PYLADES   Mit schwerer Tat, die, wenn Entschuldigung
Des Mordes wäre, sie entschuldigte.
⌐Nach Aulis lockt' er sie und brachte dort,
Als eine Gottheit sich der Griechen Fahrt
Mit ungestümen Winden widersetzte,   910
Die älteste Tochter Iphigenien
Vor den Altar Dianens, und sie fiel
Ein blutig Opfer für der Griechen Heil.
Dies, sagt man, hat ihr einen Widerwillen
So tief in's Herz geprägt, daß sie dem Werben   915
Ägisthens sich ergab und den Gemahl
Mit Netzen des Verderbens selbst umschlang.⌐

IPHIGENIE *sich verhüllend:*
Es ist genug. Du wirst mich wiedersehn.
PYLADES *allein:* Von dem Geschick des Königs-Hauses
                                              scheint
Sie tief gerührt. Wer sie auch immer sei,   920
So hat sie selbst den König wohl gekannt
Und ist, zu unserm Glück, aus hohem Hause
Hierher verkauft. Nur stille, liebes Herz,
Und laß dem Stern der Hoffnung, der uns blinkt,
Mit frohem Mut uns klug entgegen steuern.   925

Dritter Aufzug

Erster Auftritt

Iphigenie. Orest.

IPHIGENIE Unglücklicher, ich löse deine Bande
    Zum Zeichen eines schmerzlichern Geschicks.
    Die Freiheit, die das Heiligtum gewährt,
    Ist wie der letzte, lichte Lebensblick
930   Des schwer Erkrankten, Todesbote. Noch
    Kann ich es mir und darf es mir nicht sagen,
    Daß ihr verloren seid! Wie könnt' ich euch
    Mit mörderischer Hand dem Tode weihen?
    Und niemand, wer es sei, darf euer Haupt,
935   So lang' ich Priesterin Dianens bin,
    Berühren. Doch verweigr' ich jene Pflicht,
    Wie sie der aufgebrachte König fordert;
    So wählt er eine meiner Jungfraun mir
    Zur Folgerin*, und ich vermag alsdann   *Nachfolgerin*
940   Mit heißem Wunsch allein euch beizustehn.
    O werter Landsmann! Selbst der letzte Knecht,
    Der an den ⌈Herd der Vatergötter⌉ streifte,
    Ist uns in fremdem Lande hoch willkommen;
    ⌈Wie soll ich euch genug mit Freud' und Segen
945   Empfangen, die ihr mir das Bild der Helden,
    Die ich von Eltern her verehren lernte,
    Entgegen bringet und das innre Herz
    Mit neuer schöner Hoffnung schmeichelnd labet!⌉
OREST Verbirgst du deinen Namen, deine Herkunft
950   Mit klugem Vorsatz? oder darf ich wissen,
    Wer mir, gleich einer Himmlischen, begegnet?   *Bei Goethe*
IPHIGENIE Du sollst mich kennen*. Jetzo sag' mir an,   *oft i. S. v.:*
    Was ich nur halb von deinem Bruder hörte,   *erkennen,*
                                                          kennenlernen

Das Ende derer, die von Troja kehrend
Ein hartes unerwartetes Geschick 955
Auf ihrer Wohnung Schwelle stumm empfing.
Zwar ward ich jung an diesen Strand geführt;
Doch wohl erinnr' ich mich des scheuen Blicks,
Den ich mit Staunen und mit Bangigkeit
Auf jene Helden warf. Sie zogen aus, 960

Dichterischer
Name des
homerischen
Troia

Als hätte der Olymp sich aufgetan
Und die Gestalten der erlauchten Vorwelt
Zum Schrecken Ilions* herabgesendet,
Und Agamemnon war vor allen herrlich!

Veralteter
Genitiv
Singular, den
Goethe hier
des Metrums
wegen
benutzt

O sage mir! Er fiel, sein Haus betretend, 965
Durch seiner Frauen* und Ägisthus Tücke?
OREST Du sagst's!
IPHIGENIE   Weh dir, unseliges Mycen!

Gemeint sind
Atreus und
Thyest.

So haben Tantals Enkel* Fluch auf Fluch
Mit vollen wilden Händen ausgesät!
Und gleich dem Unkraut, wüste Häupter schüttelnd 970
Und tausendfält'gen Samen um sich streuend,
Den ⌈Kindes Kindern⌉ nahverwandte Mörder
Zur ew'gen Wechselwut erzeugt! – Enthülle,
Was von der Rede deines Bruders schnell
Die Finsternis des Schreckens mir verdeckte. 975
Wie ist des großen Stammes letzter Sohn,
Das holde Kind, bestimmt des Vaters Rächer
Dereinst zu sein, wie ist Orest dem Tage
Des Bluts entgangen? Hat ein gleich Geschick
Mit des ⌈Avernus⌉ Netzen ihn umschlungen? 980
Ist er gerettet? Lebt er? Lebt Elektra?
OREST Sie leben.
IPHIGENIE   Goldne Sonne, leihe mir
Die schönsten Strahlen, lege sie zum Dank
Vor Jovis Thron! denn ich bin arm und stumm.
OREST Bist du gastfreundlich diesem Königs-Hause, 985
Bist du mit nähern Banden ihm verbunden,

Wie deine schöne Freude mir verrät:
So bändige dein Herz und halt es fest!
Denn unerträglich muß dem Fröhlichen
990 Ein jäher Rückfall in die Schmerzen sein.
Du weißt nur, merk' ich, Agamemnons Tod.

IPHIGENIE Hab' ich an dieser Nachricht nicht genug?

OREST Du hast des Greuels Hälfte nur erfahren.

IPHIGENIE ⌜Was fürcht' ich noch? Orest, Elektra leben.

995 OREST Und fürchtest du für Klytemnestren nichts?

IPHIGENIE Sie rettet weder Hoffnung, weder Furcht.

OREST Auch schied sie aus dem Land der Hoffnung ab.

IPHIGENIE Vergoß sie reuig wütend selbst ihr Blut?

OREST Nein, doch ihr eigen Blut gab ihr den Tod.⌝

1000 IPHIGENIE Sprich deutlicher, daß ich nicht länger sinne.
Die Ungewißheit schlägt mir tausendfältig
Die dunkeln Schwingen um das bange Haupt.

OREST ⌜So haben mich die Götter ausersehn
Zum Boten einer Tat⌝, die ich so gern
1005 In's klanglos-dumpfe Höhlenreich* der Nacht
Verbergen möchte? Wider meinen Willen
Zwingt mich dein holder Mund; allein er darf
Auch etwas schmerzlich's fodern und erhält's.
Am Tage da der Vater fiel, verbarg
1010 Elektra rettend ihren Bruder: Strophius,
Des Vaters Schwäher*, nahm ihn willig auf,
Erzog ihn neben seinem eignen Sohne,
Der, Pylades genannt, die schönsten Bande
Der Freundschaft um den Angekommnen knüpfte.
1015 Und wie sie wuchsen, wuchs in ihrer Seele
Die brennende Begier des Königs Tod
Zu rächen. Unversehen*, fremd gekleidet,
Erreichen sie Mycen, als brächten sie
Die Trauernachricht von Orestens Tode
1020 Mit seiner Asche. Wohl empfänget sie
Die Königin, sie treten in das Haus.

›Höllenreich‹
in späteren
Drucken;
durch die
Prosafassung
aber nicht
gedeckt

Schwieger-
vater, bei
Goethe auch:
Schwager

Unversehens;
i. S. v.: uner-
wartet, über-
raschend

Orest gibt
sich Elektra
zu erkennen.

Elektren gibt Orest sich zu erkennen*;
Sie bläs't der Rache Feuer in ihm auf,
Das vor ⌈der Mutter heil'ger Gegenwart⌉
In sich zurückgebrannt war. Stille führt   1025
Sie ihn zum Orte, wo sein Vater fiel,
Wo eine alte leichte Spur des frech-
Vergoßnen Blutes oftgewaschnen Boden

ahnungsvollen

Mit blassen ahnungsvollen* Streifen färbte.
Mit ihrer Feuerzunge schilderte   1030
Sie jeden Umstand der verruchten Tat,
Ihr knechtisch elend durchgebrachtes Leben,
Den Übermut der glücklichen Verräter,
Und die Gefahren, die nun der Geschwister
Von einer ⌈stiefgeword'nen Mutter⌉ warteten;   1035
Hier drang sie ⌈jenen alten Dolch⌉ ihm auf,
Der schon in Tantals Hause grimmig wütete,
Und Klytemnestra fiel durch Sohnes-Hand.

IPHIGENIE ⌈Unsterbliche, die ihr den reinen Tag
Auf immer neuen Wolken selig lebet,   1040
Habt ihr nur darum mich so manches Jahr
Von Menschen abgesondert, mich so nah
Bei euch gehalten, mir die kindliche
Beschäftigung, des heil'gen Feuers Glut
Zu nähren, aufgetragen, meine Seele   1045
Der Flamme gleich in ew'ger frommer Klarheit
Zu euern Wohnungen hinaufgezogen,
Daß ich nur meines Hauses Greuel später
Und tiefer fühlen sollte?⌉ – Sage mir
Vom Unglücksel'gen! Sprich mir von Orest! –   1050
OREST O könnte man von seinem Tode sprechen!
⌈Wie gärend stieg aus der Erschlagnen Blut
⌈Der Mutter Geist⌉
Und ruft ⌈der Nacht uralten Töchtern⌉ zu:
»Laßt nicht den Muttermörder entfliehn!   1055
Verfolgt den Verbrecher! Euch ist er geweiht!«

Sie horchen auf, es schaut ihr hohler Blick
Mit der Begier des Adlers um sich her.
Sie rühren sich in ihren schwarzen Höhlen,
1060 Und aus den Winkeln schleichen ⌐ihre Gefährten,
Der Zweifel und die Reue⌐, leis' herbei.⌐
Vor ihnen steigt ein Dampf vom ⌐Acheron⌐;
In seinen Wolkenkreisen wälzet sich
Die ewige Betrachtung des Gescheh'nen
1065 Verwirrend um des Schuld'gen Haupt umher.
Und sie, berechtigt zum Verderben, treten
Der gottbesäten Erde schönen Boden,
Von dem ⌐ein alter Fluch sie längst verbannte⌐.
Den Flüchtigen verfolgt ihr schneller Fuß;
1070 Sie geben nur um neu zu schrecken Rast.
IPHIGENIE Unseliger, du bist in gleichem Fall,
Und fühlst was er, der arme Flüchtling, leidet!
OREST Was sagst du mir? Was wähnst du gleichen Fall?
IPHIGENIE Dich drückt ein Brudermord wie jenen; mir
1075 Vertraute dies dein jüngster Bruder schon.
OREST Ich kann nicht leiden, daß du große Seele
Mit einem falschen Wort betrogen werdest.
Ein lügenhaft Gewebe knüpf' ein Fremder
Dem Fremden, sinnreich und der List gewohnt,
1080 Zur Falle vor die Füße; zwischen uns
⌐Sei Wahrheit!⌐
Ich bin Orest! und dieses schuld'ge Haupt
Senkt nach der Grube sich und sucht den Tod;
In jeglicher Gestalt sei er willkommen!
1085 Wer du auch seist, so wünsch' ich Rettung dir
Und meinem Freunde; mir wünsch' ich sie nicht.
Du scheinst hier wider Willen zu verweilen;
Erfindet Rat zur Flucht und laßt mich hier.
⌐Es stürze mein entseelter Leib vom Fels,
1090 Es rauche bis zum Meer' hinab mein Blut,
Und bringe Fluch dem Ufer der Barbaren!⌐

Geht ihr, daheim im schönen Griechenland'
Ein neues Leben freundlich anzufangen.
Er entfernt sich.

IPHIGENIE So steigst du denn, ⌜Erfüllung, schönste Tochter
Des größten Vaters⌝, endlich zu mir nieder! 1095
Wie ungeheuer steht dein Bild vor mir!
Kaum reicht mein Blick dir an die Hände, die
Mit Frucht und Segenskränzen angefüllt
Die Schätze des Olympus niederbringen.
Wie man den König an dem Übermaß 1100
Der Gaben kennt: denn ihm muß wenig scheinen
Was Tausenden schon Reichtum ist; so kennt
Man euch, ihr Götter, an gesparten, lang'
Und weise zubereiteten Geschenken.
Denn ihr allein wißt was uns frommen kann, 1105
Und schaut der Zukunft ausgedehntes Reich,
Wenn* jedes Abends Stern und Nebelhülle
Die Aussicht uns verdeckt. Gelassen hört
Ihr unser Flehn, das um Beschleunigung
Euch kindisch* bittet; aber eure Hand 1110
Bricht unreif nie die goldnen Himmelsfrüchte;
Und wehe dem, der ungeduldig sie
Ertrotzend, saure Speise sich zum Tod'
Genießt. O laßt das lang' erwartete,
Noch kaum gedachte Glück nicht, wie ⌜den Schatten 1115
Des abgeschiednen Freundes⌝, eitel mir
Und dreifach schmerzlicher vorübergehn!

OREST *der wieder zu ihr tritt:*
Rufst du die Götter an für dich und Pylades,
So nenne meinen Namen nicht mit euerm.
Du rettest den Verbrecher nicht zu dem 1120
Du dich gesell'st, und teilest Fluch und Not.

IPHIGENIE Mein Schicksal ist an deines fest gebunden.

OREST Mit nichten! Laß allein und unbegleitet
Mich zu den Toten gehn. Verhülltest du
In deinen Schleier selbst den Schuldigen; 1125

Wie häufig
im 18. Jh.
adversative
Bedeutung:
während

Bei Goethe
meist: kindlich

Du birgst ihn nicht vorm Blick der immer Wachen*,
Und deine Gegenwart, du Himmlische,
Drängt sie nur seitwärts und verscheucht sie nicht.
Sie dürfen mit den ehrnen frechen Füßen
1130 Des heil'gen Waldes Boden nicht betreten;
Doch hör' ich aus der Ferne hier und da
Ihr gräßliches Gelächter. Wölfe harren
So um den Baum, auf den ein Reisender
Sich rettete. Da draußen ruhen sie
1135 Gelagert; und verlaß' ich diesen Hain,
Dann steigen sie, die Schlangenhäupter schüttelnd,
Von allen Seiten Staub erregend auf
Und treiben ihre Beute vor sich her.

IPHIGENIE
Kannst du, Orest, ein freundlich Wort vernehmen?

1140 **OREST** Spar' es für einen Freund der Götter auf.

IPHIGENIE Sie geben dir zu neuer Hoffnung Licht.

OREST Durch Rauch und Qualm seh' ich den matten
                                                   Schein
Des Totenflusses mir zur ⌈Hölle⌉ leuchten.

IPHIGENIE Hast du Elektren, Eine Schwester nur?

1145 **OREST** Die Eine kannt' ich; doch die älteste nahm
Ihr gut Geschick, das uns so schrecklich schien,
Bei Zeiten aus dem Elend unsers Hauses.
O laß dein Fragen, und geselle dich
Nicht auch zu den Erinnyen; sie blasen
1150 Mir schadenfroh die Asche von der Seele,
Und leiden nicht, daß sich die letzten Kohlen
Von unsers Hauses Schreckensbrande still
In mir verglimmen. Soll die Glut denn ewig,
Vorsätzlich angefacht, mit Höllenschwefel*
1155 Genährt, mir auf der Seele marternd brennen?

IPHIGENIE Ich bringe süßes Räuchwerk* in die Flamme.
O laß den reinen Hauch der Liebe dir
Die Glut des Busens leise wehend kühlen.
Orest, mein Teurer, kannst du nicht vernehmen?

Gemeint sind erneut die Erinnyen.

Orest beschwört hier eine christl. Höllenvorstellung.

Material zur Produktion von Weihrauch beim Opfervorgang. Das Wort ist vom alten Verb ›räuchen‹ abgeleitet.

Hat das Geleit der ⌐Schreckensgötter¬ so   1160
Das Blut in deinen Adern aufgetrocknet?
⌐Schleicht, wie vom Haupt der gräßlichen Gorgone,
Versteinernd dir ein Zauber durch die Glieder?¬
O wenn vergoßnen Mutterblutes Stimme
Zur Höll' hinab mit dumpfen Tönen ruft: 1165
Soll nicht der reinen Schwester Segenswort
Hülfreiche Götter vom Olympus rufen?

 OREST ⌐Es ruft! es ruft! So willst du mein Verderben?
Verbirgt in dir sich eine Rachegöttin?¬
Wer bist du, deren Stimme mir entsetzlich   1170
Das Innerste in seinen Tiefen wendet?

IPHIGENIE Es zeigt sich dir im tiefsten Herzen an:
⌐Orest, ich bin's! sieh Iphigenien!
Ich lebe!

OREST   Du!

IPHIGENIE   Mein Bruder!

OREST   Laß! Hinweg!¬
Ich rate dir, berühre nicht die Locken!   1175
Wie von ⌐Kreusa's Brautkleid¬ zündet sich
Ein unauslöschlich Feuer von mir fort.
Laß mich! ⌐Wie Herkules will ich Unwürd'ger
Den Tod voll Schmach, in mich verschlossen, sterben.¬

IPHIGENIE Du wirst nicht untergehn! O daß ich nur   1180
Ein ruhig Wort von dir vernehmen könnte!
O löse meine Zweifel, laß des Glückes,
Des lang' erflehten; mich auch sicher werden.
Es wälzet sich ein Rad von Freud' und Schmerz
Durch meine Seele. Von dem fremden Manne   1185
Entfernet mich ein Schauer; doch es reiß't
Mein Innerstes gewaltig mich zum Bruder.

OREST Ist hier ⌐Lyäens Tempel?¬ und ergreift
Unbändig-heil'ge Wut die Priesterin?

IPHIGENIE O höre mich! O sieh mich an, wie mir   1190
Nach einer langen Zeit das Herz sich öffnet,

Der Seligkeit, dem Liebsten, was die Welt
Noch für mich tragen kann, das Haupt zu küssen,
Mit meinen Armen, die den leeren Winden
1195 Nur ausgebreitet waren, dich zu fassen.
O laß mich! Laß mich! Denn es quillet heller
Nicht ⌜vom Parnaß die ew'ge Quelle⌝ sprudelnd
Von Fels zu Fels in's gold'ne Tal hinab,
Wie Freude mir vom Herzen wallend fließt,
1200 Und wie ein selig Meer mich rings umfängt.
Orest! Orest! mein Bruder!

OREST   ⌜Schöne Nymphe⌝,
Ich traue dir und deinem Schmeicheln nicht.
Diana fordert strenge Dienerinnen*
Und rächet das entweih'te Heiligtum.

Diana wacht
streng über die
Keuschheit
ihres jung-
fräulichen
Gefolges.

1205 Entferne deinen Arm von meiner Brust!
Und wenn du einen Jüngling rettend lieben,
Das schöne Glück ihm zärtlich bieten willst;
So wende meinem Freunde dein Gemüt,
Dem würd'gern Manne zu. Er irr't umher
1210 Auf jenem Felsenpfade; such' ihn auf,
Weis' ihn zurecht* und schone meiner.

IPHIGENIE   Fasse

In der Bedeu-
tung von:
Zeig ihm den
rechten Weg

Dich, Bruder, und erkenne die Gefund'ne!
Schilt einer Schwester reine Himmelsfreude
Nicht unbesonnene, strafbare Lust.
1215 O nehmt den Wahn ihm von dem starren Auge,
Daß uns der Augenblick der höchsten Freude
Nicht dreifach elend mache! Sie ist hier,
Die längst verlorne Schwester. Vom Altar
Riß mich die Göttin weg und rettete
1220 Hierher mich in ihr eigen Heiligtum.
Gefangen bist du, dargestellt zum Opfer,
Und findest in der Priesterin die Schwester.

OREST Unselige! So mag die Sonne denn
Die letzten Greuel unsers Hauses sehn!

Ist nicht Elektra hier? damit auch sie   1225
Mit uns zu Grunde gehe, nicht ihr Leben
Zu schwererem Geschick' und Leiden friste.
Gut, Priesterin! ich folge zum Altar:
Der ⌐Brudermord⌐ ist hergebrachte Sitte
Des alten Stammes; und ich danke, Götter,   1230
Daß ihr mich ohne Kinder auszurotten
Beschlossen habt. Und laß dir raten, habe
Die Sonne nicht zu lieb und nicht die Sterne;
Komm, folge mir ⌐in's dunkle Reich⌐ hinab!
Wie sich ⌐vom Schwefelpfuhl' erzeugte Drachen⌐   1235
Bekämpfend die verwandte Brut verschlingen,
Zerstört sich selbst das wütende Geschlecht;
Komm kinderlos und schuldlos mit hinab!
Du siehst mich mit Erbarmen an? Laß ab!
⌐Mit solchen Blicken⌐ suchte Klytemnestra   1240
Sich einen Weg nach ihres Sohnes Herzen;
Doch sein geschwung'ner Arm traf ihre Brust.

Gemeint ist
der Geist
Klytaim-
nestras.

Die Mutter fiel! – Tritt auf, unwill'ger Geist*!
Im Kreis geschlossen tretet an, ihr Furien,
Und wohnet dem willkommnen Schauspiel bei,   1245
Dem letzten, gräßlichsten, das ihr bereitet!
Nicht Haß und Rache schärfen ihren Dolch;
Die liebevolle Schwester wird zur Tat
Gezwungen. Weine nicht! Du hast nicht Schuld.
Seit meinen ersten Jahren hab' ich nichts   1250
Geliebt, wie ich dich lieben könnte, Schwester.
Ja, schwinge deinen Stahl, verschone nicht,
Zerreiße diesen Busen, und eröffne
Den Strömen die hier sieden einen Weg.
Er sinkt in Ermattung.

IPHIGENIE Allein zu tragen dieses Glück und Elend   1255
Vermag ich nicht. – Wo bist du, Pylades?
Wo find' ich deine Hülfe, teurer Mann?
Sie entfernt sich suchend.

OREST *aus seiner Betäubung erwachend und sich aufrich-*
tend:

    Noch einen! reiche mir aus ⌈Lethe's Fluten⌉
    Den letzten kühlen Becher der Erquickung!
1260   Bald ist der Krampf des Lebens aus dem Busen
    Hinweggespült; bald fließet still mein Geist,
    Der Quelle des Vergessens hingegeben,
    Zu euch, ihr Schatten, in die ew'gen Nebel.
    Gefällig laßt in eurer Ruhe sich
1265   Den umgetriebnen ⌈Sohn der Erde⌉ laben! –
    Welch ein Gelispel* hör' ich in den Zweigen,
    Welch ein Geräusch aus jener Dämmrung säuseln?
    Sie kommen schon den neuen Gast zu sehn!
    Wer ist die Schar, die herrlich mit einander
1270   Wie ein versammelt Fürstenhaus sich freut?
    Sie gehen friedlich, Alt' und Junge, Männer
    Mit Weibern; göttergleich und ähnlich scheinen
    Die wandelnden Gestalten. Ja, sie sind's,
    Die Ahnherrn meines Hauses! – Mit Thyesten
1275   Geht Atreus in vertraulichen Gesprächen,
    Die Knaben schlüpfen scherzend um sie her.
    Ist keine Feindschaft hier mehr unter euch?
    Verlosch die Rache wie das Licht der Sonne?
    So bin auch ich willkommen, und ich darf
1280   In euern feierlichen Zug mich mischen.
    ⌈Willkommen, Väter!⌉ euch grüßt Orest,
    Von euerm Stamm der letzte Mann;
    Was ihr gesä't, hat er geerntet:
    Mit Fluch beladen stieg er herab.
1285   Doch leichter träget sich hier jede Bürde:
    Nehmt ihn, o nehmt ihn in euern Kreis! –
    Dich, Atreus, ehr' ich, auch dich Thyesten;

I. S. v.: Geflüs-
ter, Rauschen

Wir sind hier alle der Feindschaft los. –
Zeigt mir den Vater, den ich nur Einmal
Im Leben sah! – Bist du's, mein Vater?   1290
Und führst die Mutter vertraut mit dir?
Darf Klytemnestra die Hand dir reichen;
So darf Orest auch zu ihr treten
Und darf ihr sagen: sieh deinen Sohn! –
Seht euern Sohn! Heißt ihn willkommen.   1295
⌈Auf Erden war in unserm Hause
Der Gruß des Mordes* gewisse Losung,⌉
Und das Geschlecht des alten ⌈Tantalus⌉
Hat seine Freuden jenseits der Nacht.
Ihr ruft, Willkommen! und nehmt mich auf!   1300
⌈O führt zum Alten, zum Ahnherrn mich!
Wo ist der Alte? daß ich ihn sehe,
Das teure Haupt, das vielverehrte,
Das mit den Göttern zu Rate saß.
Ihr scheint zu zaudern, euch wegzuwenden?   1305
Was ist es? Leidet der Göttergleiche?
Weh mir! es haben die Übermächt'gen
Der Heldenbrust grausame Qualen
Mit ehrnen Ketten fest aufgeschmiedet.⌉

Genitivattribut
zu ›Losung‹,
nicht zu ›Gruß‹

Dritter Auftritt

Orest. Iphigenie. Pylades.

OREST ⌈Seid ihr auch schon herabgekommen?⌉   1310
   Wohl Schwester dir! Noch fehlt Elektra:
   Ein güt'ger Gott send' uns die Eine
   ⌈Mit sanften Pfeilen⌉ auch schnell herab.
   Dich, armer Freund, muß ich bedauern!
   Komm mit! Komm mit! zu ⌈Pluto's Thron⌉,   1315
   Als neue Gäste den Wirt zu grüßen.

IPHIGENIE ⌐Geschwister, die ihr an dem weiten Himmel
Das schöne Licht bei Tag und Nacht herauf
Den Menschen bringet⌐, und den Abgeschiednen
1320 Nicht leuchten dürfet, rettet uns Geschwister!
Du liebst, Diane, deinen holden Bruder
Vor allem, was dir Erd' und Himmel bietet,
Und wendest dein jungfräulich Angesicht
Nach seinem ew'gen Lichte sehnend still.
1325 O laß den einz'gen spätgefundnen mir
Nicht in der Finsternis des Wahnsinns rasen!
Und ist dein Wille, da du hier mich bargst,
Nunmehr vollendet, willst du mir durch ihn
Und ihm durch mich die sel'ge Hülfe geben;
1330 So lös' ihn von den Banden jenes Fluchs,
Daß nicht die teure Zeit der Rettung schwinde.
PYLADES Erkennst du uns und diesen heil'gen Hain
Und dieses Licht, das nicht den Toten leuchtet?
Fühlst du den Arm des Freundes und der Schwester,
1335 Die dich noch fest, noch lebend halten? Faß'
Uns kräftig an; wir sind nicht leere Schatten.
Merk auf mein Wort! Vernimm es! Raffe dich
Zusammen! Jeder Augenblick ist teuer,
Und unsre Rückkehr hängt an zarten Fäden,
1340 Die, scheint es, eine günst'ge ⌐Parze⌐ spinnt.
OREST *zu Iphigenien:*
Laß mich zum erstenmal mit freiem Herzen
In deinen Armen reine Freude haben!
⌐Ihr Götter, die mit flammender Gewalt
Ihr schwere Wolken aufzuzehren wandelt,
1345 Und gnädig-ernst den lang' erflehten Regen
Mit Donnerstimmen und mit Windes-Brausen
In wilden Strömen auf die Erde schüttet;
Doch bald der Menschen grausendes Erwarten
In Segen auflös't und das bange Staunen
1350 In Freudeblick und lauten Dank verwandelt,

Wenn in den Tropfen frischerquickter Blätter
Die neue Sonne tausendfach sich spiegelt,
Und ⌜Iris⌝ freundlich bunt mit leichter Hand
Den grauen Flor der letzten Wolken trennt⌝;
O laßt mich auch an meiner Schwester Armen,   1355
An meines Freundes Brust, was ihr mir gönnt
Mit vollem Dank genießen und behalten.
⌜Es löset sich der Fluch, mir sagt's das Herz.⌝
Die ⌜Eumeniden⌝ ziehn, ich höre sie,

Gemeint ist
die Unterwelt.

Zum Tartarus* und schlagen hinter sich   1360
Die ehrnen Tore fernabdonnernd zu.
⌜Die Erde dampft erquickenden Geruch⌝
Und ladet mich auf ihren Flächen ein,
Nach ⌜Lebensfreud' und großer Tat⌝ zu jagen.
PYLADES Versäumt die Zeit nicht, die gemessen ist!   1365
⌜Der Wind der unsre Segel schwellt⌝, er bringe
Erst unsre volle Freude zum Olymp.
Kommt! Es bedarf hier schnellen Rat und Schluß.

Vierter Aufzug

Erster Auftritt

IPHIGENIE Denken die Himmlischen
1370　　Einem der Erdgebornen
　　　　Viele Verwirrungen zu,
　　　　Und bereiten sie ihm
　　　　Von der Freude zu Schmerzen
　　　　Und von Schmerzen zur Freude
1375　　Tief-erschütternden Übergang;
　　　　Dann erziehen* sie ihm
　　　　In der Nähe der Stadt*,
　　　　Oder am fernen Gestade,
　　　　Daß in Stunden der Not
1380　　Auch die Hülfe bereit sei,
　　　　Einen ruhigen Freund.
　　　　O segnet, Götter, unsern Pylades
　　　　Und was er immer unternehmen mag!
　　　　Er ist der Arm des Jünglings in der Schlacht,
1385　　Des Greises leuchtend Aug' in der Versammlung:
　　　　Denn seine Seel' ist stille; sie bewahr't
　　　　Der Ruhe heil'ges unerschöpftes Gut,
　　　　Und den Umhergetriebnen reichet er
　　　　Aus ihren* Tiefen Rat und Hülfe. Mich
1390　　Riß er vom Bruder los; den staunt' ich an
　　　　Und immer wieder an, und konnte mir
　　　　Das Glück nicht eigen machen, ließ ihn nicht
　　　　Aus meinen Armen los, und fühlte nicht
　　　　Die Nähe der Gefahr die uns umgibt.
1395　　Jetzt gehn sie ihren Anschlag auszuführen
　　　　Der See zu, wo das Schiff mit den Gefährten
　　　　In einer Bucht versteckt auf's Zeichen lauert,

In der Bedeutung von: aufziehen

I. S. v.: Vaterstadt, Heimat

Rückbezug auf die »Seel'« in v. 1386

⌈Und haben kluges Wort mir in den Mund
Gegeben⌉, mich gelehrt was ich dem König'
Antworte, wenn er sendet und das Opfer   1400
Mir dringender gebietet. Ach! ich sehe wohl,
Ich muß mich leiten lassen wie ein Kind.
Ich habe nicht gelernt zu hinterhalten*,
Noch jemand etwas abzulisten. Weh!
O weh der Lüge! Sie befreit nicht,   1405
Wie jedes andre wahrgesprochne Wort,
Die Brust; sie macht uns nicht getrost, sie ängstet
Den der sie heimlich schmiedet, und sie kehrt,
Ein losgedruckter* Pfeil von einem Gotte
Gewendet und versagend*, sich zurück   1410
Und trifft den Schützen. Sorg' auf Sorge schwankt
Mir durch die Brust. Es greift die Furie
Vielleicht den Bruder auf dem Boden wieder
Des ungeweihten Ufers grimmig an?
Entdeckt man sie vielleicht? Mich dünkt, ich höre   1415
Gewaffnete sich nahen! – Hier! – Der Bote
Kommt von dem Könige mit schnellem Schritt.
Es schlägt mein Herz, es trübt sich meine Seele,
Da ich des Mannes Angesicht erblicke,
Dem ich mit falschem Wort begegnen soll.   1420

In der Bedeutung von: etwas verhehlen, seine Absichten zurückhalten

losgedrückter, abgeschossener

I. S. v.: sich verweigernd

Zweiter Auftritt

Iphigenie. Arkas.

ARKAS Beschleunige das Opfer, Priesterin!
    Der König wartet und es harrt das Volk.
IPHIGENIE Ich folgte* meiner Pflicht und deinem Wink,
    Wenn unvermutet nicht ein Hindernis
    Sich zwischen mich und die Erfüllung stellte.   1425

Durch den angeschlossenen Konditionalsatz (»wenn«) wird der Irrealis deutlich.

ARKAS Was ist's, das den Befehl des Königs hindert?

IPHIGENIE Der Zufall, dessen wir nicht Meister sind.

ARKAS So sage mir's, daß ich's ihm schnell vermelde:
    Denn er beschloß bei sich der Beiden Tod.

1430 IPHIGENIE Die Götter haben ihn noch nicht beschlossen.
    Der älteste dieser Männer trägt die Schuld
    Des nahverwandten Bluts, das er vergoß.
    Die Furien verfolgen seinen Pfad,
    Ja in dem innern Tempel faßte selbst
1435 Das Übel ihn, und seine Gegenwart
    Entheiligte die reine Stätte. Nun
    Eil' ich ⌜mit meinen Jungfraun⌝, an dem Meere
    ⌜Der Göttin Bild mit frischer Welle netzend⌝
    Geheimnisvolle Weihe zu begehn.
1440 Es störe niemand unsern stillen Zug!

ARKAS Ich melde dieses neue Hindernis
    Dem Könige geschwind, beginne du
    Das heil'ge Werk nicht eh'* bis er's erlaubt.   eher

IPHIGENIE Dies ist allein der Priest'rin überlassen.

1445 ARKAS Solch seltnen Fall soll auch der König wissen.

IPHIGENIE Sein Rat wie sein Befehl verändert nichts.

ARKAS Oft wird der Mächtige zum Schein gefragt.

IPHIGENIE Erdringe* nicht, was ich versagen sollte.   Erzwinge

ARKAS Versage nicht, was gut und nützlich ist.

1450 IPHIGENIE Ich gebe nach, wenn du nicht säumen willst.

ARKAS Schnell bin ich mit der Nachricht in dem Lager,
    Und schnell mit seinen Worten hier zurück.
    O könnt' ich ihm noch Eine Botschaft bringen,
    Die alles lös'te was uns jetzt verwirrt:
1455 ⌜Denn du hast nicht des Treuen Rat geachtet.⌝

IPHIGENIE Was ich vermochte, hab' ich gern getan.

ARKAS Noch änderst du den Sinn zur rechten Zeit.   Aus metri-
                                                                         schen
IPHIGENIE Das steht nun einmal nicht in unsrer Macht.   Gründen ist
                                                                         die Präposition
ARKAS Du hältst unmöglich*, was dir Mühe kostet.   ›für‹ wegge-
                                                                         fallen.
IPHIGENIE
1460 Dir scheint es möglich, weil der Wunsch dich trügt.

ARKAS Willst du denn alles so gelassen wagen?

IPHIGENIE Ich hab' es in der Götter Hand gelegt.

ARKAS Sie pflegen Menschen menschlich zu erretten.

IPHIGENIE Auf ihren Fingerzeig kommt alles an.

ARKAS Ich sage dir, es liegt in deiner Hand. 1465
Des Königs aufgebrachter Sinn allein
Bereitet diesen Fremden bittern Tod.
Das Heer entwöhnte längst vom harten Opfer
Und von dem blut'gen Dienste sein Gemüt.
Ja mancher, den ein widriges Geschick 1470
An fremdes Ufer trug, empfand es selbst,
Wie göttergleich dem armen Irrenden,
Umhergetrieben an der fremden Grenze,
Ein freundlich Menschenangesicht begegnet.
O wende nicht von uns was du vermagst! 1475
Du endest leicht was du begonnen hast:
Denn nirgends baut die Milde, die herab
In menschlicher Gestalt vom Himmel kommt,
Ein Reich sich schneller, als wo trüb' und wild
Ein neues Volk, voll Leben, Mut und Kraft, 1480
Sich selbst und banger Ahndung überlassen,
Des Menschenlebens schwere Bürden trägt.

IPHIGENIE Erschütt're meine Seele nicht, die du
Nach deinem Willen nicht bewegen kannst.

ARKAS So lang' es Zeit ist, schont man weder Mühe 1485
Noch eines guten Wortes Wiederholung.

IPHIGENIE
Du machst dir Müh' und mir erregst du Schmerzen;
Vergebens beides: darum laß mich nun.

ARKAS Die Schmerzen sind's, die ich zu Hülfe rufe:
Denn es sind Freunde, Gutes raten sie. 1490

IPHIGENIE Sie fassen meine Seele mit Gewalt,
Doch tilgen sie den Widerwillen nicht.

ARKAS Fühlt eine schöne Seele Widerwillen
Für eine Wohltat, die der Edle reicht?

IPHIGENIE Ja, wenn der Edle, was sich nicht geziemt,
    Statt meines Dankes mich erwerben will.
ARKAS Wer keine Neigung fühlt, dem mangelt es
    An einem Worte der Entschuld'gung nie.
    Dem Fürsten sag' ich an, was hier gescheh'n.
1500   O wiederholtest du in deiner Seele,
    Wie edel er sich gegen dich betrug
    Von deiner Ankunft an bis diesen Tag!

Dritter Auftritt

IPHIGENIE *allein:* Von dieses Mannes Rede fühl' ich mir
    Zur ungelegnen Zeit das Herz im Busen
1505   Auf einmal umgewendet. Ich erschrecke! –
    Denn wie die Flut mit schnellen Strömen wachsend
    Die Felsen überspült, die in dem Sand'
    Am Ufer liegen: so bedeckte ganz
    Ein Freudenstrom mein Innerstes. Ich hielt
1510   In meinen Armen das Unmögliche.
    ⌜Es schien sich eine Wolke wieder sanft
    Um mich zu legen⌝, von der Erde mich
    Empor zu heben und in jenen Schlummer
    Mich einzuwiegen, den die gute Göttin
1515   Um meine Schläfe legte, da ihr Arm
    Mich rettend faßte. – Meinen Bruder
    Ergriff das Herz mit einziger Gewalt*:
    Ich horchte nur auf seines Freundes Rat;
    Nur sie zu retten drang die Seele vorwärts.
1520   Und wie den Klippen einer wüsten Insel
    Der Schiffer gern den Rücken wendet: so
    Lag Tauris hinter mir. Nun hat die Stimme
    Des treuen Manns mich wieder aufgeweckt,

I. S. v.: mit
alles andere
ausschlie-
ßender Gewalt

Daß ich auch Menschen hier verlasse mich
Erinnert. Doppelt wird mir der Betrug   1525
Verhaßt. O bleibe ruhig, meine Seele!
Beginnst du nun zu schwanken und zu zweifeln?
Den festen Boden deiner Einsamkeit
Mußt du verlassen! Wieder eingeschifft
Ergreifen dich die Wellen schaukelnd, trüb'   1530
Und bang verkennest du die Welt und dich.

Vierter Auftritt

Iphigenie. Pylades.

PYLADES   Wo ist sie? daß ich ihr mit schnellen Worten
   Die frohe Botschaft unsrer Rettung bringe!
IPHIGENIE   Du siehst mich hier voll Sorgen und Erwartung
   Des sichern Trostes, den du mir versprichst.   1535
PYLADES   ⌐Dein Bruder ist geheilt! Den Felsenboden
   Des ungeweihten Ufers und den Sand
   Betraten wir mit fröhlichen Gesprächen;
   Der Hain blieb hinter uns, wir merkten's nicht.⌐
   Und herrlicher und immer herrlicher   1540
   Umloderte der Jugend schöne Flamme
   Sein lockig Haupt; sein volles Auge glühte
   Von Mut und Hoffnung, und sein freies Herz
   Ergab sich ganz der Freude, ganz der Lust,
   ⌐Dich seine Retterin⌐ und mich zu retten.   1545
IPHIGENIE   Gesegnet seist du, und es möge nie
   Von deiner Lippe, die so Gutes sprach,
   Der Ton des Leidens und der Klage tönen!
PYLADES   Ich bringe mehr als das: denn schön begleitet,
   Gleich einem Fürsten pflegt das Glück zu nah'n.   1550
   Auch die Gefährten haben wir gefunden.

In einer Felsenbucht verbargen sie
Das Schiff und saßen traurig und erwartend.
Sie sahen deinen Bruder, und es regten
1555 Sich alle jauchzend, und sie baten dringend
Der Abfahrt Stunde zu beschleunigen.
Es sehnet jede Faust sich nach dem Ruder,
Und selbst ein Wind erhob vom Lande lispelnd*,
Von allen gleich bemerkt, die holden Schwingen.
1560 Drum laß uns eilen, führe mich zum Tempel,
Laß mich das Heiligtum betreten, laß
Mich unsrer Wünsche Ziel verehrend fassen.
Ich bin allein genug der Göttin Bild
Auf wohl geübten Schultern wegzutragen;
1565 Wie sehn' ich mich nach der erwünschten Last!
*Er geht gegen den Tempel unter den letzten Worten,
ohne zu bemerken, daß Iphigenie nicht folgt; endlich
kehrt er sich um.*
Du stehst und zauderst – sage mir – du schweigst!
Du scheinst verworren! Widersetzet sich
Ein neues Unheil unserm Glück? Sag' an!
Hast du dem Könige das kluge Wort
1570 Vermelden lassen, das wir abgeredet?
IPHIGENIE Ich habe, teurer Mann; doch wirst du schelten.
Ein schweigender Verweis war mir dein Anblick!
Des Königs Bote kam, und wie du es
Mir in den Mund gelegt, so sagt' ich's ihm.
1575 Er schien zu staunen, und verlangte dringend
Die seltne Feier erst dem Könige
Zu melden, seinen Willen zu vernehmen;
Und nun erwart' ich seine Wiederkehr.
PYLADES Weh' uns! Erneuert schwebt nun die Gefahr
1580 Um unsre Schläfe! Warum hast du nicht
In's Priesterrecht dich weislich eingehüllt?
IPHIGENIE Als eine Hülle hab' ich's nie gebraucht.
PYLADES So wirst du, reine Seele, dich und uns

I. S. v.: flüs-
ternd; hier
besser: leise
rauschend

Zu Grunde richten. Warum dacht' ich nicht
Auf diesen Fall voraus, und lehrte dich   1585
Auch dieser Ford'rung auszuweichen!

IPHIGENIE   Schilt
Nur mich, die Schuld ist mein, ich fühl' es wohl;
Doch konnt' ich anders nicht dem Mann begegnen,
Der mit Vernunft und Ernst von mir verlangte,
Was ihm mein Herz als recht gestehen mußte.   1590

PYLADES   Gefährlicher zieht sich's zusammen;
                                         doch auch so
Laß uns nicht zagen, oder unbesonnen
Und übereilt uns selbst verraten. Ruhig
Erwarte du die Wiederkunft des Boten,
Und dann steh fest, er bringe was er will: 1595
Denn solcher Weihung Feier anzuordnen

l. S. v.:
gebührt

Gehört* der Priesterin und nicht dem König.
Und fordert er den fremden Mann zu sehn,
Der von dem Wahnsinn schwer belastet ist;
So lehn' es ab, als hieltest du uns beide   1600
Im Tempel wohl verwahrt: So schaff' uns Luft.
Daß wir auf's eiligste, den heil'gen Schatz
Dem rauh unwürd'gen Volk entwendend, fliehn.
Die besten Zeichen sendet uns Apoll,
Und, eh wir ⌐die Bedingung fromm erfüllen⌐,   1605
Erfüllt er göttlich sein Versprechen schon.
⌐Orest ist frei, geheilt!⌐ – Mit dem Befreiten
O führet uns hinüber, günst'ge Winde,
Zur ⌐Felsen-Insel die der Gott bewohnt⌐;
Dann nach Mycen, daß es lebendig werde,   1610
Daß von der Asche des verlosch'nen Herdes
Die ⌐Vatergötter⌐ fröhlich sich erheben,
Und schönes Feuer ihre Wohnungen
Umleuchte! Deine Hand soll ihnen Weihrauch
Zuerst aus gold'nen Schalen streuen. Du   1615
Bringst über jene Schwelle Heil und Leben wieder,

⌜Entsühnst den Fluch⌝ und schmückest neu die Deinen
Mit frischen Lebensblüten herrlich aus.

IPHIGENIE   Vernehm' ich dich, so wendet sich, o Teurer,
620   Wie sich die Blume nach der Sonne wendet,
Die Seele, von dem Strahle deiner Worte
Getroffen, sich dem süßen Troste nach.
Wie köstlich ist des gegenwärt'gen Freundes
Gewisse* Rede, deren Himmelskraft
625   Ein Einsamer entbehrt und still versinkt.
Denn langsam reift, verschlossen in dem Busen,
Gedank' ihm und Entschluß; die Gegenwart
Des Liebenden entwickelte sie leicht.

PYLADES   Leb' wohl! Die Freunde will ich nun geschwind
630   Beruhigen, die sehnlich wartend harren.
Dann komm' ich schnell zurück und lausche hier
Im Felsenbusch versteckt auf deinen Wink –
Was sinnest du? Auf einmal überschwebt
Ein stiller Trauerzug die freie Stirne.

635   IPHIGENIE   Verzeih! Wie leichte Wolken vor der Sonne,
So zieht mir vor der Seele leichte Sorge
Und Bangigkeit vorüber.

PYLADES   Fürchte nicht!*
Betrüglich schloß die Furcht mit der Gefahr
Ein enges Bündnis; beide sind Gesellen.

640   IPHIGENIE   Die Sorge nenn' ich edel, die mich warnt,
Den König, der mein zweiter Vater ward,
Nicht tückisch zu betrügen, zu berauben.

PYLADES   Der deinen Bruder schlachtet, dem entfliehst du.

IPHIGENIE   Es ist derselbe, der mit Gutes tat.

645   PYLADES   Das ist nicht Undank, was die Not gebeut*.

IPHIGENIE
Es bleibt wohl Undank; nur die Not entschuldigt's.

PYLADES   Vor Göttern und vor Menschen dich gewiß.

IPHIGENIE   Allein mein eigen Herz ist nicht befriedigt.

PYLADES   Zu strenge Ford'rung ist verborgner Stolz.

IPHIGENIE ⌜Ich untersuche nicht, ich fühle nur.⌝ 1650

PYLADES Fühlst du dich recht, so mußt du dich verehren.

IPHIGENIE Ganz unbefleckt genießt sich nur das Herz.

PYLADES So hast du dich im Tempel wohl bewahrt;
Das Leben lehrt uns, weniger mit uns
Und andern strenge sein; du lernst es auch. 1655

das Menschen-
geschlecht

So wunderbar ist dies Geschlecht* gebildet;
So vielfach ist's verschlungen und verknüpft,
Daß keiner in sich selbst, noch mit den andern
Sich rein und unverworren halten kann.
Auch sind wir nicht bestellt uns selbst zu richten; 1660
Zu wandeln und auf seinen Weg zu sehen
Ist eines Menschen erste, nächste Pflicht:

In der Bedeu-
tung von:
einschätzen

Denn selten schätzt* er recht was er getan,
Und was er tut weiß er fast nie zu schätzen.

IPHIGENIE Fast überred'st du mich zu deiner Meinung. 1665

PYLADES Braucht's Überredung wo die Wahl versagt ist?
Den Bruder, dich, und einen Freund zu retten
Ist nur Ein Weg; fragt sich's ob wir ihn gehn?

IPHIGENIE O laß mich zaudern! denn du tätest selbst
Ein solches Unrecht keinem Mann gelassen, 1670
Dem du für Wohltat dich verpflichtet hieltest.

Im 18. Jh.
noch üblicher
verkürzter
Genitiv (im
Objekt zu
›warten‹)

PYLADES Wenn wir zu Grunde gehen, wartet dein*
Ein härt'rer Vorwurf, der Verzweiflung trägt.
Man sieht, du bist nicht an Verlust gewohnt,
Da du dem großen Übel zu entgehen 1675
⌜Ein falsches Wort nicht einmal opfern willst.⌝

IPHIGENIE O trüg' ich doch ein männlich Herz in mir,
Das, wenn es einen kühnen Vorsatz hegt,
Vor jeder andern Stimme sich verschließt!

PYLADES Du weigerst dich umsonst; ⌜die eherne Hand 1680
Der Not⌝ gebietet, und ihr ernster Wink
Ist oberstes Gesetz, dem Götter selbst
Sich unterwerfen müssen. Schweigend herrscht
Des ew'gen Schicksals unberatne Schwester.

Was sie dir auferlegt, das trage; tu'
Was sie gebeut*. Das andre weiß du. Bald   gebietet
Komm' ich zurück, aus deiner heil'gen Hand
⌜Der Rettung schönes Siegel⌝ zu empfangen.

Fünfter Auftritt

IPHIGENIE Ich muß ihm folgen: denn die Meinigen
Seh' ich in dringender Gefahr. Doch ach!
Mein eigen Schicksal macht mir bang' und bänger.
O soll ich nicht die stille Hoffnung retten,
Die in der Einsamkeit ich schön genährt?
⌜Soll dieser Fluch denn ewig walten?⌝ Soll
Nie dies Geschlecht mit einem neuen Segen
Sich wieder heben? – Nimmt doch alles ab!
Das beste Glück, des Lebens schönste Kraft
Ermattet endlich! Warum nicht der Fluch?
So hofft' ich denn vergebens, hier verwahrt,
Von meines Hauses Schicksal abgeschieden,
Dereinst mit reiner Hand und reinem Herzen
Die schwer befleckte Wohnung zu entsühnen.
Kaum wird in meinen Armen mir ein Bruder
Vom grimm'gen Übel wundervoll und schnell
Geheilt; kaum naht ein lang' erflehtes Schiff
Mich in den ⌜Port⌝ der Vaterwelt zu leiten:
So legt die taube Not ein doppelt Laster*   I. S. v.: Untat,
Mit ehrner Hand mir auf; das heilige,   Vergehen
Mir anvertraute, viel verehrte Bild
Zu rauben und den Mann zu hintergehn,
Dem ich mein Leben und mein Schicksal danke.
O daß in meinem Busen nicht zuletzt
Ein Widerwillen keime! der ⌜Titanen,

Der alten Götter⌐ tiefer Haß auf euch,
Olympier, nicht auch die zarte Brust   1715
Mit ⌐Geierklauen⌐ fasse! Rettet mich,
⌐Und rettet euer Bild in meiner Seele!⌐

Vor meinen Ohren tönt das alte Lied –
Vergessen hatt' ich's und vergaß es gern –
Das ⌐Lied der Parzen⌐, das sie grausend sangen,   1720
Als Tantalus vom gold'nen Stuhle fiel:
Sie litten mit dem edlen Freunde; grimmig
War ihre Brust, und furchtbar ihr Gesang.
In unsrer Jugend sang's die Amme mir

Aus
metrischen
Gründen ist
der Satz um
das notwen-
dige ›mir‹
verkürzt.
Und den Geschwistern vor, ich merkt' es wohl*.   1725
        ⌐Es fürchte die Götter⌐
    Das Menschengeschlecht!
    Sie halten die Herrschaft
    In ewigen Händen,
    Und können sie brauchen
    Wie's ihnen gefällt.   1730

    ⌐Der fürchte sie doppelt
    Den je sie erheben!⌐
I. S. v.: Felsen
    Auf Klippen* und Wolken
    Sind Stühle bereitet   1735
    Um goldene Tische.

    Erhebet ein Zwist sich:
    So stürzen die Gäste
    Geschmäht und geschändet
    In nächtliche Tiefen,   1740
    Und harren vergebens,
    Im Finstern gebunden,
    Gerechten Gerichtes.

⌜Sie aber, sie bleiben
In ewigen Festen
An goldenen Tischen.
Sie schreiten vom Berge
Zu Bergen hinüber⌝:
Aus Schlünden der Tiefe
Dampft ihnen der Atem
Erstickter Titanen,
Gleich Opfergerüchen,
Ein leichtes Gewölke.

⌜Es wenden die Herrscher
Ihr segnendes Auge
Von ganzen Geschlechtern,
Und meiden, im Enkel
Die eh'mals geliebten,
Still redenden Züge
Des Ahnherrn* zu sehn.⌝

Gemeint
ist Tantalus.

⌜So sangen die Parzen;
Es horcht der Verbannte*,
In nächtlichen Höhlen
Der Alte die Lieder,
Denkt* Kinder und Enkel
Und schüttelt das Haupt.⌝

Auch hier
ist Tantalus
gemeint.

Denkt an

Fünfter Aufzug

Erster Auftritt

Thoas. Arkas.

ARKAS Verwirrt muß ich gestehn daß ich nicht weiß,
    Wohin ich meinen Argwohn richten soll.
    Sind's die Gefang'nen, die auf ihre Flucht
    Verstohlen sinnen? Ist's die Priesterin,   1770
    Die ihnen hilft? Es mehrt sich das Gerücht:
    Das Schiff, das diese beiden hergebracht,
    Sei irgend* noch in einer Bucht versteckt.
    Und jenes Mannes Wahnsinn, diese Weihe,
    Der heil'ge Vorwand dieser Zög'rung, rufen   1775
    Den Argwohn lauter und die Vorsicht auf.
THOAS Es komme schnell die Priesterin herbei!
    Dann geht, durchsucht das Ufer scharf und schnell
    Vom Vorgebirge bis zum Hain der Göttin.
    Verschonet seine heil'gen Tiefen, legt   1780
    Bedächt'gen Hinterhalt und greift sie an;
    Wo ihr sie findet, faßt sie wie ihr pflegt*.

irgendwo (margin note for line 1772)

wie ihr es sonst zu tun pflegt (margin note for line 1782)

Zweiter Auftritt

THOAS *allein:* Entsetzlich wechselt mir der Grimm
                                im Busen;
    Erst gegen sie, die ich so heilig hielt*;
    Dann gegen mich, der ich sie zum Verrat   1785
    Durch Nachsicht und durch Güte bildete.
    Zur Sklaverei gewöhnt der Mensch sich gut

l. S. v.: für so heilig hielt (margin note for line 1784)

Und lernet leicht gehorchen, wenn man ihn
Der Freiheit ganz beraubt. Ja, wäre sie
1790 In meiner Ahnherrn rohe Hand gefallen,
Und hätte sie der heil'ge Grimm verschont:
Sie wäre froh gewesen, sich allein
Zu retten, hätte dankbar ihr Geschick
Erkannt und fremdes Blut vor dem Altar
1795 Vergossen, hätte Pflicht genannt
Was Not war. Nun lockt meine Güte
In ihrer Brust verweg'nen Wunsch herauf.
Vergebens hofft' ich, sie mir zu verbinden;
Sie sinnt sich nun ein eigen Schicksal aus.
1800 Durch Schmeichelei gewann sie mir das Herz;
Nun widersteh' ich der: so sucht sie sich
Den Weg durch List und Trug, und meine Güte
Scheint ihr ein alt verjährtes Eigentum*.

> durch langjährigen Besitz zum unbestreitbaren Eigentum geworden (im 18. Jh. noch positiv konnotiert)

Dritter Auftritt

Iphigenie. Thoas.

IPHIGENIE Du foderst mich! was bringt dich zu uns her?
1805 THOAS Du schiebst das Opfer auf; sag' an, warum?
IPHIGENIE Ich hab' an Arkas alles klar erzählt.
THOAS Von dir möcht' ich es weiter noch vernehmen.
IPHIGENIE Die Göttin gibt dir Frist zur Überlegung.
THOAS Sie scheint dir selbst gelegen, diese Frist.
1810 IPHIGENIE Wenn dir das Herz zum grausamen Entschluß
Verhärtet ist: so solltest du nicht kommen!*
⌐Ein König, der Unmenschliches verlangt,
Find't Diener g'nug, die gegen Gnad' und Lohn
Den halben Fluch der Tat begierig fassen;
1815 Doch seine Gegenwart* bleibt unbefleckt.

> Hier: so hättest du nicht kommen sollen!

> Nicht als Zeitverhältnis zu lesen, sondern in der Bedeutung: Person

Er sinnt den Tod in einer schweren Wolke,
Und seine Boten bringen flammendes
Verderben auf des Armen Haupt hinab;
Er aber schwebt durch seine Höhen ruhig,
Ein unerreichter Gott, im Sturme fort.⌝   1820

THOAS Die heil'ge Lippe tönt ein wildes Lied.

IPHIGENIE ⌜Nicht Priesterin! nur Agamemnons Tochter.⌝
Der Unbekannten Wort verehrtest du,
Der Fürstin willst du rasch gebieten? Nein!
Von Jugend auf hab' ich gelernt gehorchen,   1825
Erst meinen Eltern und dann einer Gottheit,
⌜Und folgsam fühlt' ich immer meine Seele
Am schönsten frei⌝; allein dem harten Worte,
Dem rauhen Ausspruch eines Mannes mich
Zu fügen, lernt' ich weder dort noch hier.   1830

THOAS Ein alt Gesetz, nicht ich, gebietet dir.

IPHIGENIE Wir fassen ein Gesetz begierig an,
Das unsrer Leidenschaft zur Waffe dient.
Ein andres spricht zu mir, ein älteres,
Mich dir zu widersetzen, das Gebot,   1835
Dem jeder Fremde heilig ist.

THOAS Es scheinen die Gefangnen dir sehr nah
Am Herzen: denn für* Anteil und Bewegung
Vergissest du der Klugheit erstes Wort,
Daß man den Mächtigen nicht reizen soll.   1840

IPHIGENIE Red' oder schweig' ich; immer kannst
                                          du wissen,
Was mir im Herzen ist und immer bleibt.
Lös't die Erinnerung des gleichen Schicksals
Nicht ein verschloßnes Herz zum Mitleid auf?
Wie mehr denn meins! In ihnen* seh' ich mich.   1845
Ich habe vorm Altare selbst gezittert,
Und feierlich umgab der frühe Tod
Die Knieende; das Messer zuckte schon
Den lebenvollen Busen zu durchbohren;

Die Präposi-
tion ›für‹ ist,
wie allgemein
im Sprachge-
brauch bis
ins 18. Jh. zu
beobachten,
mit ›vor‹
austauschbar.

In den zur
Opferung
bestimmten
Gefangenen

Mein Innerstes entsetzte wirbelnd sich,
       Mein Auge brach, und – ich fand mich gerettet.
       Sind wir, was Götter gnädig uns gewährt,
       Unglücklichen nicht zu erstatten schuldig?
       Du weißt es, kennst mich, und du willst mich zwingen!
1855 THOAS Gehorche deinem Dienste, nicht dem Herrn.
       IPHIGENIE Laß ab! beschönige nicht die Gewalt,
       Die sich der Schwachheit eines Weibes freut.
       Ich bin so frei geboren als ein Mann.
       Stünd' Agamemnons Sohn dir gegenüber,
1860   Und du verlangtest was sich nicht gebührt:
       So hat auch Er ein Schwert und einen Arm,
       Die Rechte seines Busens zu verteid'gen.
       Ich habe nichts als Worte, und es ziemt
       Dem edlen Mann, der Frauen Wort zu achten.
1865 THOAS Ich acht' es mehr als eines Bruders Schwert.
       IPHIGENIE Das Los der Waffen wechselt hin und her:
       Kein kluger Streiter hält den Feind gering.
       Auch ohne Hülfe gegen Trutz* und Härte   Trotz
       Hat die Natur den Schwachen nicht gelassen.
1870   Sie gab zur List ihm Freude, lehrt' ihn Künste;   l. S. v.: schnell
       Bald* weicht er aus, verspätet* und umgeht.   Hier: hält hin,
                                                                verzögert
       ja der Gewaltige* verdient, daß man sie übt.
       THOAS Die Vorsicht stellt der List sich klug entgegen.   l. S. v.: ›der
                                                                 Gewalttätige‹,
       IPHIGENIE Und eine reine Seele braucht sie nicht.   ›derjenige,
1875 THOAS Sprich unbehutsam nicht dein eigen Urteil.   der Gewalt
                                                                 ausübt‹
       IPHIGENIE O sähest du wie meine Seele kämpft,
       Ein bös Geschick, das sie ergreifen will,
       Im ersten Anfall mutig abzutreiben*!   abzuwehren
       So steh' ich denn hier wehrlos gegen dich?
1880   Die schöne Bitte, ⌈den anmut'gen Zweig⌉,
       In einer Frauen Hand gewaltiger
       Als Schwert und Waffe, stößest du zurück:
       Was bleibt mir nun mein Inn'res zu verteid'gen?
       Ruf' ich die Göttin um ein Wunder an?
1885   Ist keine Kraft in meiner Seele Tiefen?

THOAS Es scheint, der beiden Fremden Schicksal macht
Unmäßig dich besorgt. Wer sind sie? Sprich!
Für die dein Geist gewaltig sich erhebt.
IPHIGENIE Sie sind – sie scheinen – für Griechen
halt' ich sie.
THOAS Landsleute sind es? und sie haben wohl   1890
Der Rückkehr schönes Bild in dir erneut?
IPHIGENIE *nach einigem Stillschweigen:*
Hat denn zur ⌐unerhörten Tat⌐ der Mann
Allein das Recht? Drückt denn Unmögliches
Nur Er an die gewalt'ge Heldenbrust?
Was nennt man groß? Was hebt die Seele schaudernd   1895
⌐Dem immer wiederholenden Erzähler⌐?
Als was mit unwahrscheinlichem Erfolg
Der Mutigste begann. ⌐Der in der Nacht
Allein das Heer des Feindes überschleicht*,
Wie unversehen* eine Flamme wütend   1900
Die Schlafenden, Erwachenden ergreift,
Zuletzt gedrängt von den Ermunterten*
Auf Feindes Pferden, doch mit Beute kehrt⌐,
⌐Wird der allein gepriesen? der allein,
Der einen sichern Weg verachtend kühn   1905
Gebirg' und Wälder durchzustreifen geht,
Daß er von Räubern eine Gegend säub're?⌐
Ist uns nichts übrig? ⌐Muß ein zartes Weib
Sich ihres angebornen Rechts entäußern,
Wild gegen Wilde sein, wie Amazonen   1910
Das Recht des Schwerts euch rauben und mit Blute
Die Unterdrückung rächen?⌐ Auf und ab
Steigt in der Brust ein kühnes Unternehmen:
Ich werde großem Vorwurf nicht entgehn,
Noch schwerem Übel wenn es mir mißlingt;   1915
⌐Allein Euch leg' ich's auf die Kniee!⌐ ⌐Wenn
Ihr wahrhaft seid, wie ihr gepriesen werdet;
So zeigt's durch euern Beistand und verherrlicht

Veralteter
Sprachge-
brauch:
›beschleichen‹
und ›über-
fallen‹ werden
zusammen-
gezogen.

unversehens

Erwachten

Durch mich die Wahrheit!⌉ – Ja, vernimm, o König,
Es wird ein heimlicher Betrug geschmiedet;
Vergebens fragst du den Gefangnen nach;
Sie sind hinweg und suchen ihre Freunde,
Die mit dem Schiff' am Ufer warten, auf.
Der älteste, den das Übel hier ergriffen
Und nun verlassen hat – es ist Orest,
Mein Bruder, und der andre sein Vertrauter,
Sein Jugendfreund, mit Namen Pylades.
⌈Apoll schickt sie von Delphi diesem Ufer
Mit göttlichen Befehlen zu, das Bild
Dianens wegzurauben und zu ihm
Die Schwester hinzubringen, und dafür
Verspricht er dem von Furien Verfolgten,
Des Mutterblutes Schuldigen, Befreiung.
Uns beide hab' ich nun, die Überbliebnen
Von Tantals Haus⌉, in deine Hand gelegt;
Verdirb uns – wenn du darfst*.

THOAS   Du glaubst, es höre
⌈Der rohe Scythe, der Barbar⌉, die Stimme
Der Wahrheit und der Menschlichkeit, die Atreus,
Der Grieche, nicht vernahm?

IPHIGENIE   ⌈Es hört sie jeder,
Geboren unter jedem Himmel, dem
Des Lebens Quelle durch den Busen rein
Und ungehindert fließt.⌉ – Was sinnst du mir,
O König, schweigend in der tiefen Seele?
Ist es Verderben? so töte mich zuerst!
Denn nun empfind' ich, da uns keine Rettung
Mehr übrig bleibt, die gräßliche Gefahr,
Worein ich die Geliebten übereilt
Vorsetzlich stürzte. Weh! ich werde sie
Gebunden vor mir sehn! Mit welchen Blicken
Kann ich von meinem Bruder Abschied nehmen,
Den ich ermorde? Nimmer kann ich ihm
Mehr in die vielgeliebten Augen schaun!

Im 18. Jh.
auch i. S. v.:
›bedürfen‹,
›nötig haben‹

THOAS So haben die Betrüger künstlich-dichtend*

Der lang' Verschloßnen, ihre Wünsche leicht

Und willig Glaubenden, ein solch Gespinst   1955

Um's Haupt geworfen!

IPHIGENIE   Nein! o König, nein!

⌐Ich könnte hintergangen werden; diese

Sind treu und wahr. Wirst du sie anders finden,

So laß sie fallen⌐ und verstoße mich,

Verbanne mich zur Strafe meiner Torheit   1960

An einer Klippen-Insel traurig Ufer.

Ist aber dieser Mann der langerflehte,

Geliebte Bruder: so entlaß uns, sei

Auch den Geschwistern wie der Schwester freundlich.

Mein Vater fiel durch seiner Frauen Schuld*,   1965

Und sie durch ihren Sohn. Die letzte Hoffnung

Von Atreus Stamme ruht auf ihm allein.

Laß mich mit reinem Herzen, reiner Hand,

Hinübergehn und unser Haus entsühnen.

Du hältst mir Wort! – ⌐Wenn zu den Meinen je   1970

Mir Rückkehr zubereitet wäre, schwurst

Du mich zu lassen⌐; und sie ist es nun.

Ein König sagt nicht, wie gemeine* Menschen,

Verlegen* zu, daß er den Bittenden

Auf einen Augenblick entferne; noch   1975

Verspricht er auf den Fall den er nicht hofft:

Dann fühlt er erst die Höhe seiner Würde,

Wenn er den Harrenden beglücken kann.

THOAS Unwillig, wie sich Feuer gegen Wasser

Im Kampfe wehrt und gischend* seinen Feind   1980

Zu tilgen sucht, so wehret sich der Zorn

In meinem Busen gegen deine Worte.

IPHIGENIE O laß die Gnade, wie das heil'ge Licht

Der stillen Opferflamme, mir umkränzt

Von Lobgesang und Dank und Freude lodern.   1985

THOAS Wie oft besänftigte mich diese Stimme!

Im Sinne der älteren Bedeutung: kunstvoll dichtend, geschickt erfindend

Veralteter Genitiv Singular: durch die Schuld seiner Frau

Hier: gewöhnliche

Aus metrischen Gründen verkürzt: für den Fall, dass er in Verlegenheit ist

aufbrausend, aufschäumend

IPHIGENIE O reiche mir die Hand zum Friedenszeichen.

THOAS Du forderst viel in einer kurzen Zeit.

IPHIGENIE Um Gut's zu tun braucht's keiner Überlegung.

1990 THOAS Sehr viel! denn auch dem Guten folgt das Übel.

IPHIGENIE Der Zweifel ist's, der Gutes böse macht.
⌐Bedenke nicht; gewähre wie du's fühlst.⌐

Vierter Auftritt

Orest gewaffnet. Die Vorigen.

OREST *nach der Szene gekehrt*⃰:

    Verdoppelt eure Kräfte! Haltet sie

    Zurück! Nur wenig Augenblicke! Weicht

1995   Der Menge nicht, und deckt den Weg zum Schiffe

    Mir und der Schwester.

Zu Iphigenien ohne den König zu sehen:

                    Komm, wir sind verraten.

    Geringer Raum bleibt uns zur Flucht. Geschwind!

Er erblickt den König.

THOAS *nach dem Schwerte greifend:*

    In meiner Gegenwart führt ungestraft

    Kein Mann das nackte Schwert.

IPHIGENIE   Entheiliget

2000   Der Göttin Wohnung nicht durch Wut und Mord.

    Gebietet euerm Volke⃰ Stillstand, höret

    Die Priesterin, die Schwester.

OREST   Sage mir!

    Wer ist es, der uns droht?

IPHIGENIE   Verehr' in ihm

    Den König, der mein zweiter Vater ward!

2005   Verzeih' mir, Bruder; doch mein kindlich Herz

    Hat unser ganz Geschick in seine Hand

Marginal notes:

mit Blick Richtung Kulisse

Im Sinne der urspr. Bedeutung: Haufe, Kriegsvolk, Gefolge

Gelegt. Gestanden hab' ich euern Anschlag
Und meine Seele vom Verrat gerettet.

OREST Will er die Rückkehr friedlich uns gewähren?

IPHIGENIE
Dein blinkend Schwert verbietet mir die Antwort.   2010

OREST *der das Schwert einsteckt:*

So sprich! du siehst ich horche* deinen Worten.

Fünfter Auftritt

*Die Vorigen. Pylades. Bald nach ihm Arkas, beide mit blo-
ßen Schwertern.*

PYLADES Verweilet nicht! Die letzten Kräfte raffen
Die Unsrigen zusammen; weichend werden
Sie nach der See langsam zurückgedrängt.
Welch ein Gespräch der Fürsten find' ich hier!   2015
Dies ist des Königes verehrtes Haupt!

ARKAS Gelassen, wie es dir, o König, ziemt,
Stehst du den Feinden gegen über. Gleich
Ist die Verwegenheit bestraft; es weicht
Und fällt ihr Anhang, und ihr Schiff ist unser.   2020
Ein Wort von dir; so steht's in Flammen.

THOAS   Geh!
Gebiete Stillstand meinem Volke! Keiner
Beschädige den Feind, so lang' wir reden.
Arkas ab.

OREST Ich nehm' es an. Geh', sammle, treuer Freund,
Den Rest des Volkes; harret still, welch Ende   2025
Die Götter unsern Taten zubereiten.
Pylades ab.

Sechster Auftritt

Iphigenie. Thoas. Orest.

IPHIGENIE Befreit von Sorge mich, eh' ihr zu sprechen
    Beginnet. Ich befürchte bösen Zwist,
    Wenn du, o König, nicht der ⌈Billigkeit⌉
2030   Gelinde Stimme hörest; du, mein Bruder,
    Der raschen Jugend nicht gebieten willst.

THOAS Ich halte meinen Zorn, wie es dem Älter'n
    Geziemt, zurück. Antworte mir! Womit
    Bezeugst du, daß du Agamemnons Sohn
    Und dieser Bruder* bist?

2035 OREST   Hier ist das Schwert,
    Mit dem er Troja's tapfre Männer schlug.
    Dies nahm ich seinem Mörder ab, und bat
    Die Himmlischen, den Mut und Arm, das Glück
    Des großen Königes mir zu verleihn,
2040   Und einen schönern Tod mir zu gewähren.
    ⌈Wähl' einen aus den Edlen deines Heers
    Und stelle mir den Besten gegen über.⌉
    So weit die Erde Heldensöhne nährt,
    Ist keinem Fremdling dies Gesuch verweigert.

2045 THOAS Dies Vorrecht hat die alte Sitte nie
    Dem Fremden hier gestattet.

OREST   So beginne
    Die neue Sitte denn von dir und mir!
    Nachahmend heiliget ein ganzes Volk
    Die edle Tat der Herrscher zum Gesetz.
2050   ⌈Und laß mich nicht allein für unsre Freiheit,
    Laß mich, den Fremden für die Fremden, kämpfen.
    Fall' ich, so ist ihr Urteil mit dem meinen
    Gesprochen: aber gönnet mir das Glück
    Zu überwinden*; so betrete nie
2055   Ein Mann dies Ufer, dem der schnelle Blick

Genitivkonstruktion: der Bruder dieser Frau, also Iphigenies Bruder

Intransitives Synonym zu ›siegen‹

Hülfreicher Liebe nicht begegnet, und
Getröstet scheide jeglicher hinweg!⌐

THOAS　Nicht unwert scheinest du, o Jüngling, mir
Der Ahnherrn, deren du dich rühmst, zu sein.
Groß ist die Zahl der edeln, tapfern Männer, 2060
Die mich begleiten; doch ich stehe selbst
In meinen Jahren noch dem Feinde, bin
Bereit mit dir der Waffen Los zu wagen.

IPHIGENIE　Mit nichten! Dieses blutigen Beweises
Bedarf es nicht, o König! Laßt die Hand 2065
Vom Schwerte! Denkt an mich und mein Geschick.
Der rasche Kampf verewigt einen Mann:
Er falle gleich*, so preiset ihn das Lied.
Allein die Tränen, die unendlichen
Der überbliebnen, der verlaßnen Frau, 2070
Zählt keine Nachwelt, und der Dichter schweigt
Von tausend durchgeweinten Tag- und Nächten,
Wo eine stille Seele den verlornen,
Rasch-abgeschied'nen Freund vergebens sich
Zurückzurufen bangt und sich verzehrt. 2075
Mich selbst hat eine Sorge gleich gewarnt,
Daß der Betrug nicht eines Räubers mich
Vom sichern Schutzort reiße, mich der Knechtschaft
Verrate. Fleißig hab' ich sie befragt,
Nach jedem Umstand mich erkundigt, Zeichen 2080
Gefordert, und gewiß ist nun mein Herz.
⌐Sieh hier an seiner rechten Hand das Mal
Wie von drei Sternen, das am Tage schon
Da er geboren ward, sich zeigte, das
Auf schwere Tat mit dieser Faust zu üben 2085
Der Priester deutete. Dann überzeugt
Mich doppelt diese Schramme, die ihm hier
Die Augenbraue spaltet. Als ein Kind
Ließ ihn Elektra, rasch und unvorsichtig
Nach ihrer Art, aus ihren Armen stürzen. 2090

Im Sinne eines
konjunktivi-
schen Konzes-
sivsatzes:
Selbst wenn
er fällt

Er schlug auf einen ⌈Dreifuß⌉ auf – Er ist's⌉ –

Soll ich dir noch die Ähnlichkeit des Vaters,
Soll ich das inn're Jauchzen meines Herzens
Dir auch als Zeugen der Versich'rung nennen?

THOAS Und hübe* deine Rede jeden Zweifel
Und bändigt' ich den Zorn in meiner Brust:
So würden doch die Waffen zwischen uns
Entscheiden müssen; Friede seh' ich nicht.
Sie sind gekommen, du bekennest selbst,
Das heil'ge Bild der Göttin mir zu rauben.
Glaubt ihr, ich sehe dies gelassen an?
Der Grieche wendet oft sein lüstern Auge
⌈Den fernen Schätzen der Barbaren⌉ zu,
⌈Dem goldnen Felle⌉, Pferden, schönen Töchtern;
Doch führte sie Gewalt und List nicht immer
Mit den erlangten Gütern glücklich heim.

OREST Das Bild, o König, soll uns nicht entzweien!
Jetzt kennen wir den Irrtum, den ein Gott
Wie einen ⌈Schleier⌉ um das Haupt uns legte,
Da er den Weg hierher uns wandern hieß.
Um Rat und um Befreiung bat ich ihn
Von dem Geleit der Furien; er sprach:
⌈»Bringst du die Schwester, die an Tauris Ufer
Im Heiligtume wider Willen bleibt,
Nach Griechenland; so löset sich der Fluch.«⌉
Wir legten's von Apollens Schwester* aus,
⌈Und er gedachte d i c h !⌉ ⌈Die strengen Bande
Sind nun gelös't; du bist den Deinen wieder,
Du Heilige, geschenkt.⌉ Von dir berührt
War ich geheilt; in deinen Armen faßte
Das Übel mich mit allen seinen Klauen
Zum letztenmal, und schüttelte das Mark
Entsetzlich mir zusammen; dann entfloh's
Wie eine Schlange zu der Höhle. Neu

höbe; ältere
Form des
Konjunktivs II
von ›heben‹

Gemeint
ist Diana.

I. S. v.: ›gefass-
ter Beschluss‹;
in der Prosa-
fassung noch:
»Ratschluß«
(SW 5, 196)

Genieß' ich nun durch dich das weite Licht   2125
Des Tages. Schön und herrlich zeigt sich mir
Der Göttin Rat*. ⌐Gleich einem heil'gen Bilde,
Daran der Stadt unwandelbar Geschick
Durch ein geheimes Götterwort gebannt ist,
Nahm sie dich weg, dich Schützerin des Hauses⌐;   2130
Bewahrte dich in einer heil'gen Stille
Zum Segen deines Bruders und der Deinen.
Da alle Rettung auf der weiten Erde
Verloren schien, gibst du uns alles wieder.
Laß deine Seele sich zum Frieden wenden,   2135
O König! Hindre nicht, ⌐daß sie die Weihe
Des väterlichen Hauses nun vollbringe,
Mich der entsühnten Halle wiedergebe,

Die Krone als
Herrschaftssi-
gnum ist in der
griech. Antike
ein Anachro-
nismus.

Mir auf das Haupt die alte Krone* drücke⌐!
Vergilt den Segen, den sie dir gebracht,   2140
Und laß ⌐des nähern Rechtes⌐ mich genießen!
Gewalt und List, der Männer höchster Ruhm,
Wird durch ⌐die Wahrheit dieser hohen Seele⌐
Beschämt, und reines kindliches Vertrauen
Zu einem edeln Manne wird belohnt.   2145

IPHIGENIE   Denk' an dein Wort, und laß durch diese Rede
Aus einem g'raden treuen Munde dich
Bewegen! Sieh' uns an! Du hast nicht oft
Zu solcher edeln Tat Gelegenheit.
Versagen kannst du's nicht; gewähr' es bald.   2150

THOAS   So geht!

IPHIGENIE   Nicht so, mein König! Ohne Segen,
In Widerwillen, scheid' ich nicht von dir.
Verbann' uns nicht! Ein freundlich Gastrecht walte
Von dir zu uns: so sind wir nicht auf ewig
Getrennt und abgeschieden. Wert und teuer   2155
Wie mir mein Vater war, so bist du's mir,
Und dieser Eindruck bleibt in meiner Seele.
Bringt der Geringste deines Volkes je

Den Ton der Stimme mir in's Ohr zurück,
2160 Den ich an euch gewohnt zu hören bin,
Und seh' ich an dem Ärmsten eure Tracht;
Empfangen will ich ihn wie einen Gott,
Ich will ihm selbst ein Lager zubereiten,
Auf einen Stuhl ihn an das Feuer laden,
2165 Und nur nach dir und deinem Schicksal fragen.
O geben* dir die Götter deiner Taten
Und deiner Milde wohlverdienten Lohn!
Leb wohl! O wende dich zu uns und gib
Ein holdes Wort des Abschieds mir zurück!
2170 Dann schwellt der Wind die Segel sanfter an,
Und Tränen fließen lindernder vom Auge
Des Scheidenden. Leb' wohl! und reiche mir
Zum Pfand der alten Freundschaft deine Rechte.
THOAS ⌜Lebt wohl!⌝

*Optativ:
mögen ...
geben*

Akteure   Handlung   Thema

Die Entstehungsgeschichte von Johann Wolfgang Goethes Drama *Iphigenie auf Tauris*, das als Gründungsurkunde wie Quintessenz der Weimarer Klassik und bis heute als einer der bedeutendsten wie sperrigsten Texte deutscher Dichtung gilt, umfasst einen Zeitraum von acht Jahren; sie reicht vom Februar 1779, in dem der Dichter eine erste (Prosa-)Fassung des Schauspiels in nur 43 Tagen niederschrieb, bis zum Januar 1787, in dem er den in der heutigen (Vers-)Form überlieferten Text beendete. Selbst das klassische, der Zeit scheinbar enthobene Festspiel der Humanität verdankt sich (wie dann auch der *Faust* und *Wilhelm Meister*) einem verschlungenen *work in progress*, dem Goethe eher zufällig ein Ende bereitete, wie er in der *Italienischen Reise* anlässlich der Fertigstellung seines Schauspiels treffend bemerkte: »So eine Arbeit wird eigentlich nie fertig, man muß sie für fertig erklären, wenn man nach der Zeit und den Umständen das möglichste getan hat« (*Italienische Reise*, Caserta, 16. 3. 1787).

Verschlungenes *work in progress*

Für eine noch früher anzusetzende Konzeption gibt es keinen festen Anhaltspunkt, auch wenn ein Tagebuchnotat vom 5. 4. 1777 über die sinntragende Funktion von Mythen durchaus als Vor-Griff auf die Beschäftigung mit der attischen Tragödie gelesen werden kann: »Da Mythos erfunden wird, werden die bilder durch die Sachen gros, wenns Mythologie wird werden die Sachen durch die Bilder gros.« Was Goethe letztlich dazu veranlasst hat, sich mit dem in Antike und Neuzeit oft aufgegriffenen und umgeschriebenen Mythos der Atriden produktiv auseinanderzusetzen, ist seinen vielen Äußerungen über die *Iphigenie* und auch den Berichten der Zeitgenossen über das Stück nicht zu entnehmen. Als Ansatz ausgeschieden werden kann das mitunter allzu schablonenhafte Bemühen der Interpreten, das schon damals florierende Liebesleben des Dichters (hier konkret: die Verarbeitung der Schuldgefühle gegenüber seiner Verlobten, der Frankfurter Bankierstochter Lili Schönemann) als biographistisches Deutungsmuster für das Schauspiel zu bemühen, zumal es den Blick vom intensiven Ringen um Konstruktion und Dekonstruktion humaner Utopie und ethischer Urteilsbildung in der frühen Weimarer Zeit sowie von der ästhetischen Annäherung an die griechischen Arche-Texte ablenkt.

Höfisches Festspiel? Möglicherweise war das Stück zunächst als höfisches Festspiel für den am 14. 3. 1779 vorgesehenen Kirchgang der Herzogin Luise nach der Geburt der ersten Tochter des herzoglichen Paares, Prinzessin Luise Auguste Amalie (am 3. 2. 1779), konzipiert. Allerdings entsprang die Ausführung des Dramas einer privaten Initiative Goethes und nicht einem offiziellen Auftrag von Seiten des Hofes; sonst hätte der Dichter angesichts der Weigerung Carl von Knebels, die Rolle des Königs Thoas zu übernehmen, kaum drohen können: »Ist aber Dein Widerwille unüberwindlich so mag es [Iphigenie] auch mit andern ernstlicheren Planen und Hoffnungen in die stille Tiefe des Meeres versinken« (An Carl von Knebel, 14. 3. 1779). Die rasche Fertigstellung der ersten Fassung – in knapp sechs Wochen – dürfte vor allem die griechische Vorlage ermöglicht haben, da sie einen äußeren Handlungsverlauf vorgab, von dem auch in späteren Fassungen nicht abgewichen wurde. Die Uraufführung der *Iphigenie*, an der Goethe von Februar bis Ende März gearbeitet hatte, fand am 6. 4. 1779 im Haus des Hofjägers Anton Hauptmann statt, wo 1775 nach dem Brand des Weimarer Hoftheaters eine provisorische Bühne errichtet worden war. Neben der wegen des »Junonische[n] ihrer Gestalt« und ihrer »ernsteren Grazie« (Johannes Daniel Falk) gefeierten Schauspielerin Corona Schröter als Iphigenie übernahm Goethe selbst die Rolle des Orest, Knebel spielte Thoas, Prinz Constantin, der jüngere Bruder des Herzogs, agierte als Pylades und der Konsistorialsekretär Seidler schließlich als Arkas. Goethes Tagebuch hält unter dem Datum des 6.4. die positive Rezeption fest: »Gar gute Wirkung davon, besonders auf reine Menschen«. Christian Wilhelm Hufeland, der späterhin bedeutende Arzt, zu dessen Patienten auch Goethe gehörte, vermerkte in seinen Lebenserinnerungen über eine der Aufführungen des Liebhabertheaters, die er als junger Mann erlebte: »Nie werde ich den Eindruck vergessen, den er [Goethe] als Orestes im griechischen Kostüm in der Darstellung seiner *Iphigenia* machte; man glaubte Apollo zu sehen. Noch nie er-

Uraufführung am 6.4.1779

blickte man eine solche Vereinigung physischer und geistiger Vollkommenheit und Schönheit in einem Manne als damals an Goethe« (zit. nach Hans Wahl, Vierteljahrsschrift der Goethe-Gesellschaft, Bd. 1 [1936], S. 55).

Gleichwohl war die Niederschrift der ersten Fassung des Schauspiels keinesfalls von einem harmonischen Verhältnis zwischen Weimarer Hof und Dichtung geprägt, wie die Aufnahme des klassischen Geistes der Antike in der *Iphigenie* und die Reaktionen auf die Aufführungen vermuten lassen. Goethe selbst hatte am Weimarer Hof seit 1775 vorwiegend administerielle Aufgaben zu übernehmen; zu literarischen Arbeiten fand er im ersten Jahrzehnt seines Lebens in Weimar kaum Zeit: »Meine Schriftstellerei subordiniert sich dem Leben«, bemerkte er am 14. 5. 1780 gegenüber Johann Christian Kestner. Während der Arbeit an seinem Drama war Goethe in erster Linie damit beschäftigt, Soldaten für den Krieg Preußens gegen Österreich zu rekrutieren, um eine preußische Truppenaushebung im Herzogtum zu vermeiden, so dass der friedlich-humane Geist seiner *Iphigenie* in krassem Gegensatz zum politischen Alltag in Weimar stand. Zeitweilig war Goethe gezwungen, unter extremen Bedingungen an seinem Text zu arbeiten, etwa, einer Mitteilung Knebels zufolge, »am Tisch sitzend, die Rekruten um ihn her und er selbst dabei an der Iphigenia schreibend«. Die permanente Erfahrung des sozialen Elends, wie etwa die Not der Strumpfwirker in Apolda, die des Krieges wegen ihre Produkte nicht mehr nach Österreich verkaufen konnten, ließ Goethe die Arbeit an der Dichtung verdrießlich erscheinen: »Hier will das Drama gar nicht fort, es ist verflucht, der König von Tauris soll reden als wenn kein Strumpfwürker in Apolde hungerte« (an Charlotte von Stein, 6. 3. 1779).

Von besonderer Bedeutung für die Entstehung der *Iphigenie* ist auch die Frage nach der antiken Grundlegung des Textes. Die Dominanz der griechischen Antike bei der Entstehung und Bewertung der europäischen Klassik-Modelle ist unübersehbar. Dabei spielt der Zusammenhang des durch Johann Joachim Winckelmann (1717–1768) vermittelten Griechenideals mit einer von Jean-Jacques Rousseau (1712–1778) entwickelten geschichtsphilosophischen Perspektive der Re-Konstitution von

Ganzheit als einer universell gedachten Utopie von Humanität eine zentrale Rolle. In der ersten Hälfte der 1770er-Jahre, in die der eigentliche Beginn von Goethes intensiver Beschäftigung mit antiker Dichtung fiel, galt dem diesbezüglich von Johann Gottfried Herder (1744–1803) beeinflussten Dichter die griechische Antike als beispielhaft für ein natürliches Leben, für eine kraftvolle Äußerung des eigenen Lebensanspruchs und für rebellische Haltungen. Den charakteristischen Ansatz zur Um- und Weiterschrift antiker Motive und Mythologeme bilden die großen Hymnen aus der ersten Hälfte der 1770er-Jahre, deren freie Rhythmen nach dem Vorbild des griechischen Lyrikers Pindar gestaltet sind; in ihnen gelang es Goethe, den gefeierten ›Alten‹ auf schöpferische, eigenwillige und höchst vielschichtige Weise nahezukommen. Bekannte sich der junge Goethe in »Wandrers Sturmlied« (1772) enthusiastisch zu Pindar und forderte er in der Evokation Jupiters, Apollons und des Dionysos mit dithyrambischem Pathos eine Göttergleichheit des Genies in Kunst und Leben, so trat demgegenüber die göttliche Natur in der Idylle »Der Wandrer« (1772) auf eine schlichte und harmonische Weise aus den Trümmern einer antiken Tempelanlage hervor. Während der Dichter 1774 in »Ganymed« das Streben nach einer Einheit von Göttlichem und Menschlichem feierte, artikulierte sich in »An Schwager Kronos« ein ungeheurer Lebensanspruch; seinen Höhepunkt fand diese Phase der Aufnahme antiker Literatur in der »Prometheus«-Ode mit einer rebellisch-radikalen Kampfansage an irdische und himmlische Gewalten, wobei ihm der Titan zum Vorbild eines schöpferischen Künstlers, eine Reflexionsfigur für sein eigenes, an antiken Mustern orientiertes Dichtungsverständnis und auch zur wichtigen Spiegelfigur für das Verhältnis von Menschen zu Göttern in der *Iphigenie* wurde: »Hier sitz ich, forme Menschen / Nach meinem Bilde, / Ein Geschlecht, das mir gleich sei, / Zu leiden, zu weinen, / Zu genießen und zu freuen sich, / Und dein nicht zu achten, / Wie ich!« (HA 1, S. 46)

In dieser Zeit findet sich auch das erste Zeugnis für Goethes intensive Beschäftigung mit einer antiken Tragödie und für seine lebenslange, von Hochachtung geprägte Beziehung zum attischen Tragiker Euripides (485/80–406 v. Chr.). In der Polemik

gegen Christoph Martin Wielands (1733–1813) 1773 erschie- Polemik gegen Wieland
nenes Singspiel *Alceste* (*Götter Helden und Wieland*, 1773) verbindet sich die Abkehr von dem zaghaften und sittsamen Tu-
gendideal im Griechenbild des Rokoko mit einem Bekenntnis zu
dem kraftvollen, übermütigen Herakles der Euripideischen *Alkestis*, der gleichsam zum Vorbild eines Sturm-und-Drang-Hel-
den wird: eines »brave[n] Kerls«, »der mittheilt was er hat«.
Außerdem dürfte Goethe der Themenbereich der Frau als Opfer
interessiert haben, in den auch die Arbeit an der *Iphigenie* gehört. Alkestis, die bereit ist, für ihren Gatten Admetos in den
Tod zu gehen, wird von Herakles dem Tod entrissen und Admetos aus dem Hades zurückgebracht; sie ist ein extremes Beispiel für »der Frauen Zustand« (*Iphigenie*, V. 24), an dem sich
Werte und Erwartungen einer Gesellschaft symbolisch ablesen
lassen. Diese Koinzidenz der Goethe und Wieland gemeinsamen
euripideischen Quelle und des verwandten thematischen Inter-
esses bot zudem Maßstäbe für moderne Dichter – »ihr Dichter
auf unsern Trümmern« (HA 4, S. 208), wie Goethes Euripides
formuliert –, die mit den Alten in einen agonalen Wettstreit treten wollen. Daran gemessen, sei Wielands Stück, so Goethes
Herkules, »ein Unding [...] wie alle Phantasie, die mit dem Gang
der Welt nicht bestehen kann« (ebd., S. 213). Dieser vernichten-
den Kritik am etablierten Dichterkollegen folgte der Versuch,
einen euripideischen Archetext zu finden, der sich – im Unterschied zur *Alkestis*, die Wieland fast nur passiv übernommen
hatte – von innen heraus umgestalten ließ. Was lag also näher,
als auf den Iphigenie-Mythos zurückzugreifen, in dem die Frau
gleichsam als Opfer wie auch als Opfernde erschien?

Ähnlich wie der 1775 endende Zeitraum stand auch das erste
Weimarer Jahrzehnt unter dem Primat der Dichtung über die
Theorie und der Geschichtsphilosophie über die Ästhetik. Das Neuansatz in der Rezeption griech. Dichtung
Rebellische und Dynamische der frühen Griechenvorstellung
wich jetzt jedoch einem Ansatz, der mehr auf Ausgleich, Har-
monie und Humanität gerichtet war. In enger Verbindung mit
Herder entwickelte Goethe nunmehr gegenüber der Sturm-und-
Drang-Phase ein milderes und zugleich stärker idealisiertes Bild
der griechischen Antike. Erst ab 1780, also *nach* Fertigstellung
der Prosafassung der *Iphigenie*, ist ein intensives Studium der

attischen Tragiker zu beobachten, wodurch Goethe auch mehr
Verständnis für die Härte der griechischen Mythologie erhielt.
Im Kontext der Um-Schrift des Schauspiels ist 1781 bis 1783
zudem – unter Verwendung von Motiven aus homerischen und
euripideischen Texten – die Prosafassung des Fragments *Elpenor*
entstanden. Wie in der *Iphigenie* sollte eine Wiedererkennungsszene (griech. *anagnórisis*) zur Entsühnung eines durch frevel-
hafte Taten befleckten Hauses führen; die Charaktere sind jedoch schroffer und unerbittlicher gezeichnet.

Unter Berücksichtigung der eigenen hohen Ansprüche hielt Goethe seine *Iphigenie* auch nach Fertigstellung der Prosa-Fassung
für nicht vollendet; er sprach von einer »Skizze« (an Charlotte
von Stein, 4. 3. 1779) und rückblickend, in »ein[em] eindrucks-
volle[n] Bekenntnis zur Kreativität der kognitiven Differenz, der
inauthentischen, dilettantischen Abweichung, ja des schieren
Mißverständnisses« (Frick 2003, S. 225 f.), von einem Ereignis
des Unzulänglichen: »Das Unzulängliche ist produktiv. Ich
schrieb meine Iphigenia aus einem Studium der griechischen Sachen, das aber unzulänglich war. Wenn es erschöpfend gewesen
wäre, so wäre das Stück ungeschrieben geblieben« (Gespräch
mit Riemer, 20. 7. 1811). Gegenüber Karl Theodor von Dalberg
bemerkte er am 21. 7. 1779: »Auch ist es viel zu nachlässig geschrieben, als daß es von dem gesellschaftlichen Theater sich so
bald in die freie Welt wagen dürfte«; deshalb zeigte Goethe sich
darum bemüht, die Zahl der Abschriften möglichst gering zu
halten: »Meine Iphigenie mag ich nicht gern, wie sie jetzo ist,
mehrmals abschreiben lassen und unter die Leute geben, weil ich
beschäftigt bin, ihr noch mehr Harmonie im Stil zu verschaffen
und also hier und da dran ändere« (an Johann Kaspar Lavater,
13. 10. 1780). Interessanterweise weist die von Lavater – gegen
den Rat Goethes – angefertigte Abschrift gegenüber der (Prosa-)
Urfassung nur geringfügige inhaltliche Veränderungen auf, teilt
aber den Text bereits in freie Verse mit Blickrichtung auf den
fünfhebigen Jambus ein, der später das Versmaß des klassischen
deutschen Dramas werden sollte (neben der *Iphigenie* etwa in
Schillers *Don Karlos* [Thalia-Fassung ab 1785]). Es ist jedoch
nicht mehr rekonstruierbar, ob diese metrische Neuorganisation
der Prosa-Fassung von Goethe selbst, von Knebel oder gar von

Lavater zu verantworten ist. Die erste inhaltlich gravierende Umarbeitung aus der Zeit von April bis November 1781, zu der Goethe vermutlich durch die Aufführung der *Iphigenie* vom Januar 1781 veranlasst wurde, bietet den Text allerdings noch in der ursprünglichen Prosaanordnung dar.

In der zweiten Jahreshälfte 1781 ist viel von »Corrigiren«, von »Durchsehen« und »Durchgehen« (FA 5, S. 1016) die Rede; deutlich wird, dass Goethe gerade in den Jahren 1780 und 1781 den Versuch unternommen hat, die Textur des Schauspiels zugunsten einer rhythmisierten Form zu verändern und damit der stilistischen Norm der Verssprache sowie dem veränderten Verständnis von antiker Literatur anzunähern. Angesichts des erhabenen Stils der griechischen Tragödie mit ihrem Sprechvers, dem jambischen Trimeter (= sechsfüßiger Jambus), der im Gegensatz zum älteren deutschen Langvers, dem Alexandriner, keine feste Mittelzäsur hat und darum, wie auch wegen seiner Reimlosigkeit, der Syntax größere Freiheit lässt, war Goethe bestrebt, seinem Schauspiel eine Form zu geben, die sich den antiken Archetexten anzunähern vermochte. Dem stand jedoch die damals noch herrschende Unsicherheit in der ›deutschen Prosodie‹, den metrisch-rhythmischen Normen für die Verssprache entgegen. Da die deutsche Prosodie kaum lange und kurze, dafür aber betonte und weniger betonte Silben kennt, ist die Nachbildung des griechischen Tragödienverses in der deutschen Sprache grundsätzlich nicht einfach. Bei seinen diesbezüglichen Versuchen wurde Goethe von seinen Weimarer Freunden Herder und Wieland unterstützt. Nach einem Brief Goethes an Herder (vom 13.1.1787) ist es der trotz Goethes satirischem Angriff auf ihn hilfreiche Wieland gewesen, »der zuerst die schlotternde Prosa in einen gemeßnern Schritt richten wollte«; wenn Wieland 1784 öffentlich von der *Iphigenie* »in Jamben« sprach, dann war damit wohl das Ziel benannt, das Goethe mit seinen Umarbeitungsversuchen ansteuern sollte. Auszugehen ist von Wielands Hinweis auf sein Singspiel *Alceste*, in dem er für die Dialogpartien jambische Verse in allerdings wechselnder Länge, für die gesungenen Teile Kurzverse in wechselnden Rhythmen gewählt hatte; ähnliche metrische Strukturen begegnen schließlich dann auch in Goethes Drama: die Dialogpartien in Jamben von regelmäßiger Länge, einige monologische Partien (wie Iphigenies Besinnung zu Beginn des vierten Aktes oder ihr Parzenlied) in freien rhythmisierten Kurzversen.

Feinschliff
1786 in
Karlsbad

Goethe hoffte, den letzten Feinschliff an seinem Drama im Sommer 1786 während eines Kuraufenthaltes in Karlsbad (gemeinsam mit dem Herzog und Herder) anbringen zu können, als er für die von seinem Verleger Georg Joachim Göschen geplante achtbändige Werk-Ausgabe seiner *Schriften* seine unveröffentlichten, meist für das Weimarer Liebhabertheater verfassten Dramen durchsah. Die Arbeit an der Versifizierung des Schauspiels ging zunächst rasch voran, und Goethe kündigte in einem Brief an Charlotte von Stein (23.8.1786) optimistisch die baldige Ernte der reifen »Früchte« an (»Jetzt da sie in Verse geschnitten ist macht sie mir neue Freude«), doch zog eine vergleichende Lektüre der *Elektra* des Sophokles eine rasche Desillusionierung nach sich, wie Goethe in einem Schreiben an Herder vom 1.9.1786 berichtete:

> »Ich bin in große Not geraten, die ich Dir sogleich anzeigen und klagen muß. Nach Deinem Abschied las ich noch in der Elektra des Sophokles. Die langen Jamben ohne Abschnitt und das sonderbare Wälzen und Rollen des Periods haben sich mir so eingeprägt, daß mir nun die kurzen Zeilen der Iphigenie ganz höckerig, übelklingend und unlesbar werden. Ich habe gleich angefangen, die erste Szene umzuändern. Damit ich aber nicht zu weit gehe, und Maß und Ziel festgesetzt werde, bitt' ich Dich etwa um 5 Uhr um eine Lektion. Ich will zu Dir kommen!«

Obwohl Goethe wie kein zweiter Dichter sämtliche gängige Metren vom Alexandriner bis zum Knittelvers mühelos adaptierte, seit Anfang der 1780er-Jahre Hexameter und Distichen verwandte und Gedichte verfasste, die – weniger in der Übernahme einzelner Motivaspekte als vielmehr im Stil – durch die »Griechische Anthologie« angeregt wurden, auf die Herder 1778 in seiner *Plastik* und ab 1780 durch Übersetzungen nachdrücklich aufmerksam gemacht hatte, musste die Aneignung griechischer Metrik für die Tragödie erst mühsam entwickelt werden. Seine Sophokles-Lektüre dürfte Goethe vor Augen geführt haben, wie schwierig die zu bewältigende Aufgabe im noch

Aneignung
griech.
Metrik für
die Tragödie

ungesicherten Gelände der Metrik war – gerade angesichts seiner fehlenden (intimen) Kenntnis der antiken Originaltexte. Außerdem mangelte es damals noch an Standard-Übertragungen der griechischen Dichter; man las die Texte überwiegend in lateinischen oder deutschen Prosa-Transkriptionen sowie in nicht immer getreuen französischen Übersetzungen, die – wie die häufig zu Rate gezogenen Tragödienübersetzungen des Père Brumoy, *Le Théâtre des Grecs* – in der Regel die Prosa-Form benutzten. Deutsche Versübersetzungen griechischer Texte, die dem von Friedrich Gottlob Klopstock (1724–1803) bzw. den Sturm-und-Drang-Dichtern durchgesetzten Sprach- und Stilwandel entsprachen, steckten zum damaligen Zeitpunkt noch in ihren Anfängen; so gruppieren sich die ersten bedeutsamen Übertragungen Homers, Johann Jakob Bodmers *Ilias* und *Odyssee* (beide 1778), Friedrich Leopold Stolbergs *Ilias* (ebenfalls 1778) und die erste der beiden so folgenreichen Homer-Versionen von Johann Heinrich Voß, die *Odyssee* (1781; die Übertragung der *Ilias* folgt erst 1793), um die Entstehungszeit der *Iphigenie*. Goethe selbst wirkte auf eine solche Übersetzung griechischer Dramen hin, indem er Georg Christoph Tobler, der 1781 Sophokles-Übertragungen veröffentlicht hatte, veranlasste, im selben Jahr bei seinem Besuch in Weimar, wo zu ebenjener Zeit Herder, Goethe und Knebel sich um die sprachliche Aneignung der griechischen Lyrik bemühten, sowohl aus der *Anthologia graeca* zu übersetzen als auch weitere Dramen (des Aischylos und des Euripides) in gebundener Sprache zu übertragen. Tobler gab die Trimeter seiner Vorlage als fünf- oder sechsfüßige Jamben mit durchweg männlicher Endung wieder und vermied die Härten der griechischen Satzgefüge.

Obwohl Goethe die Überarbeitung der *Iphigenie* in Karlsbad hatte beenden wollen, musste er das Manuskript (zusammen mit anderen unvollendeten Arbeiten, darunter *Egmont*, *Tasso* und *Faust*) mit auf die Reise nach Italien nehmen, zu der er am 3.9.1781 heimlich aus Karlsbad aufbrach. Die »Wiedergeburt«, die Goethe in Italien erlebte und die ihn dazu brachte, auch »den alten Schriftstellern wieder näher zu treten« (*Italienische Reise*), war vor allem eine Neuausrichtung des eigenen dichterischen Selbstverständnisses im Zeichen der griechischrömischen Antike, die er in Landschaft und Kunstwerken spürte. In Italien erst wurde er mit Fragen der Kunst und der Kunstgeschichte enger vertraut (nicht zuletzt durch die Lektüre von Winckelmanns zweiteiliger *Geschichte der Kunst des Altertums*, 1764); hier fand er einen stärkeren Zugang zu den tragischen Dimensionen der griechischen Literatur. Es überrascht daher nicht, dass vor allem der vierte Akt der *Iphigenie*, in dem die Spannung zwischen Betrug und Wahrheit und die problematische Situation der Artemis/Diana-Priesterin kulminieren, die umfangreichsten Veränderungen erfahren hat.

Die ersten Eindrücke italienischer Natur und Kultur in Torbole am Gardasee und Verona beflügelten die Imagination (»Nachdem mir das lang mutwillig verschloßne Ohr endlich aufgegangen, so verjagt nun eine harmonische Stelle die nächste unharmonische, und so wird hoffentlich das ganze Stück rein«; an Herder, 18.9.1786) und führten zu einer Überarbeitung der Handschrift: »Ich bin fleißig, und arbeite die Iphigenie durch, sie quillt auf, das stockende Silbenmaß wird in fortgehende Harmonie verwandelt. Herder hat mir dazu mit wunderbarer Geduld die Ohren geräumt. Ich hoffe glücklich zu sein« (an Herzog Carl August, 18.9.1786). In den folgenden Wochen sollte fast jeder Brief vom Fortschritt berichten, den die Versfassung macht – nur während der abwechslungsreichen Fahrt von Venedig nach Rom stagnierte die Arbeit; entsprechend notierte Goethe unter dem 10.10.1786 im Tagebuch für Charlotte von Stein: »Iphigenie wird nicht fertig; aber sie soll in meiner Gesellschaft unter diesem Himmel nichts verlieren. O könnt ich Dir nur einen Hauch von dieser leichten Existenz hinübersenden.« Allerdings zog das projektierte »Umschreiben« des Textes Probleme nach sich: »Die Stellen die am fertigsten waren plagen mich am meisten. Ich möchte ihr zartes Haupt unter das Joch des Verses beugen ohne ihnen das Genick zu brechen.« Gleichzeitig brachte es aber auch unverhofften Gewinn: »Doch ists sonderbar daß mit dem Silbenmaß sich auch meist ein besserer Ausdruck verbindet« (an Herder, 14.10.1786). In einer »letzten Konferenz mit Herdern« (so in einem Brief an Charlotte von Stein, 6.9.1786) wählte Goethe zu diesem Zweck nun allerdings nicht den bis dahin im Deutschen noch kaum erprobten und

Überarbeitung der Hand-schrift 1786

schwer nachzubildenden jambischen Trimeter, neigte auch nicht
zu Toblers Lösung (Wechsel zwischen fünf- und sechshebigen
Jamben), sondern griff auf den beweglicheren Blankvers zurück,
einen fünffüßigen Jambus, der aus der englischen Literatur
stammt, von Shakespeare zum Hauptvers des elisabethanischen
Dramas gemacht wurde und den vor Goethe bereits Wieland (in
Lady Johanna Gray, oder Der Triumph der Religion, 1758) und
Gotthold Ephraim Lessing (1729–1781) (in *Nathan der Weise*,
1779) erfolgreich verwendet hatten. Das Ideal der klassisch-
harmonischen Sprache erfüllt der Blankvers in besonderer Weise
durch den gleichmäßigen und getragenen Wechsel von Hebun-
gen und Senkungen, der dem Vers einen lyrischen Fluss verleiht,
zugleich aber jenen Ernst pointiert, der die Tragödie im Unterschied zu anderen Gattungen auszeichnet. Damit entfernt sich
die Sprache der Tragödie endgültig von der Prosa des Alltags und
gestaltet die angestrebte Autonomie des dichterischen Kunst-
werks.

Festlegung der Versform

Wie Goethe die jambische Um-Schrift seines (Prosa-)Dramas
konkret ausgeführt hat, geht aus seinem Bericht in der *Italienischen Reise* (unter dem 6.1.1787) hervor: Der Dichter hat die
Verse beim Abschreiben der bereits rhythmisierten Prosa gebildet und sich dabei, laut mitlesend, an einem inneren Klangbild
orientiert. Die Bemühung, sein Drama formal dem klassizistischen Stilideal anzupassen, ist offensichtlich; allerdings sind viele dieser Aspekte bereits in den Prosa-Versionen der *Iphigenie*
angelegt: die Stichomythien als antikisierendes Dialogelement
haben dort ihre Vorform, manche Gräzismen, die man an der
Jambenfassung als Neugestaltungen hervorgehoben hat, wie
etwa den Ausdruck »Mitgeborne« (V. 21) für Geschwister oder
der homerische Ausdruck von »Trojas umgewandten Mauern«
(V. 47), finden sich bereits in der ersten Prosafassung. Auch
bleibt es bei der Latinisierung griechischer Namensformen, wie
sie sich in Benjamin Hederichs *Gründlichem mythologischen
Lexikon* (1770), dem maßgeblichen Nachschlagewerk der Zeit,
findet. So ist in Lautung und Schreibweise von ›Iphigenie‹ und
›Orest‹ (anstelle der griechischen Formen ›Iphigeneia‹ und
›Orestes‹) nach wie vor, trotz Forderung mancher Autoren (wie
Schiller), innerhalb der griechischen Mythologie endlich kon-

Jambische Um-Schrift

sequent die originalen Namensformen anzuwenden, der französische Einfluss spürbar. Auch bleibt es in der Versfassung bei den latinisierten Namen für die Götter – mit der einen Ausnahme, dass Diana (statt: Artemis) in Iphigenies Eingangsmonolog von der »Tochter Iovis« in »Tochter Zeus« (V. 43) umbenannt wurde.

K. Ph. Moritz Neben Herder übte Karl Philipp Moritz (1756–1793), dem Goethe 1786 in Rom begegnete, den entscheidenden Einfluss auf die Versgestaltung der *Iphigenie* aus. Moritz arbeitete gerade an seiner deutschen Verslehre, die noch im selben Jahr als *Versuch einer deutschen Prosodie* in Berlin erschien. Goethe hat in der *Italienischen Reise* Moritz' Einfluss hervorgehoben:

> »Denn warum ich die Prosa seit mehreren Jahren bei meinen Arbeiten vorzog, daran war doch eigentlich schuld, daß unsere Prosodie in der größten Unsicherheit schwebt, wie denn meine einsichtigen, gelehrten, mitarbeitenden Freunde die Entscheidung mancher Fragen dem Gefühl, dem Geschmack anheimgaben, wodurch man denn doch aller Richtschnur ermangelte. ›Iphigenia‹ in Jamben zu übersetzen, hätte ich nie gewagt, wäre mir in Moritzens ›Prosodie‹ nicht ein Leitstern erschienen. Der Umgang mit dem Verfasser, besonders während seines Krankenlagers, hat mich noch mehr darüber aufgeklärt, und ich ersuche die Freunde, darüber mit Wohlwollen nachzudenken. Es ist auffallend, daß wir in unserer Sprache nur wenige Silben finden, die entschieden kurz oder lang sind. Mit den andern verfährt man nach Geschmack oder Willkür. Nun hat Moritz ausgeklügelt, daß es eine gewisse Rangordnung der Silben gebe, und daß die dem Sinne nach bedeutendere gegen eine weniger bedeutende lang sei und jene kurz mache, dagegen aber auch wieder kurz werden könne, wenn sie in die Nähe einer andern gerät, welche mehr Geistesgewicht hat« (*Italienische Reise*, Rom, 10. 1. 1787).

Moritz wies in seinem Werk auf den eigentlich simplen, von allen bisherigen Dichtungstheorien aber übersehenen Sachverhalt hin, dass »unsre Sprache wirklich eigentliche Längen und Kürzen und nicht bloß Höhen und Tiefen habe« (Moritz 1993, 473), d. h., im Deutschen wird eine Silbe je nach ihrer Betonung lang oder kurz gesprochen, so dass die Einteilung des Verses allein nach der Silbenzahl ohne Beachtung des Silbenmaßes, wie es im Alexandriner der Fall ist, sinnlos ist.

Vorübergehend drängte sich in Bologna der Plan zu einer (der Sophokles-Lektüre geschuldeten) *Iphigenie auf Delphos* auf, in der Elektra als leidenschaftliche, unbarmherzige Kontrastfigur zur Titelheldin hätte auftreten sollen. Obwohl das Stück über eine Wiedererkennung zwar ebenfalls zu einem versöhnenden Ende hätte führen sollen, plante Goethe die Härte der griechischen Tragik noch stärker zum Ausdruck zu bringen. Am 18.10.1786 notierte er im Tagebuch für Charlotte von Stein: »Heute früh hatt' ich das Glück, von Cento herüberfahrend, zwischen Schlaf und Wachen den Plan zur Iphigenie auf Delphos rein zu finden. Es gibt einen fünften Akt und eine Wiedererkennung, dergleichen nicht viel sollen aufzuweisen sind. Ich habe selbst drüber geweint wie ein Kind, und an der Behandlung soll man, hoff' ich, das Tramontane [Lebensart jenseits der Alpen] erkennen.« (In der *Italienischen Reise*, Ferrara bis Rom, 19.10., abends, erläuterte Goethe das Konzept zur delphischen Iphigenie). Obwohl ihn der neue Ansatz faszinierte, wurde er doch bald zugunsten der taurischen Iphigenie fallengelassen. Die ersten Wochen in Rom widmete Goethe ganz der Arbeit an seinem Schauspiel. Die Bekenntnisse des Dichters, er habe sich an dem Stück »so müde« (an Herder, 13.1.1787) bzw. »ganz stumpf gearbeitet« (*Italienische Reise*, 10.1.1787), sind durchaus ernst zu nehmen.

Eine in Rom hergestellte Abschrift des Manuskripts durch einen »ehrlichen Schweizer« sandte Goethe am 13.1.1787 nach Weimar an Herder, der die Ausgabe von *Goethe's Schriften* bei Göschen betreute und deshalb den Dichter massiv zur Abgabe der Druckvorlage drängte. Im Begleitbrief schrieb Goethe:

> »Du hast nun auch hier einmal wieder mehr was ich gewollt, als was ich getan habe! Wenn ich nur dem Bilde, das du dir von diesem Kunstwerke machtest, näher gekommen bin. Denn ich fühlte wohl bei deinen freundschaftlichen Bemühungen um dieses Stück, daß du mehr das daran schätztest was es sein könnte als was es war. Möge es dir nun harmonischer entgegen kommen. Lies es zuerst als ein ganz neues, ohne Vergleichung, dann halt es mit dem alten zusammen,

Abschrift des Manuskripts an Herder

wenn du willst. Vorzüglich bitt ich dich hier und da dem Wohlklange nachzuhelfen« (an Herder, 13. 1. 1787).

Darüber hinaus wurde Herder autorisiert, bei einigen Verswendungen nicht nur dem »Wohlklange nachzuhelfen«, sondern auch nach eigenem Gutdünken »mit einem Federzuge« stilistische Verbesserungen anzubringen. Die (nicht erhalten gebliebene) Druckvorlage letzter Hand für die Göschen-Ausgabe, in der das Schauspiel im Juni 1787 erschien, stammt also nicht von Goethe selbst, sondern wurde von Herder eingerichtet. Goethe hat Herder das Manuskript in einem Status übersandt, den er selbst nicht für abgeschlossen erklären konnte. Deutlich wird, dass – trotz der immensen Probleme, die die Um-Schrift in Verse erzeugt hat – der Abstand zwischen der letzten Prosafassung (von 1781) und der Jambenfassung (von 1786/87) verhältnismäßig gering ist. Da »bereits der erste Entwurf von klassischer Diktion und jambischem Rhythmus geprägt war, kann die Komposition des endgültigen Textes weitgehend als die Freisetzung eines schon Vorhandenen, wenn nicht gar als das Ende eines Versteckspiels der klassischen Form mit ihrem Autor verstanden werden« (Reed 1996, S. 199). Nicht grundlos sprach Goethe davon, sein Stück »umgeschrieben« und »nicht umgearbeitet« zu haben (an Philipp Christoph Kayser, 6. 2. 1787, zit. nach Jeßing 2002, S. 66), ein stilistischer Vorgang also, kein struktureller. Einschneidende, den Sinn verändernde Eingriffe sind am ehesten noch in der titanisch-prometheischen Überleitung zum Parzenlied (V. 1712–17) und in der Apostrophierung Iphigenies als »Heilige« (V. 2119) und »hohe Seele« (V. 2143) in Orests Rede an Thoas zu erkennen. In einem späteren Brief an seinen Sekretär Philipp Seidel (15. 5. 1787) beklagte Goethe den gravierenden Zeitmangel bei der allmählichen Um-Schrift des Dramas über acht Jahre (vgl. Jeßing 2002, S. 67 f.). Bei einem »erschöpfenden […] Studium der griechischen Sachen«, so bemerkte er schließlich in einem Gespräch mit Friedrich Wilhelm Riemer am 20. 7. 1811, »wäre das Stück ungeschrieben geblieben«. Dieses eher ernüchternde Resümee mag auch dem Umstand geschuldet sein, dass Goethe sich nach seiner Rückkehr aus Italien mit seinen Vorstellungen von einer literarischen Ästhetik, die sich die Antike zum Vorbild nimmt, isoliert sah, da viele seiner Mitstreiter aus der Sturm-und-Drang-Zeit, zu denen Goethe selbst in den 1770er-Jahren als treibende Kraft gehört hatte, diese ethische und ästhetische Neuausrichtung (noch) nicht nachvollziehen konnten.

Es ist übrigens erstaunlich, dass Goethe selbst keine Initiative ergriffen hat, seine *Iphigenie* auf die Bühne zu bringen. So wurde 1800 in Weimar auf seine Veranlassung hin (und unter Schillers Mitarbeit bei den letzten Proben) zwar Christoph Willibald Glucks *Iphigenie auf Tauris*, nicht aber Goethes eigenes Drama zur Aufführung gebracht. Auch bei den Proben zu Schillers Bearbeitung seines Schauspiels 1802 ließ er sich nicht blicken. Goethe fand bis zuletzt kein Gefallen an einer Bühnen-*Iphigenie*, obwohl sie unter seiner Leitung in den folgenden Jahrzehnten noch 22-mal gespielt wurde.

Iphigenie auf der Bühne

Antike und moderne Archetexte

Der Stoff, auf den Goethe in seinem Drama *Iphigenie auf Tauris* zurückgreift, stammt aus der griechischen Mythologie, die »einen Grundstock an kulturell bedeutungsträchtigen, symbolisch hochverdichteten, an komplexe Grundsachverhalte der menschlichen Einzelexistenz wie des kulturellen, sozialen, religiösen Gemeinschaftslebens rührenden ›narrativen Archetypen‹ bereit[stellte], einen beweglichen, nicht dogmatisch fixierten Fundus, der gerade in der relativ abstrakten, nicht konkret empirisch-historisch situierten Zeichenhaftigkeit des Mythos die besten Voraussetzungen für stets erneute historisch-situative Applikationen und Transformationen bot« (Frick 2003, S. 218 f.).

Mythen Mythen sind traditionelle Geschichten, die sich dadurch auszeichnen, dass sie immer wieder neu erzählt werden können; sie existieren nicht, wie heilige Texte unterschiedlicher Religionen, in einer sakrosankten, unveränderbaren Form, sondern grundsätzlich im Modus der Variation, den Manfred Pfister als ein unabschließbares »Spiel von Versionen, Varianten, Neukombinationen, Überschreibungen, Übersetzungen, Fortsetzungen, Versetzungen in andere Gattungen und Medien, von Exegesen, Kommentaren, Interpretationen« beschreibt: »Soweit man zurückgehen mag, man erreicht nie die Quelle, nie den Ursprung, sondern immer nur vielfältig vermittelte Repräsentationen eines solchen« (Pfister 2005, S. 130).

Mythos von Tantalus In dem Goethes Schauspiel zugrunde liegenden Mythos von Tantalus (griech. Tantalos) und seinen Nachkommen bis hin zu den Geschwistern Iphigenie und Orest steht die schuldhafte Verstrickung des Menschen mit dem Schicksal, die in einer frevelhaften Erhebung des Menschen zu den Göttern begründet ist und durch den Fluch der Götter über das Geschlecht der Menschen bestraft wird, zur Verhandlung. Die Weiter- und Umschrift des Tantalus- bzw. des Atridenmythos in griechischer Chorlyrik und Tragödie bietet ein anschauliches Beispiel für die prinzipielle Variabilität des Mythos. Je nach poetischer und thematischer Gestaltungsabsicht der Dichter können einzelne Elemente oder Aspekte erweitert und pointiert, andere zurückgenommen, abgewandelt oder gar völlig ausgeblendet werden. ›Mythenvariationen‹ sind keineswegs ein auf die literarische Moderne beschränktes Phänomen, sondern bereits in der archaischen griechischen Literatur anzutreffen. Wichtig ist, dass die Mythenvariation, wie es Aristoteles im 14. Kapitel seiner *Poetik* nachhaltig fordert (man dürfe die überlieferten Stoffe nicht »auflösen«), am Mythenkern festhält, diesen berichtigt, indem sie ihn nicht verwirft, sondern konstruktiv fortschreibt. Damit wird die Variation zu einem höchst effizienten Darstellungsmittel: Sie eröffnet auf der stets erinnerten und präsent gehaltenen Folie des alten Mythos neue Denkmöglichkeiten. In Goethes ›Arbeit‹ am Tantalus-Mythos (vgl. Blumenberg 1979) bildet das Moment des menschlichen Frevels den Ausgangspunkt des dramatischen Konflikts, indem die über das gesamte Schauspiel evozierten Taten des Tantalus mit denen des Prometheus verglichen werden (den Goethe in seiner bedeutenden Sturm-und-Drang-Ode bereits gefeiert hatte) und daher nicht ausschließlich als Paradigma schuldhafter Verfehlung (griech. *hamartía*), sondern zugleich als Ausdruck einer Autonomie des Menschen erscheinen, die in der Auflehnung gegen die Götter ihre Begründung finden.

Obwohl Goethe selbst mehrfach eingeräumt hat, seine *Iphigenie* sei Produkt eines unzulänglichen Studiums der griechischen Literatur, war er mit deren Mythologie gut vertraut, was allerdings wiederum nicht das Resultat der Lektüre von Originalquellen darstellt, sondern vorrangig seiner Kenntnis der römischen Überlieferung sowie der französischen Übersetzungen antiker Dramen (etwa die unter dem Titel *Le Théâtre des Grecs* veröffentlichten Prosaübersetzungen des Jesuiten Pierre Brumoy, auf die auch Schiller für seine Euripides-Übersetzungen zurückgegriffen hat) zu verdanken ist. Ferner stand Goethe als grundlegendes deutsches Nachschlagewerk Benjamin Hederichs *Gründliches mythologisches Lexicon* in der Nachbearbeitung J. J. Schwabens, Leipzig 1770, zur Verfügung, das mit seinen häufigen Rückverweisen auf antike Primärtexte ein systematisches Studium der jeweiligen Originalliteratur ermöglichte; so dürfte Goethe von Hederichs Verweis auf die wohl aus dem 2. Jahrhundert n. Chr. stammenden *Fabulae* des römischen Mythographen Hyginus, die gerade das archaisch Gewalttätige und Entsetzliche vieler Mythen höchst eindringlich vor Augen führen, für die dritte Szene des ersten Akts profitiert haben, in der Iphigenie dem Taurerkönig Thoas ihre Abstammung von Tantalus erklärt (vgl. Hyginus, *Fabulae* 82–88).

Die Atriden-Mythologeme gehören in die hellenische Frühzeit vor der Dorischen Wanderung, die um 1200 v. Chr. beginnt, und ist in ihrer ältesten, allerdings schon nicht mehr ursprünglichen Form durch das homerische Epos überliefert. Mit dem Tantalos-Schicksal reichen sie in die mythische Dimension des Kampfs der Götter mit den Titanen, auf die Goethe in seinem Schauspiel ausdrücklich verweist und die er später in *Dichtung und Wahrheit* als den »Hintergrund« der *Iphigenie* bezeichnet hat. Der Ahnherr des Geschlechts, Tantalos, ist König im kleinasiatischen Lydien. Als seine Mutter gilt die Nymphe Pluto, eine Tochter des Kronos; als sein Vater wird der Berg Tmolos, aber auch Zeus selbst genannt. Tantalos, kein Sterblicher, dennoch dem Menschengeschlecht zugerechnet, will die Allwissenheit der Götter auf die Probe stellen und setzt ihnen das gekochte Fleisch seines eigenen Sohnes Pelops zum Mahl vor. Alle Götter durchschauen die Tat – mit Ausnahme von Demeter, die im Kummer über ihre Tochter Persephone geistesabwesend ein Stück aus der Schulter isst. Die Götter erwecken Pelops wieder zum Leben und ersetzen das fehlende Schulterstück durch Elfenbein. Darüber hinaus stiehlt Tantalos den Göttern ihre Speise, Nektar und Ambrosia, und verrät den Menschen manches am Tisch der Götter erfahrene Geheimnis, so auch die Unsterblichkeit. Zur Strafe für seine Freveltaten muss Tantalos im Tartaros an ewigem Hunger und Durst leiden: Schwere, reife Früchte hängen unerreichbar über seinem Kopf, und das Wasser, in dem er steht, reicht nicht hoch genug zu ihm herauf. Außerdem schwebt ein schwerer Felsbrocken an nur einem Faden über ihm, der ständig auf ihn herabzustürzen und ihn zu zerschmettern droht. Durch das Motiv der Entwendung himmlischer Güter und Geheimnisse rückt Tantalos in die Nähe der Prometheus-Überlieferung, die Goethe schon für seine berühmte Sturm-und-Drang-Ode nutzte. Pindars erster Olympischer Ode folgend, lässt er Tantalos (V. 323–25) als Opfer göttlicher Willkür erscheinen: Die Strafe für Tantalos wird nicht mehr auf dessen (menschliche) Hybris und die daraus folgende Gräueltat der Schlachtung von Pelops, die Goethe ausspart (er wird im Gegenteil von Iphigenie »des Tantalus geliebter Sohn«, V. 357, genannt), sondern auf ein dunkles Schicksal zurückgeführt. Zu diesem korrigierten Tantalos-Bild passt auch, dass der Ahnherr der Tantaliden bei Goethe aus dem alten Göttergeschlecht der Titanen kommt und nicht Zeus, dem höchsten olympischen Gott, entstammt.

Pelops

Den hingeschlachteten Pelops lassen die Götter nicht nur lebendig aus dem Kessel auferstehen, sondern schenken ihm Schönheit und gewähren ihm, um Hippodameia, die Tochter des Oinomaos, des Königs von Pisa, zu werben, der seine Tochter allerdings nur demjenigen Bewerber zur Frau geben will, der ihn zuvor im Wagenrennen besiegt hat. Das gelingt Pelops im Einvernehmen mit dem Wagenlenker des Oinomaos durch eine List, die den König das Leben kostet. Pelops und Hippodameia haben mehrere Söhne, darunter Atreus und Thyestes. Einer früheren Verbindung des Pelops mit der Nymphe Astyoche entstammt Chrysippos, der vom Vater begünstigt und für die Thronfolge vorbestimmt ist. Atreus und Thyestes ermorden ihren älteren Halbbruder, vermutlich angestiftet von ihrer Mutter Hippodameia (Goethes Iphigenie jedoch entlastet in V. 341–349 Hippodameia von der Beteiligung an der Untat). Schließlich beschuldigt Pelops die Gattin des Mordes und schickt sie in die Verbannung, in der sie Selbstmord begangen haben soll. Außerdem verflucht er Atreus und Thyestes, die daraufhin die Flucht ergreifen, doch nach einigen Jahren nach Mykene zurückkehren und zunächst gemeinsam regieren. Lange währt die gemeinsame Regierungszeit allerdings nicht. Macht und Glück des mykenischen Herrscherhauses hängen unmittelbar von einem verhängnisvollen Wundertier ab, einem goldenen Widder: Atreus ist mit Aerope verheiratet, die den Glück bringenden Widder in einer Truhe hütet; sie betrügt ihren Mann jedoch mit seinem Bruder Thyestes und händigt ihm das Wundertier aus. Thyestes wird von Atreus in die Verbannung geschickt, gelangt aber später – in Besitz des goldenen Widders – zur Königswürde in Mykene. Aus Rache schickt Thyestes Pleisthenes, einen Sohn des Atreus, den er als seinen eigenen aufgezogen hat, nach Mykene, um Atreus zu töten. Atreus, der den Mordanschlag jedoch durchschaut und Pleisthenes hinrichten lässt, erkennt zu spät, dass er den eigenen Sohn getötet hat. Um nun seinerseits Rache zu nehmen, lädt er Thyestes zur scheinbaren Versöhnung nach Mykene ein, wo er diesem die eigenen Söhne zum Essen vorsetzt – die Wiederholung der Gräueltat des Tantalos, eine heilige Opferhandlung in einer unheiligen Ausführung, mit der Thyestes selbst befleckt werden sollte (vgl. Kerényi 1966, S. 239). Thyestes erbricht das Gegessene und verflucht sein Geschlecht. Nach dem Tod des Atreus, der durch Aigisthos, einen dem Inzest entsprungenen Sohn des Thyestes und der Pelopia, gewaltsam getötet wurde, besteigt Thyestes wieder den Königsthron in Mykene, bis er von Agamemnon und Menelaos, den aus der Verbannung zurückgekehrten Söhnen des Atreus, vertrieben wird.

Agamemnon

Agamemnon, der von Thyestes das Zepter des Großkönigtums übernommen hat, heiratet Klytaimnestra und hat drei Kinder mit ihr: Iphigeneia, Elektra und Orestes. Als Helena, die Frau des über Sparta herrschenden Menelaos und Schwester der Klytaimnestra, von Paris nach Troja entführt wird, wählen die Griechen in Aulis (an der Küste Euboias) Agamemnon zu ihrem Anführer. Die Flotte kann jedoch nicht nach Troja auslaufen, weil die Göttin Artemis eine Windstille verhängt hat. Grund des göttlichen Zornes ist der Umstand, dass Agamemnon in einem Hain ein Hirschkalb erlegt haben soll und dazu noch eine unbedachte Äußerung – Sophokles zufolge ein »Prahlwort« – fallen ließ, mit der er ihre göttliche Macht in Zweifel zu ziehen schien. Durch den Mund des Priesters Kalchas fordert sie nun von Agamemnon in Form der Tochter Iphigeneia ein Sühneopfer. Unter dem Vorwand der Vermählung mit Achilles lässt Agamemnon, versessen auf den Ruhm des Feldherrn durch baldigen Kriegsbeginn, Iphigeneia in das Heerlager der Griechen locken; diese wird auf dem Opferaltar jedoch von Artemis, die sie zuvor in einer Wolke verhüllt und an ihrer Stelle unbemerkt eine Hirschkuh auf den Altar legt, gerettet und nach Tauris geführt.

Die Opferung der Iphigeneia ist Gegenstand von Euripides'

Euripides'
*Iphigenie
in Aulis*

wohl letztem und bitterstem Stück *Iphigenie in Aulis* (aufgeführt 405 v. Chr. nach Euripides' Tod durch seinen Sohn), in dem der attische Tragiker im ersten Teil die obersten Führer der Griechen

als egoistisch, feige, wankelmütig und ohne ethisches Bewusstsein präsentiert. Der Trojanische Krieg und die Zusammenfüh-
rung des gesamtgriechischen Heeres mit all ihren Konsequenzen
erscheinen hier als Resultat einer unheilvollen Mischung von
Machtgelüsten bei gleichzeitiger Unentschlossenheit (Agamemnon) und sexueller Frustration (Menelaos). Dazu passt eine si-
gnifikante Korrektur, die Euripides am vorliegenden Mythos
vorgenommen hat. Der Orakelspruch der Artemis ergeht moti-
vationsfrei, da nicht mehr die Rede von einer wie auch immer
gearteten Verfehlung Agamemnons ist, deren Sühne die Opferung Iphigeneias sein müsse. Es heißt nur lapidar, dass, solle das
Heer nach Troja auslaufen, Iphigeneia geopfert werden müsse
(Euripides, *Iphigenie in Aulis*, V. 358 f.). Eine zweite wichtige
Veränderung betrifft den zweiten Teil der Tragödie: Euripides
lässt die gesamte Familie sich im Heerlager aufhalten. Damit
treffen die Sphären des Öffentlichen und des Privaten in voller
Wucht aufeinander. Auf der einen Seite kämpft Klytaimnestra
um das Leben ihrer Tochter, auf der anderen Seite stehen macht-
besessene Adelige und ein kriegslüsternes Heer, die notfalls mit
Gewalt die Ausfahrt erzwingen wollen. An dieser Gelenkstelle
des Dramas wandelt sich Iphigeneia – überraschend und nicht
mit der Forderung nach einem einheitlichen Charakter vereinbar (vgl. Aristoteles, *Poetik* 1454a 31–33; demgegenüber hat
Schiller in seiner Übersetzung jedoch die Einheit des Charakters
verteidigt) – von der dem Vater liebevoll zugewandten Tochter,
die in rührenden Worten um Verschonung bittet (»Meine ganze
Redekunst sind Tränen, / Die hab ich und die will ich geben! /
Sieh, / statt eines Zweigs der Flehenden leg ich / Mich selbst zu
deinen Füßen – Töte mich / Nicht in der Blüte! – Diese Sonne ist /
So lieblich«), zur Verkünderin panhellenischer Ideale, indem sie
das Heer aufruft, durch ihre freiwillige Bereitschaft zum Opfertod die Freiheit Griechenlands zu verteidigen: »Ich bin ent-
schlossen, / Zu sterben – [...] / Ich werde Griechenland errettet
haben, / Und ewig selig wird mein Name strahlen. / Wozu das
Leben auch so ängstlich lieben?« Dieser Bruch lässt sich in zwei-
facher Weise erklären: Einerseits scheint es sinnvoll, Iphigeneias
Selbstopferung als den letzten ihr möglichen Akt der menschlichen Freiheit zu sehen; den sicheren Tod vor Augen wählt sie

(stoische Ideale antizipierend), um nicht mit Gewalt zum Altar geschleift zu werden, zumindest den Weg der Selbstbestimmung. Andererseits erscheinen die Ideale des griechischen Heroentums durch ihre aktuellen Vertreter Agamemnon und Menelaos als pervertiert und diskreditiert. Die unverhohlene Begründung eines Krieges durch Machtgier und sexuelle Obsession entspricht nicht dem griechischen Adelsethos, die Schwäche der politischen Führer und die Skrupellosigkeit, mit der jeder der Beteiligten ein sinnloses, weil nicht begründetes Menschenopfer akzeptiert, macht die Rede von politischen Werten eo ipso zur Farce. Iphigeneia stirbt für etwas, an das keiner mehr glaubt; das macht sie zur tragischen Figur.

Nach dem Ende des Trojanischen Krieges kehrt Agamemnon zehn Jahre später als Sieger in das heimatliche Mykene zurück und wird – jedoch nur zum Schein – von seinen Untertanen freudig begrüßt. Als er ein Bad nimmt, wirft ihm die Gattin (einer anderen Überlieferung zufolge ist Aigisthos der Täter) allerdings ein Netz über, in dem er sich wehrlos verfängt, und ermordet ihn, wie es Pylades in Goethes Schauspiel ab V. 880 berichtet.

Aischylos' Agamemnon

Dramatisch ausgestaltet ist diese Episode in Aischylos' *Agamemnon*. Neben der Verbindung mit Aigisthos hat Klytaimnestra zwei weitere Motive für den Gattenmord: den Umstand, dass Agamemnon sich mit der trojanischen Priesterin und Seherin Kassandra (die sie ebenfalls tötet) eine Geliebte mitgebracht hat, sowie die Tatsache, dass er zuvor ihre Tochter Iphigeneia, deren Rettung nicht bekannt war, in Aulis geopfert hat. Orestes wird nach dem Mord an seinem Vater von seiner Schwester Elektra heimlich aus dem Palast geschafft und nach Phokis gebracht, um nicht dessen Los teilen zu müssen. Dort lebt er bei seinem Onkel Strophios und schließt mit dessen Sohn Pylades Freundschaft. Zum Jugendlichen herangewachsen, erhält er von Apollon durch das delphische Orakel den Befehl, den Tod des Vaters zu rächen. Von Pylades begleitet, kehrt er nach Mykene zurück, wo inzwischen Aigisthos seit sieben Jahren die Königswürde innehat. Mit der List, er bringe die Urne mit der Asche des verstorbenen Orestes, verschafft er sich, angestachelt durch die am mykenischen Hof lebende Elektra, Zutritt zu den Gemächern Klytaimnestras und Aigisthos' und bringt beide um. Die Rückkehr des Orestes und die Rache an Klytaimnestra und Aigisthos ist Gegenstand der *Elektra* des Euripides. Für den Muttermord wird Orestes von den Erinnyen, den furchtbaren Rächerinnen eines Mords unter Blutsverwandten, vor deren Heimsuchung ihn auch Apollon nicht schützen kann, verfolgt. Selbst vor dem obersten Athener Gericht bleibt der Fall des Muttermords aus Rache für den getöteten Vater jedoch umstritten, obwohl Apollon die Verantwortung für die Tat auf sich nimmt. Bei Stimmengleichheit der Richter gibt das Votum der Göttin Athene den Ausschlag für Orestes; er wird freigesprochen, und die Erinnyen werden wieder versöhnt. Von der Verfolgung des Muttermörders durch die Erinnyen – das Motiv spielt auch in Goethes *Iphigenie* eine wichtige Rolle – handelt Aischylos' Drama *Die Eumeniden*. Nach einer anderen Überlieferung jedoch verfolgen manche der Erinnyen Orestes weiter, der – in seiner unaufhörlichen Qual – Apollon vor dem Altar in Delphi um weitere Hilfe bittet und dort die Weisung erhält, er möge die vom Himmel herabgefallene Statue der Artemis von der Taurischen Halbinsel nach Athen bringen.

Das ist der Ausgangspunkt von Euripides' Tragödie *Iphigenie bei den Taurern* (kurz vor 412 v. Chr. uraufgeführt), deren Handlung etwa 15 Jahre nach der Entrückung der Iphigeneia nach Tauris einsetzt, wo diese (ihr Name ist ein Beiname der Artemis) unter dem Taurerkönig Thoas lange Jahre die Pflichten der Artemis-Priesterin erfüllt, jeden Fremden, der an den taurischen Ufern landet, der Göttin im Tempel (dem Bühnenhaus) zu opfern. Die Tragödie beginnt mit dem Traum von Orestes' Tod nach der vorausgegangenen Selbstvorstellung Iphigeneias in der Vorszene. Angesichts des Traums und des erschlossenen Todes des Bruders will die Priesterin eine Totenspende vollziehen und damit das tun, was traditionell Elektra am Grab Agamemnons verrichtet und dabei den Bruder trifft. An dieser Stelle zeigt sich bereits ein grundlegender Unterschied zu Goethes Ansatz. Während Euripides' Titelfigur um den vermeintlich toten Bruder trauert, ist im Auftrittsmonolog von Goethes Schauspiel die Hoffnung auf Heimkehr das bestimmende Thema. Nach Iphigeneias Auftritt erscheinen dramatisch sehr wirkungsvoll Orestes und Pylades vor dem bluttriefenden Artemistempel. Da Iphi-

Euripides' *Iphigenie bei den Taurern*

geneia von Artemis entrückt wurde, als Orestes noch ein Säugling war, können die beiden einander nicht erkennen, so dass sich in der Folge psychologisch hochdramatische Szenen voller versteckter Anspielungen auf die drohende Tragik entwickeln. Beide Prologszenen (V. 1–122) ergeben zusammengenommen ein klares Bild des göttlichen Plans: Apollon will dafür sorgen, dass Orestes seine Schwester findet und nach Griechenland zurückholt. Den menschlichen Akteuren ist jedoch, wie bei einem antiken Symbolon, nur die Hälfte des göttlichen Willens kenntlich, was schließlich zu Fehldeutung und Verzweiflung führt.

Anders als die Goethe'sche Iphigenie hat Euripides' Protagonistin nicht die Abschaffung der taurischen Opfer-Praxis im Sinn; dass sie einem der beiden neuen Gefangenen die Freiheit schenken will, geschieht aus (dramatischem) Kalkül heraus: Da sie von dem ihr noch unbekannten Orestes erfahren hat, dass ihr Bruder noch lebt, will sie nur einen der beiden Fremden auf dem Altar sterben lassen, der andere aber soll eine Nachricht von ihr nach Mykene bringen. Iphigeneia zeigt in ihrer Reaktion, dass durch die Fehlinterpretation des Traums die seelische Verwundung, die sie durch den Mordversuch ihres Vaters erlitten hat (V. 361–377), wieder aufgebrochen ist: »Mein armes Herz! Zuvor warst du doch gegen die Fremden milde und barmherzig, hast für die Menschen deines Volkes stets aufs neue Tränen vergossen, sooft du Griechen in die Hände bekamst! Jetzt, da ich nach dem Traum, der mich verwildern ließ, glaube, daß Orestes nicht mehr lebt, werdet ihr, die ihr zu mir kommt, mich haßerfüllt antreffen« (Euripides, *Iphigenie bei den Taurern*, V. 344 bis 350). Euripides inszeniert hier, durch die Fehldeutung göttlichen Willens veranlasst, einen Prozess im Menschen, der zwar zu einer ›Bestialisierung‹ führt, den der Mensch (Iphigeneia) aber mit bemerkenswerter Klarheit an sich selbst beobachtet. Durch die auf den Weg geschickte Nachricht enthüllt Iphigeneia dann jedoch ihre Identität. Nach der – von Aristoteles in der *Poetik* als Musterbeispiel einer glaubwürdig eingefädelten Anagnorisis gepriesenen – Wiedererkennung werden Pläne für die gemeinsame Flucht geschmiedet, nachdem Iphigeneia Orestes und Pylades das Bildnis verschafft hat. Während die euripideische Iphigeneia den Taurerkönig Thoas mit der Ausrede einer geplanten Entsühnung des Götterbildes selbst hintergeht, übernimmt bei Goethe Pylades das Geschäft der Täuschung, während Iphigenie nach anfänglichem Zögern dem Taurerkönig den wahren Sachverhalt offenbart und damit das gesamte Unternehmen gefährdet. Der rasende Thoas aber erfährt zu früh von dem Unternehmen; Gegenwind und hohe See treiben das Schiff der Griechen wieder an die Küste zurück. Ihr Tod scheint gewiss, da tritt Athene als ›dea ex machina‹ auf und gebietet Thoas, die Griechen ziehen zu lassen; ferner hat sie Poseidon dazu gebracht, für günstige Fahrt zu sorgen und gibt an den fernen Orestes Anweisung für den Abtransport des Bildes und die Stiftung eines unblutigen Artemis-Kultes im attischen Brauron. An diesem Ort existierte schon zu Euripides' Zeit ein altes Artemis-Heiligtum; neben ihm lag das Grab einer als Schutzgöttin der Geburt und der Gebärenden verehrten Priesterin, die den Namen Iphigeneia trug. Für das zeitgenössische Publikum erklärt das Drama damit den mythischen Ursprung dieser Kultstätte.

Die Innovationskraft der euripideischen Tragödie liegt in der Zurücknahme des mythischen Hintergrundes und in der psychologischen Zeichnung der Personen. Während sich bei Herodot noch ein früheres Stadium des Mythos findet, in dem Iphigeneia selbst die Göttin war, der grausame Menschenopfer dargebracht wurden (*Historien* IV 103), konnte Euripides schon auf die Figur der Iphigeneia als Artemis-Priesterin zurückgreifen. Seit Jahren ohne Nachricht von ihrer in die Wirren des Trojanischen Krieges verstrickten Familie, ist die Artemis-Priesterin eine in mehrerlei Hinsicht Vertriebene: Als Glied des Tantaliden-Geschlechts ist sie per Geburt durch anonyme Mächte von einem friedlichen Leben ausgeschlossen; totgeglaubt lebt sie fern der Heimat in einer ethnischen Fremde, wo sie für den Tod Unschuldiger verantwortlich ist. Trotz dieser Verstrickung bewahrt Iphigeneia auch schon bei Euripides menschliche Güte und wirkt als eine Figur der Versöhnung. Sie sagt von sich, sie habe, immer »sanftmütig und mitleidig gegen Fremdlinge«, ihnen »der Träne Zoll« (Euripides, *Iphigenie bei den Taurern*, V. 344 f.) entgegengebracht. Zudem verweigert sie sich dem Plan, Thoas zu töten, und zeigt sich bestrebt, den Fluch von ihrer Familie zu nehmen, indem sie Agamemnon, ihrem ›Mörder‹, verzeiht und so die Spirale von Rache und Gewalt durchbricht (V. 991–993).

Diesen persönlich empfundenen und ethisch breit reflektierten menschlichen Extremsituationen steht die Welt des Schicksals und des Göttlichen gegenüber. Die Tyche, das Schicksal oder der Zufall, prägt wie viele andere Dramen des Euripides auch seine *Iphigenie bei den Taurern*, in der Menschen aufgrund ihrer Unkenntnis eines gütigen göttlichen Plans so handeln, dass sie an den Rand einer Katastrophe geraten. Es kommt zwei Mal zu bitteren Anklagen gegen Artemis (V. 36; 380). Die Vergangenheit und aktuelle Notlage, in der sich die Geschwister befinden, treibt sie immer wieder dazu, den Sinn und die Ordnung des Schicksals in Frage zu stellen (z. B. V. 886–888). Hinter solchen Aussagen steht die – von der Tragödie konterkarierte – Vorstellung, die Götter müssten gut und in ihren Handlungen vernünftig und logisch kohärent agieren. Stattdessen spielt sich die Handlung allein auf der menschlich-innerweltlichen Ebene ab. Der blasse und unmotivierte gute Ausgang des Stücks hat wie so häufig bei Euripides die Funktion, auf den nicht zu versöhnenden Widerspruch zwischen göttlicher Ordnung und der Welt zu verweisen, innerhalb derer sich menschliches Handeln bewegt. Die bei Euripides vorherrschenden Missverständnisse der beiden ›Diskursordnungen‹ hängen an der Deutung des delphischen Orakelspruchs, dem zufolge Orestes erst dann Entsühnung zuteilwerde, wenn er das Bild der Artemis, der Schwester des delphischen Gottes Apollon, aus Tauris entführe. Goethe gelingt in seinem Schauspiel eine interessante ›hermeneutische‹ Korrektur: Orest wird von Apollon auferlegt, das »Bild der Schwester« nach Delphi zu bringen. Da Orest bei der Orakeldeutung vom Opfertod Iphigenies ausgehen musste und er von seiner zweiten Schwester Elektra wusste, dass sie sich in Mykene aufhielt, lag es für ihn zwangsläufig nahe, den Spruch auf Apollons Schwester Artemis zu beziehen. Erst im letzten Moment erkennt er, dass mit dem Orakelspruch seine wiedergefundene Schwester Iphigenie gemeint sein müsse. Folglich bleibt die Götterstatue bei Goethe in Tauris, wohingegen sie bei Euripides (aus kultaitiologischen Gründen) mit nach Delphi genommen wird.

D. Borchmeyer   Dieter Borchmeyer hat darauf aufmerksam gemacht, dass »der

Wegfall des Chores und die Reduktion der Zahl der Akteure [...] das Drama seines öffentlichen Charakters« entkleide und »eine intime Atmosphäre als Voraussetzung für die Exposition seelischer Vorgänge« erzeuge. »Das politische Theater, verstanden als Theater der Polis, erfährt eine Introversion zum moralisch-humanen Seelenexerzitium« (Borchmeyer 1988, S. 1022). Die dadurch gegebene deutliche Verstärkung der bereits bei Euripides zu beobachtenden Psychologisierung des dramatischen Konflikts lässt sich auch daran festmachen, dass Goethes Bearbeitung auf die theologische Lösung des Streites zwischen den Erinnyen und Apollon zugunsten einer psychologischen Deutung verzichtet: Die Erinnyen treten nicht als äußere Gestalten auf (Euripides malt Orestes' Wahnsinn im Bericht des Hirten exzessiv aus, indem er ihn mit Schaum vor dem Mund Rinder zerreißen lässt), sondern inkarnieren nach Ansicht Achim Geisenhanslükes das Gewissen des Orest, dessen Erlösung nicht durch den schlichtenden Spruch der Götter, sondern durch die heilende Kraft des schwesterlichen Charismas erfolgt:

A. Geisen-hanslüke

> »Goethes *Iphigenie* gewinnt damit den spezifisch modernen Charakter, der die mythische Schuld des Atridenhauses in die psychologische Frage von Schuld und moralischer Verantwortung verwandelt. In der gleichen Weise werden die Vergehen der Tantaliden durch eine anthropologische Deutung des tragischen Konflikts zumindest teilweise entschuldigt: Sie entsprechen dem titanischen Drang des Menschen den Göttern gleich zu werden. Die Schuld entspringt einem Streben, das dem Menschen in der Auflehnung gegen die Götter erst sein eigenes Recht gibt. Den tragischen Grundkonflikt zwischen Menschen und Göttern, der stellvertretend von antiken Heroen wie Prometheus und Tantalus ausgetragen wird, hat Goethe in der *Iphigenie* durch eine neue Versöhnung zwischen Menschen und Göttern ersetzt. Der Fluch der Tantaliden wird von Iphigenie entsühnt und der Konflikt zwischen Menschen und Göttern ausgesöhnt« (Geisenhanslüke 1997, S. 11).

Einen in seinen Mitteln und Zielen höchst umstrittenen Höhepunkt in der Geschichte der Um-Schriften der antiken Tragödie stellt die französische Tragödie des 17. Jahrhunderts dar. Unabhängig von der vor allem bei Lessing begegnenden harschen Kritik an den französischen Dramen, die nichts anderes als ein schlechtes Imitat der Griechen seien, kommt man nicht umhin festzustellen, dass vor allem die Dramentechnik Jean Racines (1639–1699), des bedeutendsten Dramatikers des französischen Klassizismus, nicht ohne Einfluss auf Goethe geblieben ist. In seiner *Iphigénie en Aulide* (eine taurische Iphigenie wurde lediglich skizziert), 1732 von Gottsched ins Deutsche übersetzt, verändert Racine die euripideische Vorlage hinsichtlich der Handlungsführung. Da ihm das Opfer einer unschuldigen Jungfrau als monströse Zumutung und durch ihre knappe Errettung in Gestalt der ›dea ex machina‹ als ein bloßer coup de théâtre vorkommt, der alle Ernsthaftigkeit beleidigt, verändert er den Orakelspruch (›Opfere eine Tochter aus dem Geschlecht der Helena mit dem Namen Iphigenie‹) und fügt die Figur der Eriphilie, einer illegitimen Tochter von Helena und Theseus, die von ihren Eltern ebenfalls Iphigenie genannt wurde, hinzu, die mit Iphigenie um die Liebe zu Achilles rivalisiert und als böse Intrigantin am Ende an Stelle Iphigenies ihren verdienten Tod findet. Im Vorwort zu seiner Tragödie rechtfertigt Racine diese Veränderung, wobei er jedoch zugleich antike Vorbilder dafür aufzubieten versucht. Die Figur der Eriphilie, so führt er aus, sei nicht frei erfunden, sondern dem Griechenland-Reisebericht des Pausanias entnommen, so dass das grundsätzlich Neue des Racine-Ansatzes vordergründig doch dem Alten verpflichtet bleibt. Racines ganz dem klassizistischen Geschmack der haute tragédie verpflichtete untragische Lösung ist wegen ihrer Unglaubwürdigkeit zwar oft kritisiert worden, dürfte aber in ihrer Ausrichtung, Iphigenie durch eine menschliche Stellvertreterin und nicht durch ein Opfertier zu ersetzen, Goethes Konzeption der Neu-Auslegung des Orakels durch Orest beeinflusst haben. Dessen Einsicht, mit Apollons Forderung die Schwester nach Griechenland zu bringen, sei nicht das Kultbild der Göttin Artemis/Diana gemeint, sondern die eigene Schwester Iphigenie, entspricht durchaus Racines spitzfindiger Idee in seiner aulischen *Iphigénie*, die Tragödie in bewusster Missachtung der Gesetze der Wahrscheinlichkeit harmonisch aufzulösen, indem jemand anderes als die Tochter Agamemnons geopfert wird. Bei aller Berechtigung des Einbezugs der antiken Archetexte in die Deutung von Goethes Schauspiel sollte bedacht werden, dass Goethe von Racine die streng symmetrische Figurenkonstellation, die den Griechen Orest und Pylades die Taurer Thoas und Arkas zuordnet, und damit die französische Theaterpraxis übernimmt, dem tragischen Helden einen Vertrauten zuzuordnen, um aus der Verdoppelung der Charaktere heraus das dramatische Zwiegespräch zu entwickeln. Darüber hinaus deutet vieles darauf hin, dass die Aufteilung des dramatischen Geschehens in fünf Akte unter strenger Wahrung der drei Einheiten von Handlung, Raum und Zeit sowie der Bezug zur höfischen Kultur bei Goethe eher der französischen als der griechischen Tragödie entsprechen. So weit Racine auch den griechischen Archetext umgeschrieben haben mag, die strenge Form der französischen Tragödie (›doctrine classique‹) erfüllt Goethes Schauspiel nicht weniger als die Racines: »Iphigénie en Tauride, tragédie en cinq actes, tout à fait selon les regles« (vgl. HA 5, S. 438); so eindeutig wertete Goethe in einer von ihm selbst erstellten Werkübersicht die Koinzidenz seines Schauspiels mit der französischen Tradition.

Die erste taurische Iphigenie mit erkennbarem Einfluss auf Goethes Drama stammt von Joseph de la Grange Chancel, dessen Drama *Oreste et Pylade ou Iphigénie en Tauride* von 1697 Thoas als in Iphigenie verliebt zeigt, ein Motiv, das der Antike – bei dem hypostasierten Gegensatz von Hellenen und Barbaren – natürlich völlig fremd war. Besonderes Gewicht legt La Grange Chancel auf die Freundschaft zwischen Orest und Pylades, die sich vor allem in einem Rededuell äußert, wer von beiden sich für die Freiheit des anderen aufopfern dürfe.

J. de la Grange Chancel

In Johann Elias Schlegels *Geschwistern auf Taurien* (1737) findet sich Iphigenies Geständnis an Thoas, dass einer der Fremden ihr Bruder Orest sei, während der Taurerkönig bei Euripides durch einen Boten von diesem Umstand in Kenntnis gesetzt wird. Ferner befehlen in Schlegels Drama nicht mehr die Götter Thoas, den Griechen die Freiheit wiederzugeben, sondern ein Orakel, das auch noch alle künftigen Menschenopfer verbietet.

J. E. Schlegel

In deutlichem Bezug zu Goethes späterer Konzeption steht Claude Guimond de la Touches 1757 in Paris uraufgeführte *Iphigénie en Tauride*, ein Stück, das sowohl durch die unbeding-

C. G. de la Touche

te Aufrichtigkeit Iphigenies als auch durch den entschiedenen Widerstand gegen Thoas und seinen Befehl, die Fremden zu opfern, gekennzeichnet wird.

Ch. W. Gluck

Als herzergreifend Leidende begeistert Iphigenie schließlich auch das Opernpublikum im späten 18. Jahrhundert: In Christoph Willibald Glucks (1714–1787) Oper *Iphigenie auf Tauris*, am 18. 5. 1779 in Paris kurz nach Goethes Abschluss der Prosafassung in Paris uraufgeführt, wird das Stimmungshafte der unschuldig Not leidenden Jungfrau breit ausgeführt, deren Rettung sich wie ein Wunder erst nach äußerster Krise ergibt. Während die blutrünstigen Rachegöttinnen dort mit Schauspielerinnen zu besetzen sind, werden sie bei Goethe ausschließlich sprachlich realisiert; sie fungieren als »Chiffren der Gewissensqual«, als »Projektionen des Schuldbewusstseins« (Borchmeyer 1988, S. 1319): Der Rasende selbst nimmt »das Amt der Furien auf [s]ich« (V. 757), wie sein Gefährte Pylades treffend diagnostiziert.

Vor diesem Hintergrund wird deutlich, dass »Goethes ›Iphigenie‹ [...] in einer reichen Form- und Stofftradition [steht]. Die französischen Dramatiker haben durch den Wegfall des Chors und die Reduktion der Zahl der Akteure sowie die Einführung psychologischer Motive den Weg bereitet für Goethes Privatisierung und Verinnerlichung des dramatischen Konflikts« (Borchmeyer 1992, S. 135). Prägnantes Kennzeichen der Um-Schrift Goethes ist zweifellos die Humanisierung des durch antike und moderne Archetexte vorgegebenen Stoffes. So bleiben die antiken Mythologeme zwar erkennbarer Hintergrund für das dramatische Geschehen, doch werden Hybris und Grausamkeit der Tantaliden nur vage angedeutet und als von den Göttern gelenktes Menschen-Schicksal vermittelt. Auch die von Goethe durchgeführte Reduktion der dramatis personae auf wenige Figuren mit Iphigenie, Thoas, Orest, Pylades und der Nebenfigur Arkas lenkt den Blick auf das Zwischenmenschliche und das Persönliche von Iphigenies Geschichte im taurischen Exil. Entsprechend wird die Bühnenhandlung durch Dialoge, kommunikative Verständigungsakte, bestimmt, die das innere Geschehen der Figuren herausstreichen; dramatische Aktionen werden in die verdeckte Handlung verlagert. In erster Linie aber sind die Negation aller Intrigen und Lügen sowie Iphigenies Wahrhaftigkeit als besondere Humanitätsinsignien des Schauspiels zu werten. Nach Ansicht Terence James Reeds wird Iphigenie erst bei Goethe T. J. Reed

> »ein von fremden Zwecken sich allmählich befreiendes eigenes Bewußtsein bekommen, das darin besteht, daß sie nicht einfach wie befohlen mitmacht, sondern männliche List und Gewalt intuitiv nicht akzeptiert und notgedrungen nach einem radikal anderen Weg suchen muß. Dadurch erhält die überkommene Fabel einen ethischen Konflikt zum Gegenstand, der sie erst in dem Bereich des eigentlich Dramatischen ansiedelt. Die bereits in der Quelle vorhandene Symmetrie – die Figur, deren scheinbarer Opfertod Ursache weiterer Gemetzels geworden ist, hat die Bedingung Apolls entscheidend erfüllen helfen und das happy end mit herbeigeführt –, wird dadurch vertieft, daß sie nunmehr die unreflektiert herrschenden Werte ihrer Landsleute in Frage stellt. Nicht mehr Gewalt überwindet Gewalt, sondern das Humane das Primitive. Damit ist eine ethische Verwandlung vollzogen, die noch hinter die bereits ›modernen‹ Dramatiker Athens in die Urzeit jener Göttin Iphigeneia zurückreicht, bei der Geburt und Tod nahe beieinanderlagen« (Reed 1996, S. 196 f.).

Wirkungsgeschichte

Die Versfassung von Goethes *Iphigenie auf Tauris* gilt traditionell als Inbegriff vollkommener Kunst, als *die* Ikone des Weimarer Klassizismus und seiner Säkularreligion des Wahren, Schönen und Guten. Neben Friedrich Schillers Gedicht »Die Götter Griechenlands« (1788), in dem die Antike – im Gegensatz zur prosaischen Gegenwart und ihrer entgötterten Welt – als ein diesseitig-sinnenfreudiges Goldenes Zeitalter, als schöne, entschwundene Welt der Glückseligkeit erscheint, ist Goethes Schauspiel *das* zentrale Dokument für die dichterische Hinwendung der deutschen Frühklassik zur (idealisierten) griechischen Antike, in deren Erscheinungsformen man den Beweis dafür erkannte, dass eine bessere, eine gebildetere und höher entwickelte Welt möglich sei. Sie diente als Folie, auf deren Basis das Modell

Utopie der Humanität

einer Utopie der Humanität entstand, das auf eine bessere – weil menschlichere – Menschheit abzielte. In seiner Bemühung um eine ebenso streng strukturierte wie natürlich fließende Verssprache ist Goethe mit seinem Drama nach Ansicht der Rezipienten eine der höchsten Ausprägungen des klassischen Stilideals gelungen, das auf eine harmonische Durchdringung von sinnlicher Schönheit, Affektdisziplinierung und vernunftgesteuerter Gesetzlichkeit, von Gefühl (*emotio*) und aufklärerischer Reflexion (*ratio*) abzielt – eine Wertung, die überrascht, wenn man bedenkt, dass Goethe selbst für sein »Schmerzenskind« (*Italienische Reise*, 10. 1. 1787) niemals den Anspruch erhob, eine zeitenthobene Kunstnorm aufgestellt zu haben. Schon für 1792 notiert der Dichter (in der *Campagne in Frankreich*), er fühle sich »dem zarten Sinne« des Stücks »entfremdet«. Im Kontext einer für 1800 geplanten, aber erst 1802 realisierten Wiederaufführung der *Iphigenie* in Weimar fällt das seitdem vielzitierte Wort, das die Übersendung »des gräzisierenden Schauspiels«, des »Wagestück[s]« an Schiller (am 19.1.1802) begleitet: es sei »ganz verteufelt human« (FA 5, S. 1289).
Hörbar wird nicht nur die Enttäuschung eines Autors, dessen Schauspiel seit eineinhalb Jahrzehnten aus dem Blickfeld der Theaterintendanten geraten ist; vielmehr deutet die Äußerung

auch Goethes gemischte Gefühle gegenüber einer radikalen Utopie der Wahrheit und des Menschlichen sowie die Distanz zu
dem früheren Versuch an, den Gedanken der *humanitas* durch
eine literarische Wunschprojektion über idealisierte Gestalten
und ausgesuchte Konstellationen als realisierbar erscheinen zu
lassen. Diese Zweideutigkeit der Einstellung gegenüber seinem
›Schmerzenskind‹ behält Goethe fortan bei: 1827, als der gefei-
erte Schauspieler Karl Friedrich Krüger vom Berliner Hoftheater
nach Weimar kommt, um als Stargast den Orest zu spielen, geht
der inzwischen 77-jährige Goethe einmal mehr nicht ins Theater, widmet Krüger aber immerhin ein Exemplar des Schauspiels
mit dem berühmten, ganz dem Duktus der *Iphigenie* verpflich-
teten Eintrag: »Was der Dichter diesem Bande / Glaubend hof-
fend anvertraut, / Wird' im Kreise deutscher Lande / Durch des
Künstlers Wirken laut. / So im Handeln, so im Sprechen / Liebevoll verkünd' es weit: Alle menschlichen Gebrechen / Sühnet
reine Menschlichkeit.«

›Schmerzens-
kind‹

Skeptisch, fast schon resigniert fällt Goethes Bilanz im Blick auf
die Aufnahme Iphigenies durch das deutsche Publikum aus. Im
Gespräch mit Eckermann am 27. 3. 1825 in Weimar lautet Goethes Urteil über die Möglichkeiten einer deutschen Klassik un-
geschminkt:

Goethes Bilanz

> »Ich hatte wirklich einmal den Wahn, als sei es möglich, ein
> deutsches Theater zu bilden. Ja, ich hatte den Wahn, als kön-
> ne ich selber dazu beitragen und als könne ich zu einem sol-
> chen Bau einige Grundsteine legen. Ich schrieb meine Iphi-
> genie und meinen Tasso und dachte in kindischer Hoffnung,
> so würde es gehen. Allein es regte sich nicht und rührte sich
> nicht und blieb alles wie zuvor. – Hätte ich Wirkung gemacht
> und Beifall gefunden, so würde ich Euch ein ganzes Dutzend
> Stücke wie die Iphigenie und den Tasso geschrieben haben.
> An Stoff war kein Mangel. Allein, wie gesagt, es fehlten die
> Schauspieler, um dergleichen mit Geist und Leben darzustel-
> len, und es fehlte das Publikum, dergleichen mit Empfindun-
> gen zu hören und aufzunehmen« (FA 5, S. 1297 f.).

Um das in den Folgejahren sich einstellende Spannungsverhältnis zwischen Bewunderung und Befremden, feierlicher Kanoni-
zität und skeptischer Infragestellung verstehen zu können, ist es

umso wichtiger, die Kontexte der *Iphigenie* in den Blick zu nehmen und zu eruieren, unter welchen geschichtlichen Bedingungen Goethe in seinem Schauspiel einen Begriff der Menschlichkeit gestaltet, der zum Inbegriff des Klassischen werden konnte.
Darüber hinaus sucht sich Goethe mit seiner Um-Schrift der euripideischen *Iphigenie* den Standpunkt einer gegenwärtigen Moderne gegenüber einem antiken Modell und dessen kulturellen
Voraussetzungen zu formulieren: Es geht ihm (etwa im Briefwechsel mit Schiller) nicht nur um die Deutungshoheit über das
rechte Verständnis der Antike und ihrer Tragödie, sondern auch
um die Entscheidung über die Art von tragischer Literatur (und
ihres ästhetischen Potentials), die der eigenen Zeit gemäß wäre.
Dieser Ansatz zeugt von dem Bedürfnis, die eigene historische
Stellung in Anlehnung an ein für exemplarisch gehaltenes Zeitalter der griechischen Antike zu definieren, die Erwartungen und
Wunschvorstellungen der eigenen Zeit auf eine sehnsuchtsvoll
imaginierte Vergangenheit als Kontrastfolie für die Gegenwart
zu projizieren. Dementsprechend hängt der Begriff des Klassischen, der Goethes Tragödienexperiment wie kaum einem anderen seiner Schauspiele zugeschrieben werden kann, eng mit
dem Rekurs auf die attische Tragödie zusammen. »In Übereinstimmung mit dem Geist der Antike scheint Goethe in der *Iphigenie* einen Begriff von Humanität entwickelt zu haben, der in
der Form der Tragödie seinen gültigen Ausdruck gefunden hat.
Der formale Klassizismus und der humane Gehalt der Tragödie,
die sich beide dem griechischen Vorbild verdanken, verbinden
sich zu einem Dichtungsideal, das unter dem Namen der *Weimarer Klassik* in die Literaturgeschichte eingegangen ist« (Geisenhanslüke 1997, S. 25).
In der Literatur der Klassik wird im Rekurs auf die Antike der
mögliche Ausgleich von Leidenschaften und Vernunft auch für
die Bildungs- und Entwicklungsgeschichte des Einzelnen thematisiert, indem sich die Darstellung auf das Individuum und
dessen grundsätzliche Möglichkeit konzentriert, »human« zu
werden.

Ausgangspunkt des Antike-Diskurses im 18. Jahrhundert ist der
graecophile Humanismus Johann Joachim Winckelmanns
(1717–1768), der – vor allem in seiner Frühschrift *Gedanken*

über die Nachahmung der griechischen Werke in der Malerei und der Bildhauerkunst (1754) sowie in seiner Hauptschrift *Geschichte der Kunst des Altertums* (1764) – das Bild der »edle[n] Einfalt und stille[n] Größe« und damit – trotz der scharfsinnigen Argumente von Lessings *Laokoon* (1766) – erst die Vorbildlichkeit der griechischen Antike für die Moderne prägte. Mit diesen Überlegungen nahmen jene Kunstreligion und jener ästhetische Glauben ihren Anfang, die als Hauptwert nur die Schönheit und ihre Verkörperung unter sinnlichen und sittlichen Aspekten bei den Griechen anerkannten. Offenheit, Wahrhaftigkeit und das Gleichgewicht von Gefühl und Verstand sind die Kennzeichen eines sich im Zeichen der *humanitas* bildenden Menschen. Ansichtig wurde ein Philhellenismus, der als »Ausdruck von für die Gegenwart unverzichtbaren Werten wie etwa Freiheit, Schönheit und Vernunft« (Landfester 1988, S. 2) fungierte, wobei auch nicht die gesamte griechische Antike Berücksichtigung fand; die Rezeption beschränkte sich auf das 5. vorchristliche Jahrhundert, das ›klassische‹ Zeitalter Griechenlands, das mit den Eigenschaften des goldenen Maßes, der Natürlichkeit, der Menschlichkeit, der unmittelbaren Einheit mit sich selbst und der Natur ausgestattet war. Winckelmanns Vorstellung der »Einfalt« korreliert mit der Sehnsucht nach einem glücklichen Urzustand der Menschheit, die noch nicht von der Künstlichkeit der Kultur und dem Fortschritt mit seiner Entfremdung des Menschen angetastet sei. Die Besonderheit der Rezeption Winckelmanns liegt gerade darin, dass sich die Vorbildlichkeit der Antike nicht auf die Sphäre der Kunst beschränkt, sondern auf das Leben insgesamt ausgeweitet wird, indem sie ein Paradigma für eine ganzheitliche Lebenspraxis liefert, die die als schmerzlich empfundene Zerrissenheit der Moderne kompensiert.

Für Johann Gottfried Herder, Friedrich Schiller und Friedrich Schlegel wird die Hochachtung vor den Griechen mit der Einsicht in die grundlegenden Unterschiede zwischen antiker und moderner und damit in die Unwiederholbarkeit der griechischen Kunst einhergehen. Winckelmann hat nicht nur direkt die Idealisierung der griechischen Antike in der klassischen deutschen Literatur begründet, sondern zugleich auch indirekt deren His-

Philhellenismus

torisierung vorbereitet. Dementsprechend bewirkte das sich gegen Ende des 18. Jahrhunderts in den neu entstandenen Altertumswissenschaften ausbildende historische Bewusstsein, das antike Griechenland als zeitbedingte Folge historisch-geographischer Bedingungen zu lesen, eine Infragestellung der Wahrnehmung einer überzeitlich gültigen Antike. Diese Aporie zwischen der erkannten Einzigartigkeit der Griechen und der postulierten Vorbildlichkeit, die zur Nachahmung und Wiederholbarkeit drängt, begegnet bereits am Ende von Winckelmanns *Geschichte der Kunst des Altertums*. Die Moderne erscheint hier,

Überzeitlich gültige Antike?

>»so wie eine Liebste an dem Ufer des Meeres ihren abfahrenden Liebhaber, ohne Hoffnung, ihn wieder zu sehen, mit bethräneten Augen verfolgt und selbst in dem entfernten Segel das Bild des Geliebten zu sehen glaubet. Wir haben, wie die Geliebte, gleichsam nur einen Schattenriß von dem Vorwurfe unserer Wünsche übrig; aber desto größere Sehnsucht nach dem Verlorenen erwecket derselbe, und wir betrachten die Kopien der Urbilder mit größerer Aufmerksamkeit, als wie wir in dem völligen Besitz von diesen nicht würden gethan haben. Es geht uns hier vielmals, wie Leuten, die Gespenster kennen wollen und zu sehen glauben, wo nichts ist: der Name des Altertums ist zum Vorurteil geworden; aber auch dieses Vorurteil ist nicht ohne Nutzen. Man stelle sich allezeit vor, viel zu finden, damit man viel suche, um etwas zu erblicken. Wären die Alten ärmer gewesen, so hätten sie besser von der Kunst geschrieben: wir sind gegen sie wie schlecht abgefundene Erben; aber wir kehren jeden Stein um, und durch Schlüsse von vielen einzelnen gelangen wir wenigstens zu einer mutmaßlichen Versicherung, die lehrreicher werden kann als die uns von den Alten hinterlassenen Nachrichten, die außer einigen Anzeigen von Einsicht, bloß historisch sind. Man muß sich nicht scheuen, die Wahrheit auch zum Nachtheile seiner Achtung zu suchen, und Einige müssen irren, damit viele richtig gehen« (Winckelmann 1965, S. 366 f.).

In dem Bild der Geliebten am Ufer der See, die ihrem in die Ferne entrückten Liebhaber nachschaut, wird die Liebe zur antiken Welt als Moment der Identifizierung und Entfernung zugleich veranschaulicht. Goethe zitiert dieses Denk-Bild im ersten Auftritt seiner *Iphigenie* fast wörtlich, wenn er die Diana-Priesterin »lange Tage [...] an dem Ufer« stehen lässt, »[d]as Land der Griechen mit der Seele suchend« (V. 12); auch hier scheint Griechenland weit entfernt und wie ein Traumland entrückt vor den Augen der Modernen zu liegen sowie einen zeitlosen Gegenpart zu den verworrenen und bedrückenden Zuständen der Gegenwart (Ende des 18. Jahrhunderts bzw. im barbarischen Tauris) zu bilden. Tauris wird von Anfang an als U-Topie (griech. *ou tópos* »kein Ort«) gezeichnet – mit positiver wie negativer Konnotation: Positiv klingt darin die Hoffnung auf eine – im Gegensatz zur schlechten Gegenwart – bessere Welt an; im negativen Sinn wird der Begriff aber auch für ein als unausführbar angesehenes Konzept verwendet. Nach Christa Bürger ermöglicht erst die Autonomie der bürgerlichen Kunst eine Versöhnung mit der schlechten Realität, indem sie den Rezipienten Rückzug und Flucht aus der Wirklichkeit in die (utopische) Welt der idealisierten Fiktionen ermögliche (Bürger 1977). Iphigenies Sehnsucht nach Griechenland wird somit zum Schibboleth der deutschen Klassik, wobei es einer gewissen Ironie nicht entbehrt, dass dieses Vorverständnis der idealen Antike ausgerechnet ein Schauspiel treffen sollte, in dem an die Stelle einer Statue in »edler Einfalt und stiller Größe« als entscheidender Faktor eine denkende, klug handelnde Frau tritt. Somit thematisiert Goethes Schauspiel neben der Utopie der Humanität auch die Geschlechterdifferenzen mit gesellschaftlich bedingten Rollenstrukturen.

Tauris als U-Topie

Auffällig ist zudem, dass Goethes Drama zwischen der Uraufführung der Prosafassung (1779) und der Erstaufführung des (von Schiller bearbeiteten) in Verse umgeschriebenen Schauspiels (1802) von den Zeitgenossen keineswegs als zeitloser Ausdruck klassischer Humanität gedeutet wurde. Bereits die Leser der frühen Prosafassung reagierten jedoch fast ausschließlich, ob mit positiven oder negativen Untertönen, auf das antike Äußere der *Iphigenie*. Lavater begeistert sich in einem Brief an Goethe vom 15.7.1780 für des Dichters »großen altgriechischen Sinn«. Der Schweizer Philosoph und Ästhetiker Johann Jacob Bodmer (1698–1783), Vorbereiter der Empfindsamkeit, bemüht sich in einem Brief vom 25.1.1782 das Griechische hervorzuheben, um es zugleich ausgiebig zu bemängeln:

J. J. Bodmer

»Ich habe ein Manuskript von Goethes Iphigenia in Tauris gesehen, welches ich mehr anstaune als beneide. Man erzählt da in Monologen, die Personen antworten einander in Sentenzen, Iphigenia hört Orestes, der sich ihr entdeckt, mit frommen Betrachtungen und hat die Gewalt über sich, daß sie ihm nicht in die Arme springt. Thoas kömmt in Wut, und wird durch Raisonnements besänftiget. Das dénouement [die Auflösung des dramatischen Konflikts] entsteht durch Raisonnements. Es fehlt überall an Ausführung und Ausbildung. Durchgehends herrscht in dem Stil eine Art von Phöbus [Schwulst], die aufgelöst Dunst oder Falschheit wird« (HA 5, S. 410 f.).

In einem Brief an Christoph Heinrich Myller vom 26. 3. 1782 verstärkt Bodmer sein Unbehagen: »Ich bin unglücklich, [...] daß ich Goethens Iphigenie für schlechter als das schlechteste unter Senecas Trauerspielen halte, denn ich habe sie in Manuskript gelesen. Er tut wohl, daß er sie dem Publico vorenthält« (ebd., S. 411).

A. W. Iffland

August Wilhelm Iffland (1759–1814), Schauspieler, Theaterschriftsteller und Regisseur, nimmt in Goethes Schauspiel lediglich eine »[s]ein sollende Griechische Simplizität« wahr, »die oft in Trivialität ausartet – sonderbare Wortfügung, seltsame Wortschaffung, und statt Erhabenheit oft solche Kälte als die, womit die Ministerialrede beim Bergbau zu Ilmenau geschrieben ist« (ebd., S. 412).

J. Möser

Justus Möser (1720–1794), Historiker, Staatsmann und Schriftsteller mit Einfluss vor allem auf den jungen Goethe, wiederum bedauert in einem Brief an seine Tochter Jenny von Voigts, dass das Stück wegen der »griechischen Sitte, Tugend und Denkungsart« wohl »nur für Kenner sei«:

»Es ist nach meiner Empfindung eine so genaue griechische Sitte, Tugend und Denkungsart drinne, daß ich mich erst einige Zeit wieder in dem alten Griechenlande aufhalten müßte, um den wahren Wert davon zu fühlen und darnach zu urteilen. Die Verbindung des Simpeln und Hohen, des Wahren und Großen, sowohl in den Taten als in den Gedanken, die Herr Goethe so glücklich getroffen hat, habe ich beim Durchlesen mächtig gefühlet, aber ich vermag sie so wenig deutlich zu denken als auszudrücken. [...] Ich zweifle indessen doch, daß die Iphigenie bei der Vorstellung unser deutsches Publikum rühren werde. Dieses ist zu sehr von jenen Zeiten entfernt und durch die französische Zärtlichkeit zu verwöhnt, um sich zu ihr hinaufempfinden zu können« (ebd., S. 411).

Selbst einem intimen Kenner der griechischen Literatur wie Christoph Martin Wieland scheint die fertiggestellte Versfassung »bis zur Täuschung, sogar eines mit den Griechischen Dichtern wohl bekannten Lesers, ein alt griechisches Werk zu sein« (*Teutscher Merkur*, September 1787, S. 123). In seiner Rezension des dritten Bandes von *Goethe's Schriften* in den *Gothaischen gelehrten Zeitungen* vom 20.10.1787 notiert Wieland unter Verwendung der bereits kanonisch gewordenen Termini Winckelmanns:

Ch. M. Wieland

> »So glücklich er uns im Götz von Berlichingen die Menschen schildert, wie sie vor dreihundert Jahren handelten, dachten und fühlten, so wahr und glücklich ist in der Iphigenie die Darstellung der Menschen, wie vor dritthalbtausend Jahren Griechenland sie hervorbrachte. Keine andere, als die Muse, die den Euripides begeisterte, kann unserm Dichter dieses Schauspiel eingegeben haben, das, wenn Euripides es gedichtet hätte, das Meisterstück des Euripides wäre. Welch eine Simplizität, und doch zugleich welch eine Wahrheit und edle Einfalt in den Charakteren und Gesinnungen!« (HA 5, S. 412)

Die Eigenständigkeit Goethes gegenüber den griechischen Dramatikern unterstreicht hingegen der Kritiker Friedrich Jacobs, der bereits Winckelmanns berühmte Formel auf Goethes Schauspiel bezieht:

F. Jacobs

> »Von dem Genie unsers Dichters war es zu erwarten, daß es sich seine eigne Bahn brechen würde. Seine Iphigenie ist keine Nachahmung der Iphigenie des Euripides. Es ist ein eignes Werk, das mit jenem wetteifert, so wie oft jener große Dichter mit Sophokles in demselben Gegenstand wetteiferte. Sie ist das Werk des Geistes, der mit dem Geiste der Alten gerungen und sich ihn zueigen gemacht hat; ein Werk voll Einfalt und stiller Größe, so wie es vielleicht Euripides selbst in unsern

Tagen geschrieben hätte« (*Neue Bibliothek der schönen Wissenschaften und der freyen Künste*, Leipzig 1789).

Die erste Reaktion Friedrich Schillers auf die Veröffentlichung der *Iphigenie* war bestimmt von der »niederschlagenden Empfindung [...], nie etwas Ähnliches hervorbringen zu können« (Schiller an Ridel, 7.7.1788). Im Januar 1789 erscheint in der *Kritischen Übersicht der neuesten schönen Literatur der Deutschen. Zweiten Bandes zweites Stück* (Leipzig 1789) dann seine Rezension von Goethes Schauspiel. Um dessen Um-Schrift besser ins Licht zu setzen, erzählt Schiller zunächst als Folie zum bessern Verständnis umfangreiche Partien aus Euripides' *Iphigenie bei den Taurern* nach, woraufhin eine Nacherzählung der *Iphigenie* Goethes folgen soll; abgeschlossen werden soll die Besprechung durch einen Stellenvergleich Euripides – Goethe, der jedoch leider nie erschien. Deutlich wird in Schillers Text die Geringschätzung der griechischen Tragödie in moralischer Hinsicht, die, indem sie ein abwertendes Grundgefühl erzeugt, eine Tendenz auch zu künstlerischer Minderbewertung nach sich zieht. Bezüglich Orests Monolog im dritten Akt von Goethes Schauspiel kommt Schiller zu folgendem bemerkenswerten Urteil:

»Hätte die neuere Bühne auch nur dieses einzige Bruchstück aufzuweisen, so könnte sie damit über die alte triumphieren. Hier hat das Genie eines Dichters, der die Vergleichung mit keinem alten Tragiker fürchten darf, durch den Fortschritt der sittlichen Kultur und den mildern Geist unsrer Zeiten unterstützt, die feinste edelste Blüte moralischer Verfeinerung mit der schönsten Blüte der Dichtkunst zu vereinigen gewußt und ein Gemälde entworfen, das mit dem entschiedensten Kunstsiege auch den weit schönern Sieg der Gesinnungen verbindet und den Leser mit *der* höheren Art von Wollust durchströmt, an der der ganze Mensch teilnimmt, deren sanfter wohltätiger Nachklang ihn lange noch im Leben begleitet.«

Das aus dem Vergleich des antiken Archetextes mit der modernen Um-Schrift geschöpfte triumphierende Gefühl moralischer Überlegenheit (»Sieg der Gesinnungen«) zieht im Rausch der Siegestrunkenheit im Agon sofort die – argumentativ jedoch nicht entfaltete – Gewissheit künstlerischer Überlegenheit nach sich (»entschiedenster Kunstsieg«). In seiner Rezension wertet Schiller die *Iphigenie* dementsprechend als wahrhaft griechisches Stück, in dem Goethe weit über eine bloße Nachahmung hinausgekommen sei, und kritisiert nur das ungewohnt Antikisierende in Goethes Sprache:

> »Hier sieht man ihn ebenso und noch weit glücklicher mit den griechischen Tragikern ringen, als er in seinem Götz von Berlichingen mit dem britischen Dichter [gemeint ist Shakespeare] gerungen hat. In griechischer Form, deren er sich ganz zu bemächtigen gewußt hat, entwickelt er hier die ganze schöpferische Kraft seines Geistes und läßt die Muster in ihrer eignen Manier hinter sich zurücke. Man kann dieses Stück nicht lesen, ohne sich von einem gewissen Geiste des Altertums angeweht zu fühlen, der für eine bloße, auch die gelungenste Nachahmung viel zu wahr, viel zu lebendig ist. Man findet hier die imponierende große *Ruhe*, die jede Antike so unerreichbar macht, die Würde, den schönen Ernst, auch in den höchsten Ausbrüchen der Leidenschaft – dies allein rückt dieses Produkt aus der gegenwärtigen Epoche hinaus, daß der Dichter gar nicht nötig gehabt hätte, die Illusion noch auf eine andere Art – die fast an Kunstgriffe grenzt – zu suchen, nämlich durch den Geist der Sentenzen, durch eine Überladung des Dialogs mit Epitheten [schmückenden Beiwörtern], durch eine oft mit Fleiß schwerfällig gestellte Wortfolge und dergleichen mehr – die freilich auch an Altertum und oft allzustark an seine Muster erinnern, deren *er* aber um so eher hätte entübrigt sein können, da sie wirklich nichts zur Vortrefflichkeit des Stücks beitragen und ihm ohne Notwendigkeit den Verdacht zuziehen, als wenn er sich mit den Griechen in ihrer ganzen Manier hätte messen wollen.«

Von einem gänzlich anderen Blickwinkel aus wertet Schiller neun Jahre später in einem Brief an Goethe vom 26.12.1797 die *Iphigenie*. Dieser grundsätzliche poetologische Brief entwickelt die Theorie einer notwendigen dialektischen Interdependenz von Tragödie und Epos, d. h. die Idee ihres »wechselseitigen Hinstreben[s] zueinander«, wodurch die Differenz der jeweiligen poetischen »Spezies« zur »Dichtung als Genus« aufgehoben wird. »Die Tragödie in ihrem höchsten Begriffe wird also immer

Schiller 1797

zu dem epischen Charakter *hinauf*streben und wird nur dadurch zur Dichtung. Das epische Gedicht wird ebenso zu dem Drama *herunter*streben und wird nur dadurch den poetischen Gattungsbegriff ganz erfüllen.« In Goethes Epos *Hermann und Dorothea* (1796) sei die Annäherung des Epos an die Tragödie jedoch gescheitert:

>»Für eine Tragödie ist in der Iphigenie ein zu ruhiger Gang, ein zu großer Aufenthalt, die Katastrophe nicht einmal zu rechnen, welche der Tragödie widerspricht. Jede Wirkung, die ich von diesem Stücke teils an mir selbst, teils an andern erfahren, ist generisch poetisch, nicht tragisch gewesen, und so wird es immer sein, wenn eine Tragödie, auf epische Art, verfehlt wird. Aber an Ihrer Iphigenia ist dieses Annähern ans Epische ein Fehler, nach meinem Begriffe; an Ihrem Hermann ist die Hinneigung zur Tragödie offenbar kein Fehler, wenigstens dem Effekte nach ganz und gar nicht.«

Schiller 1802

In einem weiteren Deutungsanlauf – während des Versuchs, Goethes Drama 1802 auf dessen Wunsch hin für die Weimarer Bühne einzurichten – kommt Schillers Urteil anlässlich der Re-Lektüre der *Iphigenie* in seinem Brief an Christian Gottfried Körner (1756–1831), Jurist, Freund und dessen erster Biograph, vom 21.1.1802 dem von 1797 recht nahe. Wiederum vermisst er an Goethes Schauspiel das, »was ein Werk zu einem ächten dramatischen spezifiziert«. In diametralem Gegensatz zu seiner Rezension von 1789 gelangt Schiller nun zu der Erkenntnis, der *Iphigenie* nicht länger einen antiken Charakter zuschreiben zu können:

>»Hier wollen wir im nächsten Monat Goethes Iphigenia aufs Theater bringen; bei diesem Anlaß habe ich sie aufs neue mit Aufmerksamkeit gelesen, weil Goethe die Notwendigkeit fühlt, einiges darin zu verändern. Ich habe mich sehr gewundert, daß sie auf mich den günstigen Eindruck nicht mehr gemacht hat, wie sonst; ob es gleich immer ein seelenvolles Produkt bleibt. Sie ist aber so erstaunlich modern und ungriechisch, daß man nicht begreift, wie es möglich war, sie jemals einem griechischen Stück zu vergleichen. Sie ist ganz nur sittlich; aber die sinnliche Kraft, das Leben, die Bewegung und alles, was ein Werk zu einem ächten dramatischen spe-

zifiziert, geht ihr sehr ab. Goethe hat selbst mir schon längst zweideutig davon gesprochen – aber ich hielt es nur für eine Grille, wo nicht gar für Ziererei; bei näherem Ansehen aber hat es sich mir auch so bewährt« (HA 5, S. 415).

Körner antwortet am 30. 1. 1802:

»Was Du über Goethens Iphigenia schreibst, ist mir aus dem Gang, den Deine eigene poetische Ausbildung genommen hat, sehr begreiflich. Dies Werk von Goethe hat dadurch eben etwas Merkwürdiges, daß es sich *Deiner* frühern Manier nähert. Es fehlt ihm allerdings das Sinnliche, was wir in den Griechen finden, und nach dem Du jetzt strebst. Verstand und Gefühl finden reichen Genuß, aber die Phantasie wird vielleicht nicht befriedigt. Wohl dem Zeitalter, wenn es unsern Dichtern gelingt, mit einem solchen sittlichen und geistigen Gehalt das höchste sinnliche Leben zu verbinden. Opfer von einer oder der andern Art werden wohl unvermeidlich sein, und es möchte immer zweierlei Kunstwerke nebeneinander geben, wo entweder das Griechische oder das Moderne das Übergewicht hätte« (*Briefwechsel zwischen Schiller und Körner*, hg. von Klaus L. Berghahn. München 1973, S. 317).

Ähnlich äußert sich Schiller auch Goethe gegenüber, der rückblickend am 21. 3. 1830 Eckermann berichtet: »Er bewies mir, daß ich selber, wider Willen, romantisch sei und meine *Iphigenie*, durch das Vorwalten der Empfindung, keineswegs so klassisch und im antiken Sinne sei, als man vielleicht glauben möchte.« Diese radikale Umkehr in der Wertung des Dramas verdankt sich Schillers eigener reifer Ästhetik der »lebenden Gestalt«, die Form und Stoff in sich vereinigt, wie jener früheren Attribuierung (›antik‹) die Winckelmann nachgeschriebene Lehre von der antiken Ruhe im Leiden entsprach. Die »Veredelung des Charakters des Menschen« ist für den Schiller der Schrift *Über die ästhetische Erziehung des Menschen* (1795) das wichtigste Ziel der ästhetischen Erziehung. Dabei kann sich der Künstler zwar nicht von seiner Zeit lösen, aber er kann ihr kritisch gegenüberstehen; er kann ihr ideell entfliehen, um sie real zu verändern. Durch das Vor-Bild der Antike wird er von seiner eigenen Zeit unabhängig. Der Künstler soll nach Schiller also nicht aus der Realität entfliehen und etwas erschaffen, das in keiner Bezie-

Schiller 1830

hung zu seiner Schreibgegenwart steht, sondern er soll den Gegenstand seiner Werke, den »Stoff«, von der Gegenwart nehmen, die Form aber »von einer edleren Zeit« (*Ästhetische Erziehung*, Brief 9). Die Kunst orientiert sich also nicht mehr an weltfremden, utopischen Daseinsentwürfen, sondern sie lässt bei aller formalen und teilweise auch inhaltlichen Ferne zur Gegenwart doch einen Bezug zur eigenen Zeit erkennen, denn nur so kann sie Zeitgenossenschaft herstellen und eine bessere Zeit mitgestalten. In dieser Hinsicht zeigen sich die Texte der Weimarer Klassik bestrebt, die Krisen-Erfahrungen und die Dynamik der Umbrüche des Ancien Régime zu verarbeiten und zu gestalten: Der manifesten Unordnung und dem Chaos der Zeit (das durch die Französische Revolution sich noch verstärken sollte) sollte eine neue Ordnung entgegengestellt werden. Damit lässt Schiller in seiner Annahme, dass die in der Klassik idealisierte offene und wahrhaftige Kommunikation auch noch in Zeiten der allgemeinen Verunsicherung und der gesellschaftlichen Konflikte möglich sei, jenes Vertrauen in die Autonomie der Kunst und die ästhetische Erziehung der Menschen erkennen, das um 1800 (etwa in den Texten Heinrich von Kleists) zunehmend brüchig wird.

Gleichzeitig verwehrt Schiller der *Iphigenie* nicht nur, eine den attischen Archetexten vergleichbare Tragödie zu sein, vielmehr scheint er ihr durch die geschichtsphilosophische Unterscheidung von antiker und moderner Dichtung den Charakter des Tragischen überhaupt abzusprechen: An die Stelle der sinnlichen Kraft, die die griechische Tragödie leite und artikuliere, trete in Goethes Schauspiel der sittliche Geist der Moderne. Damit deutet Schiller an, dass Goethe in seinem Drama den tragischen Konflikt ganz in das Innere seiner Figuren (Orest, Iphigenie) verlagert habe. Erstaunlich modern und ungriechisch mute Goethes Schauspiel vor allem deshalb an, weil die griechische Vorstellung von dem durch die Götter verhängten Schicksal durch ein Pathos der Innerlichkeit ersetzt worden sei, das sich zuallererst im Menschen Iphigenie, dann aber auch – durch das Fehlen eines äußeren Waltens der Furien – bei Orest realisiere.

Schillers Theaterfassung hat sich nicht erhalten, dennoch vermittelt ein Brief an Goethe vom 22. 1. 1802 interessante Einbli-

Schillers Theaterauffassung

cke, wie er sich – nach seiner Revision der vormaligen Wertung der *Iphigenie* – die Realisierung des ›epischen‹ Dramas gedacht hat. Schiller sieht nunmehr eine komplexe »moralische Casuistik« am Werk, »das Sittliche« mache geradezu die Handlung aus und verlange in der Aufführung nur so viel vom Sinnlichen, als nötig sei, um das Sittliche ganz darzustellen:

> »Da überhaupt in der Handlung selbst zu viel moralische Kasuistik herrscht, so wird es wohl getan sein, die sittlichen Sprüche selbst und dergleichen Wechselreden etwas einzuschränken. Das Historische und Mythische muß unangetastet bleiben, es ist ein unentbehrliches Gegengewicht des Moralischen, und was zur Phantasie spricht, darf am wenigsten vermindert werden. Orest selbst ist das Bedenklichste im Ganzen; ohne Furien ist kein Orest, und jetzt, da die Ursache seines Zustands nicht in die Sinne fällt, da sie bloß im Gemüt ist, so ist sein Zustand eine zu lange und zu einförmige Qual, ohne Gegenstand; hier ist eine von den Grenzen des alten und neuen Trauerspiels. Möchte Ihnen etwas einfallen, diesem Mangel zu begegnen, was mir freilich bei der jetzigen Ökonomie des Stücks kaum möglich scheint; denn was ohne Götter und Geister daraus zu machen war, das ist schon geschehen. Auf jeden Fall aber empfehl ich Ihnen die Orestischen Szenen zu verkürzen. Ferner gebe ich Ihnen zu bedenken, ob es nicht ratsam sein möchte, zur Belebung des dramatischen Interesse, sich des Thoas und seiner Taurier, die sich zwei ganze Akte durch nicht rühren, etwas früher zu erinnern und beide Aktionen, davon die eine jetzt zu lange ruht, in gleichem Feuer zu erhalten. Man hört jetzt zwar im zweiten und dritten Akt von der Gefahr des Orest und des Pylades, aber man sieht nichts davon, es ist nichts Sinnliches vorhanden, wodurch die drangvolle Situation zur Erscheinung käme. Nach meinem Gefühle müßte in den zwei Akten, die sich jetzt nur mit Iphigenien und dem Bruder beschäftigen, noch ein Motiv ad extra eingemischt werden, damit auch die äußere Handlung stetig bliebe und die nachherige Erscheinung des Arkas mehr vorbereitet würde. Denn so wie er jetzt kommt, hat man ihn fast ganz aus dem Geschehen verloren. Es gehört nun freilich zu dem eigenen Charakter dieses Stücks, daß dasjenige, was man

eigentlich Handlung nennt, hinter den Kulissen vorgeht, und das Sittliche, was im Herzen vorgeht, die Gesinnung, darin zur Handlung gemacht ist und gleichsam vor die Augen gebracht wird. Dieser Geist des Stücks muß erhalten werden, und das Sinnliche muß immer dem Sittlichen nachstehen; aber ich verlange auch nur so viel von jenem, als nötig ist um dieses ganz darzustellen. Iphigenia hat mich übrigens, da ich sie jetzt wieder las, tief gerührt, wiewohl ich nicht leugnen will, daß etwas Stoffartiges dabei mit unterlaufen mochte. *Seele* möchte ich es nennen, was den eigentlichen Vorzug davon ausmacht.«

Schiller übersieht jedoch, dass die Verinnerlichung, die Psychologisierung der Torturen Orests schon bei Euripides angelegt ist. Auch in dessen Tragödie *Iphigenie bei den Taurern* kommt den Erinnyen keine physische Präsenz zu; vielmehr werden sie als bloße Imaginationen Orests gekennzeichnet, wenn ein Hirte Iphigenie berichtet: »Doch wir sahen nichts / Von den Gestalten, sondern jener hielt / Der Rinder Brüllen und das Hundsgekläff / In seinem Wahn für der Erinnyen Schrei« (V. 291–294). Einen radikalen Bruch Goethes mit den antiken Archetexten muss man, an dieser Stelle zumindest, nicht konstatieren. Sein Text ist – bei aller Verehrung des Altertums – gewissermaßen ›modern‹, da ist Schiller beizupflichten, aber Euripides war beileibe nicht derart ›unmodern‹, wie Schiller es hier indirekt suggeriert – genau dies wird Euripides später von dem Altphilologen und Philosophen Friedrich Nietzsche in seiner Schrift *Die Geburt der Tragödie aus dem Geiste der Musik* (1872) vorgehalten werden, wenn der ihn ob seiner ›rationalistischen Methode‹ als Frevler, als Totengräber der attischen Tragödie brandmarkt.

A. W. Schlegel August Wilhelm Schlegel (1767–1845), Theoretiker und Dichter der Frühromantik, kommt in den 1809–11 veröffentlichten *Vorlesungen über dramatische Kunst und Litteratur* (1808) zu einem ähnlichen Ergebnis:

> »Überhaupt war es Goethen vor Allem darum zu tun, seinen Genius in seinen Werken auszusprechen, und neue poetische Lebensregung in die Zeit zu bringen; die Form galt ihm dabei gleich, wiewohl er meistens die dramatische vorzog. [...] Späterhin suchte er eine Ausgleichung zwischen seinen Kunstab-

sichten, und den üblichen dramatischen Formen, auch den untergeordneten, zu finden, die er fast sämtlich mit einzelnen Versuchen durchgegangen hat. In seiner Iphigenia drückte er den Geist der antiken Tragödie aus, wie er ihn besonders von Seiten der Ruhe, Klarheit und Idealität gefaßt hatte. [...] Man muß wohl eingestehen, daß Goethe zwar unendlich viel dramatisches, aber nicht eben so viel theatralisches Talent besitzt. Ihm ist es weit mehr um die zarte Entfaltung als um rasche äußre Bewegung zu tun; selbst die milde Grazie seines harmonischen Geistes hielt ihn davon ab, die starke demagogische Wirkung zu suchen. Iphigenia auf Tauris ist zwar dem griechischen Geiste verwandter, als vielleicht irgend ein vor ihr gedichtetes Werk der Neueren, aber es ist nicht sowohl eine antike Tragödie, als Widerschein derselben, Nachgesang: die gewaltsamen Katastrophen jener stehen hier nur in der Ferne als Erinnerung, und Alles löst sich leise im Innern der Gemüter auf« (*Ueber dramatische Kunst und Litteratur. Vorlesungen von A. W. von S.* Heidelberg ²1817, Tl. 3, S. 398 bis 403).

Auch der mit Goethe über ästhetische Fragen im Austausch stehende Karl Wilhelm Solger (1780–1819), Kunsttheoretiker der Romantik, weist in einer 1819 erschienenen Besprechung auf die Ambivalenz der möglichen Wertung hin:

K. W. Solger

> »Bei der *Iphigenia* sollte man nicht das Vorurtheil unterstützen, daß ihr Charakter so ganz griechisch sey, wenngleich der Verfasser sie nur einen Nachhall der griechischen Tragödie nennt. Ihr eigenthümliches und ohne Zweifel höchst preiswürdiges Verdienst findet Rec[ensent] in dem, was gerade recht modern ist, in den inneren Beziehungen der Gemüther zu einander, und der sich von selbst blos durch diese Charakterverhältnisse einstellenden Auflösung« (Karl Wilhelm Ferdinand Solger, *Nachgelassene Schriften und Briefwechsel*, hg. von Ludwig Tieck und Friedrich von Raumer. Faksimile-Druck nach der Ausgabe von 1826, hg. von Herbert Anton. Heidelberg 1973, Bd. 2, S. 615).

Einen solchen Wandel im Verständnis der *Iphigenie*, wie sie bei Schiller zu beobachten ist, haben andere Rezensenten nicht mitgemacht. In seinen Vorlesungen zur Ästhetik erörtert Georg

Wilhelm Friedrich Hegel (1770–1831) den grundlegenden Unterschied zwischen antiker und neuer Literatur und Kunst, indem er hervorhebt, dass die Figuren in der antiken Literatur eher
unfrei einer »äußerliche[n] Göttermaschinerie« folgen und somit kaum als individuelle Subjekte dargestellt würden. Erst in
der Moderne, also in der Literatur am Ende des 18. und zu Beginn des 19. Jahrhunderts, werde das von Göttern bestimmte
Handeln der Menschen in freie Subjektivität und damit sittliche
Schönheit verwandelt. Als kontrastive Beispiele nennt Hegel die
Iphigenie-Dramen von Euripides und Goethe und behauptet in
seiner Kritik an der antiken Lösung des tragischen Knotens
durch die ›dea ex machina‹ sogar, dass Goethes Bearbeitung der
Iphigenie die griechische durch die »Umwandlung solcher bloß
äußerlichen Göttermaschinerie in Subjectives, in Freiheit und
Sittlichkeit« übertreffe, und lässt Iphigenie – fast folgerichtig –
selbst »zur Göttin« werden (Georg Wilhelm Friedrich Hegel,
Vorlesungen über Ästhetik, hg. von Friedrich Bassenge. Berlin
[o.J.], S. 225–227).

Ludwig Tieck (1773–1853) kommt 1828 in seiner Schrift *Göthe
und seine Zeit* zu folgendem Ergebnis:
> »Wollten wir die Schönheit des Gemüthes einem zeigen, der
> sie noch nie geschaut hat, so dürften wir ihm nur die Iphigenie
> nennen. Was dieses Gedicht so hoch stellt und mit süßem Reiz
> durchdringt, ist eben, daß es nicht griechisch, sondern ganz
> deutsch und Goethisch ist. Der Anklang der Vorzeit, die My-
> the und das Fremde ist eben nur benutzt, um das Eigenthüm-
> liche zu geben. Eine Nation, die ein solches Werk wahrhaft
> fühlt, ohne Heuchelei und ohne der Mode zu folgen, braucht
> nicht geringe von sich zu denken. Indem das Werk ganz auf
> dem Gemüthe ruht, Entschluß und Entwickelung aus diesem
> hervorgeht und ein Unsichtbares darstellt, das gleichsam aller
> That und Handlung entgegengesetzt ist, so ist es eben durch
> seine größte Schönheit undramatisch, wenn auch manche
> Scenen von dramatischer Wirkung sind« (Ludwig Tieck, *Kri-
> tische Schriften*. 4 Bde. Leipzig 1848–52. Nachdr. Berlin/
> New York 1974, Bd. 2, S. 213).

Dass das Ideal statuarischer Perfektion von nachhaltiger Wirkung war, belegt das berühmte Gemälde Anselm Feuerbachs aus

dem Jahr 1871, das Iphigenie – in Winckelmann'scher Tradition – am Meeresrand »das Land der Griechen mit der Seele suchend« (V. 12) zeigt und der dichterischen Sehnsucht eine visuell
geradezu monumentale Form gegeben hat.

Im Zuge der Klassikerverehrung, die schon früh im 19. Jahrhundert einsetzt und vor allem nach der Reichsgründung 1871
ihren Höhepunkt erlebt, erhält dann gerade Goethes *Iphigenie*
(neben dem Versepos *Hermann und Dorothea*) kanonischen
Rang als Ausdruck von Humanität und sittlicher Freiheit, als
Zeugnis der griechisch-deutschen Seelenverwandtschaft und der
letztlichen Überlegenheit des (modernen) deutschen Geistes.
Auch wenn sich vereinzelt Stimmen einmischen, die statt von
klassischer Humanität von Elementen eines »christlichen Charakters« sprechen (so Kuno Fischer im ersten Band seiner *Goe-
the-Schriften*, Heidelberg 1890, S. 19 f.) oder gar den Terminus
des »Seelendramas« bemühen, in dem das »seit der Reformation
und dem Pietismus so stark nach innen gezogene« Deutschland
»seine Eigentümlichkeit zur Geltung« gebracht habe (so Wilhelm Scherer 1883 in seiner *Geschichte der deutschen Literatur*,
Berlin ^{10}1905, S. 539), so ist die nationalistische Grundierung
deutlich wahrnehmbar, etwa wenn Wilhelm Dilthey 1878 es für $\qquad$ W. Dilthey
»kein nationales Vorurteil« halte, wenn man erkläre, dass »ge- 1878
rade Goethe in dem gegenwärtigen Augenblick noch nur von
den Deutschen verstanden werden« könne (zit. nach Mandelkow, Teil III, S. 92). Drei Jahre später gelangt man zu der Erkenntnis, Iphigenies sittliche Tat könne »nur eine deutsche Tat
sein, weil nur in Deutschland die Selbstüberwindung, wie sie
hier sühnend und reinigend geübt wird, möglich erscheint« (zit.
nach Jauß 1975, S. 397). In ähnlicher Weise feiert auch Friedrich $\qquad$ F. Gundolf
Gundolf das Stück als das »Evangelium der deutschen Huma- 1916
nität schlechthin« (vgl. Gundolf 1916, S. 307); eine verklärende
Betrachtungsweise setzt sich entschieden durch, die Goethes
Schauspiel zum Mythos der reinen deutschen Innerlichkeit und
zum hymnischen ›Hohelied der Menschlichkeit‹ erklärt und dabei nicht davor zurückschreckt, das geistige Moment des Dramas durch politische Umdeutungen zu vereinnahmen.
Im Sog des völkischen Irrationalismus wird im Goethe-Festjahr $\qquad$ Goethe-Fest-
1932 unumwunden als »der eigentliche Inhalt« der *Iphigenie* jahr 1932

»die Lebensverbundenheit der großen und reinen Seele mit ihrem Volk [...] jenseits der Macht- und Staatspolitik im biologischen Sinn« erklärt (Kolbenheyer). Auch wenn hier eine Ideologie ansichtig wird, die bereits im Folgejahr zur Macht kommen sollte, so handelt es sich bei der Äußerung Kolbenheyers um den (letztlich erfolglosen) Versuch, den klassischen Weltbürger Goethe vor der Ablehnung zu retten, die während der Herrschaft des Nationalsozialismus zur Regel werden sollte. Entsprechend düster gerät auch Gerhart Hauptmanns Gestaltung einer Anti-Iphigenie in seiner zwischen 1940 und 1945 entstandenen *Atriden-Tetralogie*, deren beide auf dem Höhepunkt von Zweitem Weltkrieg und nationalsozialistischer Barbarei verfasste monumentale Iphigenie-Dramen mit ihrer Verwandlung der Friedensstifterin in eine blutrünstige, zur humanen Versöhnung unfähige, am Ende in ungebrochenem Fanatismus Selbstmord begehende Unterweltspriesterin auf nichts Geringeres abzielen als auf die programmatische Revision des Humanismus à la Weimar im Lichte der geschichtlichen Erfahrungen des 20. Jahrhunderts.

G. Hauptmann
1940–45

In ihrer 200-jährigen Wirkungsgeschichte hat Goethes *Iphigenie auf Tauris* fasziniert und irritiert, und das nicht nur wegen ihrer betörenden Jambenmusik, ihrer sprachlichen und formalen Perfektion, ihres tiefen philosophischen Gehalts, sondern ebenso wegen des zum Widerspruch, zur Gegen-Schrift reizenden sublimen Spiels von der Überwindung der Tragödie im Medium humaner Selbst- und Fremdverständigung: »Der Verdacht, das taurische Hohelied der Humanität sei am Ende vielleicht eine Spur zu schön, um ganz wahr zu sein, ließ sich kaum je aus der Welt schaffen, und der Unterton von Zweifel und melancholischem Zögern in Thoas' gepresstem (vielleicht gar durch Iphigenies Charisma und bezwingende Überberedsamkeit *er*presstem) ›Lebt wohl!‹ ist über die Jahrzehnte und Jahrhunderte wohl eher vernehmlicher geworden« (Frick 2008, S. 146).

Aspekte der Deutung

Die Wirkungsgeschichte von Goethes *Iphigenie auf Tauris* weist unterschiedliche Interpretationsansätze und Kontroversen um eine angemessene Lesart des Schauspiels auf. Während im 19. Jahrhundert vor allem die Frage diskutiert wurde, inwiefern Goethe in seiner bewussten Stilisierung tatsächlich an die griechische Antike anknüpfen konnte, wurden im Laufe der zweiten Hälfte des 20. Jahrhunderts vor allem die Klassizität des Dramas sowie die inneren Widersprüche der Darstellung thematisiert und der Begriff der Versöhnung neu akzentuiert. Dabei rückte nicht nur die Frage nach dem Gehalt des Schauspiels im Spannungsfeld zwischen Nachahmung der antiken Muster und Ausdruck reiner Humanität in den Blick der Rezipienten, sondern auch der Umstand, dass Goethes *Iphigenie* und das dort dargestellte Geschehen sich zwischen Konstruktion und Dekonstruktion von Humanität bewegen.

Der Unterschied zwischen der antiken und der modernen Tragödie scheint darin zu liegen, dass in Goethes Schauspiel der (seiner selbst bewusste und souverän agierende) Mensch Iphigenie die Versöhnung herbeiführt, während bei Euripides die Götter für die Auflösung des tragischen Konflikts verantwortlich zeichnen. Aus diesem Grund entspricht das Ende von Goethes Drama keineswegs einem klassischen Tragödienschluss, da Iphigenies Eingezwängtsein zwischen sittlichem Anspruch und praktischer Lebensmöglichkeit nicht bis zur finalen Katastrophe vorangetrieben, sondern durch die »unerhörte Tat« zugunsten menschlicher Entsühnung, Bewährung und Freiheit überwunden wird. Unterschied zwischen antiker u. moderner Tragödie

Die Deutung der *Iphigenie* als ›verhinderte Tragödie‹ führen Interpreten von Goethes Schauspiel immer wieder mit der philosophischen Tradition der Aufklärung, primär mit Immanuel Kants Idee der Autonomie des Menschen, eng. Dessen vielzitierte Definition erschien 1784 als »Beantwortung der Frage: Was ist Aufklärung?« in der *Berlinischen Monatsschrift*: ›Verhinderte Tragödie‹

> »Aufklärung ist der Ausgang des Menschen aus seiner selbst verschuldeten Unmündigkeit. Unmündigkeit ist das Unver-

mögen, sich seines Verstandes ohne Leitung eines anderen zu bedienen. Selbstverschuldet ist diese Unmündigkeit, wenn die Ursache derselben nicht am Mangel des Verstandes, sondern der Entscheidung und des Mutes liegt, sich seiner ohne Leitung eines anderen zu bedienen. Sapere aude! Habe Mut, dich deines eigenen Verstandes zu bedienen! ist also der Wahlspruch der Aufklärung« (Kant 1983, Bd. VI, S. 53).

Unmündigkeit, Unfreiheit, nicht zuletzt, als deren Spielarten, Aberglaube und Trägheit des Menschen gilt es nach Kant durch die Ermächtigung der jedem gegebenen Verstandesfertigkeiten zu vertreiben. Das Wagnis des Einzelnen, sich seiner rationalen Geisteskräfte zu bedienen (›Sapere aude!‹), vermag zur Freiheit der Selbstbestimmung zu führen, die einzig dort entspringt, wo das Individuum auf die ihm zugestandenen intellektuellen Möglichkeiten zurückgreift und über sich und sein Geschick souverän entscheidet. Während Kants Verhältnis zur politischen Gewalt zumindest zwiespältig blieb – der absolutistische Herrschaftsanspruch Friedrichs des Großen schien ihm mit den Prinzipien der Aufklärung vereinbar zu sein –, realisiert Goethe das Prinzip der Aufklärung in kompromissloser Form, indem er Iphigenie sich von allen religiösen und politischen Bindungen der Vergangenheit und Gegenwart lösen lässt, um am Ende in Übereinstimmung mit dem sukzessive entwickelten Ideal der Wahrheit und Menschlichkeit zu einer selbst bestimmten Lösung zu gelangen. Gegen den politischen Herrscher Thoas wie auch gegen die Instanz der Götter orientiert sich Iphigenie an den die philosophische Aufklärung des 18. Jahrhunderts bestimmenden Prinzipien der Freiheit und Humanität.

In den aus der grundsätzlichen Aporie der Um-Schrift einer antiken Tragödie in modernem Gewand sich ergebenden Prozess der ›Dialektik der Aufklärung‹ schreibt sich die *Iphigenie* ferner dadurch ein, dass sie die philosophische Frage nach der Freiheit des Menschen in einem Zusammenhang mit der tragischen Verstricktheit in Schuld stellt. Geisenhanslüke unterstreicht in diesem Zusammenhang, dass Goethes Schauspiel – in der Berufung auf »die Stimme der Wahrheit und der Menschlichkeit, die Atreus, / Der Grieche nicht vernahm« (V. 1937 f.) –
»keinem zeitlos gültigen Begriff von Humanität verhaftet

A. Geisen-
hanslüke

[ist], sondern einem in der Aufklärung verwurzelten Bild des Menschen, das nach autonomen, von religiösen und politischen Gewalten unabhängigen Möglichkeiten des Handelns fragt. Im Vergleich zum religiösen Gehalt der griechischen Tragödie erklärt sich die Klassizität der *Iphigenie* gerade aus der Emanzipation von Religion und Politik zugunsten eines Begriffes der menschlichen Selbstbestimmtheit, der in Übereinstimmung mit den Idealen der philosophischen Aufklärung steht. Ist die *Iphigenie* in ihrer langen Rezeptionsgeschichte immer wieder als Ausdruck eines einseitig an dem Vorbild der Griechen orientierten Menschenbildes gedeutet worden, so ergibt sich der spezifisch moderne Geist, den Schiller dem Drama zu Recht unterstellt hat, erst aus der geschichtlichen Spannung von antik-klassischer Form und modern-aufklärerischem Gehalt« (Geisenhanslüke 1997, S. 27 f.).

Mit ähnlichen Implikationen unterstrich bereits Arthur Henkel in seinem Vortrag »Die verteufelt humane Iphigenie« die inneren Widersprüche des Humanitätsbegriffs und vollzog damit eine deutliche Abgrenzung von der klassizistisch verklärenden Deutung des Dramas, indem er die Humanität Iphigenies ebenso wie den Zwang zur Erledigung des Mythischen thematisierte:

> »Goethe scheint auf einen Appell aus. Er wagt, wenn es nicht zu vermessen klingt, das positive Ärgernis. Wenn er einigen guten Menschen, deren Güte er vertraut, den guten Menschen von Tauris zeigt, so will er offenbar mit seinem Drama die in die Krisis geführte, aber diesmal glorreich bestätigte Möglichkeit vor Augen bringen: trotz allem gut zu sein in einer äußersten Lage, in einer ichsüchtigen, wahnverblendeten Welt. [...] Nun hat Goethe freilich, indem er in Iphigenie die *Stimme der Wahrheit und Menschlichkeit* erheben und siegen läßt, und ebenso mit dem Motiv, daß der Muttermörder Orest entsühnt wird, nicht eigentlich etwas Neues erfunden. Das zeigt der Blick auf die lange Geschichte der dramatischen Behandlung des Iphigenienstoffes. Man darf sagen, daß schon Euripides mit seinen beiden Iphigeniendramen den Mythos humanisierte.«

Henkel verdeutlicht, dass Iphigenie über die vielfach ihr zugeschriebene Menschlichkeit und Wahrhaftigkeit nicht wie einen statischen Besitz verfügt, sondern sich diese gegen die Verstrickung in den Tantaliden-Fluch erst erarbeiten muss. Deshalb kann ihre Offenlegung der Intrige als Appell und Provokation zugleich gelesen werden: Appell an das Humane im Menschen und Provokation im Glauben an dieses Humane. Nach Henkel ist Wahrheit nichts Gegebenes; sie muss in einem Prozess der direkten Begegnung mit der Unwahrheit erstritten werden. Nach Henkel ist

> »[f]ür die moderne Iphigenie der antike Gedanke des Götterzwistes, dessen Schauplatz im Willen des Menschen liegt, der – wie er sich auch entscheidet – schuldig wird (wie Ödipus), unvollziehbar. Ihre Gebete preisen immer wieder die Götter dafür, daß sie es gut mit den Menschen meinen. [...] Iphigenie bittet die Götter, den Ermöglichungsgrund für den Glauben an sie zu stiften. So versteht sich die moderne Iphigenie nicht mehr schaudernd als den Kampfplatz numinoser Mächte, sondern als Partnerin der Götter. [...] Zugleich aber wird, wie mir scheint, erneut die fraglose Geltung des Mythos verabschiedet. Die mythische Bezeichnung des Glaubensgrundes zwingt den Menschen, sich tragisch zu verstehen. Orests Vision und das Parzenlied zeigen die gleiche Struktur: Rückgang in den Ursprung. Sie erheben damit den radikalen Zweifel daran, ob die Götter, wie der Mythos sie darstellt, wirklich gut und gerecht sind. Iphigenie entmythologisiert die Basis ihres Glaubens« (Henkel 1965, S. 1 ff.).

Th. W. Adorno

Theodor W. Adorno versuchte, durchaus in Fortsetzung dessen, was Henkel begonnen hat, Goethes Schauspiel in den – gemeinsam mit Max Horkheimer untersuchten – Prozess der ›Dialektik der Aufklärung‹ (Horkheimer/Adorno 1988) einzubinden, der zufolge Aufklärung selbst dem mythischen Zwang völliger Naturbeherrschung und technischer Rationalität erliegt und Selbsterhaltung das durchgängige »Prinzip der blinden Herrschaft« in Natur und Gesellschaft ist, das sich schließlich in der Absolutsetzung technischer, instrumentell gewordener Rationalität verkörpert. Wahrheit und Humanität werden nach Ansicht Adornos nicht als gegebene Errungenschaften der zivilisierten Griechen dargestellt und für alle Zeiten festgeschrieben, sondern müssen sich in der Auseinandersetzung mit dem Barbarischen, das auch in der scheinbar humanen Zivilisation präsent ist, immer wieder aufs Neue beweisen.

In Goethes *Iphigenie* erfahre – so Adorno – die Unterdrückung der Natur durch die Vernunft in der abendländischen Geschichte eine Kritik, die schließlich den Umschlag von Aufklärung in den Mythos prophezeie. Im Zusammenstoß der Taurer mit den Griechen stehen sich mythische Unmündigkeit und aufgeklärte Mündigkeit gegenüber. Der zentrale Gedanke in Goethes Drama sei die Durchsetzung aufgeklärter Humanität gegen archaisch-mythische Befangenheit, wobei die Doppelbödigkeit aufklärerischer Bemühung deutlich werde. Aufklärung, indem sie mit Mitteln der Sprache und der Vernunft dem Barbaren Humanität abzwinge, erringe damit einen zweifelhaften Sieg über den Mythos, zumal sich die Griechen selbst nicht entlang ihres ethischen Diskurses bewegten. Die Gewalt der rationalen Logik, die ihr zum Sieg verhelfe, lasse Aufklärung in ein mythisches Muster zurückfallen: das des gewaltsamen Sieges. Adorno überträgt diese grundlegende Skepsis gegen die aufgeklärte Durchsetzung von Humanität mit allen Mitteln auch auf die Ebene der klassizistischen Formgebung des Dramas:

»Sein Klassizismus archaisiert nicht. Das spezifisch Antikische der Iphigenie, das rückblickend der alternde Goethe überschätzen mochte, bringt eher ein Potential seines dichterischen Ingeniums zutage, als daß er, wie Schiller, in den Fundus gegriffen hätte. Fürchtete man nicht die Paradoxie, so ließe wohl sich verteidigen, das eigentlich Antike des klassizistischen Goethe, das mythische Element, sei kein anderes als das chaotische seiner Jugend. Vermöge seiner Objektivation wird es gleichsam in die Vorwelt zurückgesiedelt, nicht zur Fassade ewiger Gegenwart aufgeputzt. Eben weil Goethe nicht archaisiert, fällt seiner Dichtung ein Archaisches zu. Umsonst nicht verlegt er sein griechisches Drama, anstatt in attisch-klassische Verhältnisse, in ältere, exterritoriale. [...] Die Antinomie in der Iphigenie [...] verlagert sich auf den Zusammenprall zweier Völker aus zwei Weltaltern. Zivilisation, die Phase des mündigen Subjekts, überflügelt die mythischer Unmündigkeit, um dadurch schuldig an dieser zu

werden und in den mythischen Schuldzusammenhang hinein-
zugeraten. Zu sich selbst, und zur Versöhnung, gelangt sie
nur, indem sie sich negiert, durchs Geständnis, das die kluge
Griechin dem humanen Barbarenkönig ablegt. Es gibt den
selbsterhaltenden Geist ihrer Zivilisationsgenossen preis.
Auch um solcher Dialektik willen ist die Humanität der Iphigenie verteufelt; human wird sie erst in dem Augenblick, in
dem Humanität nicht länger auf sich und ihrem höheren
Recht beharrt« (Adorno 1974, S. 495 ff.).

Autonomie
des Willens als
universales
Prinzip
Mit ihrer rhetorischen Frage »Hat denn zur unerhörten Tat der
Mann / Allein das Recht?« (V. 1892 f.) beruft sich Iphigenie auf
die Freiheit des Willens als universales Prinzip, das jedem Menschen zukommt. Wie Adorno unterstreicht, stellt sie damit in
Übereinstimmung mit Kants *Kritik der praktischen Vernunft* die
Autonomie des Willens in den Vordergrund des menschlichen
Handelns: »Wahrheit und Menschlichkeit, gehorsam dem kate-
gorischen Imperativ der damals noch ungeschriebenen Kritik
der praktischen Vernunft, desavouiert aus Freiheit, aus Autonomie ihr eigenes Interesse, das des Betrugs bedarf und damit
den mythischen Schuldzusammenhang wiederholt« (Adorno
1974, S. 509). Mit der Gegenüberstellung von (individueller)
Freiheit und (kollektiver) Schuld hebt Adorno den wesentlichen
Kontext heraus, der Iphigenies Entscheidung bestimmt: Nicht
vom Orakel der Götter oder der List des Pylades lässt sie sich
bestimmen, sondern von ihrem Willen, dem mythischen Fluchzusammenhang der Vergangenheit den freien menschlichen Willen als das einzige Richtmaß der Ethik entgegenzusetzen. Damit
verpflichtet sie sich den Idealen der Aufklärung und der Idee der
Autonomie des Willens, die Kants Ethik als das oberste Prinzip
der Sittlichkeit verstanden hat: »Autonomie des Willens ist die
Beschaffenheit des Willens, dadurch dasselbe ihm selbst (unabhängig von aller Beschaffenheit der Gegenstände des Wollens)
ein Gesetz ist. Das Prinzip der Autonomie ist also: nicht anders
zu wählen, als so, daß die Maximen seiner Wahl in demselben
Wollen zugleich als ein allgemeines Gesetz mit begriffen sein«
(Kant 1983, Bd. VII, S. 74). Gegenüber Thoas insistiert Iphigenie
auf der freien Willensentscheidung als einem Prinzip, das kei-
nerlei Zwängen unterworfen ist, sondern sich selbst Gesetz ist.

Kants Definition zufolge ist es der Wille selbst, der das Prinzip der Freiheit ermöglicht und als allgemeines Gesetz formuliert; er folgert daher, dass die Freiheit des Willens nicht nur den einzelnen Menschen, sondern jedes vernünftige Wesen betrifft: »Es ist nicht genug, daß wir unseren Willen, es sei aus welchem Grunde, Freiheit zuschreiben, wenn wir nicht ebendieselbe auch allen vernünftigen Wesen beizulegen hinreichenden Grund haben. Denn da Sittlichkeit für uns bloß als für vernünftige Wesen zum Gesetz dient, so muß sie auch für alle vernünftigen Wesen gelten« (ebd., S. 82).

Thoas' Autonomie

Im Sinne einer allen Menschen – Griechen wie Barbaren – eigenen Autonomie fordert die Diana-Priesterin in Goethes Schauspiel von Thoas die gleiche Einsicht in die prinzipielle Freiheit des Willens, die ihr eigenes Handeln bestimmt. Er selbst kann entscheiden, ob er den Opferdienst behält oder endgültig beseitigt und damit das Prinzip der Menschlichkeit verwirklicht, auf das sich Iphigenie beruft. In seiner Antwort greift Thoas wie selbstverständlich auf die von Iphigenie entfaltete *conditio humana* zurück, indem er der Priesterin eine Frage stellt, die in ironischer Zuspitzung den Gegensatz von Griechen und Barbaren zum Ausgang nimmt, um ihn gleichsam zu dekonstruieren: »Du glaubst, es höre / Der rohe Skythe, der Barbar, die Stimme / der Wahrheit und der Menschlichkeit, die Atreus, / Der Grieche nicht vernahm?« (V. 1937 f.) Das Wechselgespräch zwischen Iphigenie und Thoas gipfelt in dem beide Gesprächspartner umgreifenden klassischen Ideal der Humanität, in dem der universale Anspruch der Menschlichkeit die Unterschiede von Griechen und Barbaren beseitigt: »Es hört sie jeder, / Geboren unter jedem Himmel, dem / Des Lebens Quelle durch den Busen rein / Und ungehindert fließt.« (V. 1939 ff.) Nicht als Privileg Iphigenies (oder der Griechen) erscheint die Einsicht in das Gute, sondern als Möglichkeit, die *jedem* Menschen offensteht, sofern er sich der Stimme des Herzens und der Vernunft anvertraut. Damit historisiere Goethe, so Adorno, die beiden Kulturdiskurse und zeige, wie aufgeklärtes Denken, das von mündigen Subjekten ausgeht, dialektisch in unaufgeklärtes Handeln umschlage, das andere zu unmündigen Objekten, zu Opfern des zivilisatorischen Prozesses mache. Diesem Widerspruch entgehe auch die *Iphigenie auf Tauris* nicht:

»Das Gefühl einer Ungerechtigkeit, die darum dem Schauspiel zum Schaden gereicht, weil es objektiv, der Idee nach beansprucht, mit Humanität realisiere sich Gerechtigkeit, rührt daher, daß Thoas, der Barbar, mehr gibt als die Griechen, die ihm, mit Einverständnis der Dichtung, human überlegen sich dünken. [...] Er [Thoas] darf [...] an der höchsten Humanität nicht teilhaben, verurteilt, deren Objekt zu bleiben, während er als ihr Subjekt handelte« (Adorno 1974, S. 508 f.).

Damit zeigt sich nach Adornos Verständnis des Dramas die Dialektik der Aufklärung, die in der Verbreitung und kommunikativen Vermittlung vernünftiger Mündigkeit auf Mittel der (körperlichen oder rhetorischen) Gewalt zurückgreift und die Aufzuklärenden zu ihren (unmündigen) Objekten macht.

Achim Geisenhanslüke unterstreicht in diesem Zusammenhang, dass Iphigenies Selbstdisziplinierung durch die Errichtung eines Wahrheitsdispositivs zu verstehen sei, das sich in der Antike durchgesetzt habe, im Platonismus des 18. Jahrhunderts seine Wiederauferstehung feiere und als Ideal einer sozialen Gemeinschaft gedeutet werden müsse, in der sich niemand zu verstellen habe, weil er von den anderen keinen Betrug befürchten müsse. Gleichzeitig verweist Geisenhanslüke jedoch auf »die Abhängigkeit der naturgebundenen Sprache der Aufrichtigkeit von einer rhetorischen Kunst der Verstellung«:

»Nicht anders als die von ihr zurückgewiesene List [des Pylades] verdankt sich Iphigenies Rede der persuasiven Kraft der Rhetorik. Iphigenie will überzeugen, ja sie will überreden: Sie entwaffnet Thoas mit allen Mitteln, die ihr zu Gebote stehen: dem Pathos der Empfindung und dem Versprechen, wenn schon nicht ihr Gatte, so doch Teil einer idealen Herzensgemeinschaft zu sein. Die rhetorische Sprache des Körpers löst sie durch die scheinbar ganz der Wahrheit verpflichtete Sprache des Herzens ab. [...] Iphigenies Aufrichtigkeit, das kluge Zurückweisen der rhetorischen Kunst der Verstellung, ist aber letztlich selbst eine wohl kalkulierte Form der Eloquenz, die den Gesprächspartner gerade durch die Offenlegung ihrer wahrheitsstiftenden Kraft überwältigt und damit ihren Zweck erreicht. In diesem Sinne ist Iphigenies unerhörte Tat selbst eine List der Vernunft, unter deren erhabenem Pathos der Widerstand des Skythenkönigs zusammenbricht« (Geisenhanslüke 2008, S. 105).

Kritisch ergänzt wurde Adornos Interpretation durch Hans Robert Jauß (1973/1982), der auf der Grundlage eines rezeptionsgeschichtlichen Vergleichs von Goethe und Racine versuchte, die *Iphigenie* »von der Hülle des antikisierenden Klassizismus zu befreien«, um gleichzeitig zu der Erkenntnis zu gelangen, dass Goethe in der Figur der Iphigenie einen neuen Mythos gestalte: den der erlösenden Weiblichkeit. Iphigenies komplette Geschichte und ihre Verankerung im kulturellen Gedächtnis der Tantaliden besteht aus lauter Fremdbestimmungen durch Männer, die ihr Leben und ihre ethische Integrität gefährden. In Aulis hat sie Agamemnon seiner Obsession auf Macht und Sieg opfern wollen; in Tauris versucht Thoas sie zur Heirat zu zwingen. Mit der bestimmenden männlichen Aktivität geht die weibliche Passivität symmetrisch einher. Iphigenie hat seit jungen Jahren diese traditionelle weibliche Rolle ohne Murren akzeptiert: »Von Jugend auf hab' ich gelernt gehorchen / [...] Und folgsam fühlt' ich immer meine Seele / Am schönsten frei« (V. 1825 ff.). Die Situation der Vertreibung und des Exils wird für Iphigenie identisch mit der traditionellen Rolle der Frau, gegen die sie aber immer wieder selbstbewusst aufbegehrt: »Ich bin so frei geboren als ein Mann« (V. 1858), betont sie Thoas gegenüber. Für die Macht des Eros, die aus ihrer Sicht meistens zur Unterdrückung der Frau geführt hat (vgl. hierzu die Frauenklagen in den Tragödien des Euripides, vor allem in seiner *Medea*, ab V. 230, die den Umstand verdeutlichen, dass bereits der griechische Tragiker die Frau in ihren Nöten und Bedrängnissen durch eine patriarchalische Welt für das Theater entdeckt hat), zeigt sich Iphigenie verschlossen. Weiblichkeit äußert sich in ihr nur als Töchterlichkeit (in ihrer Beziehung zu Agamemnon), Schwesterlichkeit (mit Blick auf Orest) und Jungfräulichkeit, was in ihrer tiefen Verbundenheit mit der Göttin Artemis/Diana, die – als Schutzpatronin der Jungfräulichkeit – ganz in ihrer Beziehung zu ihrem Bruder Apollon aufgeht, deutlich wird. Der von Thoas geforderten Ehe steht Iphigenie nicht nur ablehnend gegenüber, weil sie dadurch für immer von der Heimat ferngehalten würde, son-

H. R. Jauß

dern auch weil sie sich prinzipiell gegen die Rolle der Frau im weithin glück- und ehrlosen Schatten des Mannes sträubt, wie Dieter Borchmeyer unterstrichen hat: »Die selbstbewußte Virginität, ja Viraginität [von lat. virago, Heldenjungfrau] Iphigenies, die entschlossene Selbstbewahrung ihrer Person, prägt ihr Verhältnis zu Göttern wie Menschen, hat ethische, religiöse wie politische Aspekte« (Borchmeyer 1988, S. 1310).

W. Rasch Aufgenommen und erweitert wurde Jauß' Ansatz in Wolfdietrich Raschs Studie zu Goethes *Iphigenie* »als Drama der Autonomie« (1979), in dem dieser davon ausgeht, dass den Kern des Stücks, so klassisch die Aufnahme des griechischen Mythos und die Versform sein mochten, der wesentlich dramatische Prozess bilde, durch den der Mensch mündig werde. Goethes *Iphigenie* sei kein Weihespiel der Humanität, sondern gestalte das Problem der menschlichen Autonomie im Spannungsverhältnis von Menschen und Göttern, wobei Rasch die Verflechtung des dramatischen Geschehens mit theologischen Fragestellungen der Goethe-Zeit nachwies. Nur sollte nach Raschs Ansicht erstaunlicherweise nicht mehr Iphigenie gemeint sein, wenn die Autonomie der Dramenfiguren verhandelt werde, sondern Orest, der sich selbst ohne schwesterliche Hilfe heile, womit dann jedoch gerade die letzten beiden Akte, die der Heilung Orests folgen und Iphigenie im Zentrum der dramatischen Handlung und der ethisch konnotierten Entscheidung zur Lösung des Konflikts sehen, ohne Sinn blieben. Überhaupt komme Iphigenie, so Rasch, als durchschauter Lügnerin kein ethischer Sonderstatus zu, zur Wahrheit greife sie erst nach gescheitertem Fluchtplan, auch habe sie ebenso wenig nachweisbaren Einfluss auf Thoas' Handeln wie an früherer Stelle auf den pathologischen Zustand des Bruders (Rasch 1979, S. 152 u. 162 f.). Rasch warnt außerdem vor der Auffassung, »als sei geradezu alles Übel in der Welt durch reine ›Menschlichkeit‹ zu beseitigen« (ebd., S. 172), und führt die üblich gewordene Deutung des Schlusses als umfassende Harmonie auf den Kern der von Goethe beabsichtigten, von Gegengewichten der Skepsis umstellten Wirkmöglichkeit des Humanen zurück.

P.-A. Alt Ähnlich wie Jauß legt auch Peter-André Alt das Hauptgewicht seiner Deutung auf die im Drama sichtbar werdende »Neubestimmung der weiblichen Rollenidentität, die Goethe bei keinem seiner Vorgänger finden konnte«; vielmehr gehe der Dichter der *Iphigenie* erheblich weiter als Euripides, indem er Iphigenies zu Beginn des Dramas erhobene Klage über ihre Exilsituation als »unbedingte Infragestellung ihrer weiblichen Rolle und der daran gebundenen Selbstbeschränkung« anlege (Alt, 2008, S. 93):

> »Als ›reine Seele‹ (V. 1874) ist Iphigenie das Medium jener Vernunft, die Humanität gegen Tötungsrituale, Verständigung gegen Schweigen und Sühne gegen Gewalt setzt. Iphigenie versucht den Mythos der Schuld [...] zum Stillstand zu bringen, indem sie den der Frau gesellschaftlich abverlangten Verzicht auf eigene Initiative in Frage stellt, ohne jedoch in der Rolle der Amazone männliche Verhaltensnormen zu reproduzieren. [...] Iphigenies Verstoß markiert einen dritten Weg zwischen dem Leiden, wie es der passiven Frauenrolle zufällt, und der Gewalt, die dem männlichen Prinzip des Krieges innewohnt. Auf einer höheren Ebene steht diese Lösung nicht nur gegen die Konventionen der Geschlechterbilder, sondern auch gegen die ältere Autorität der Metaphysik. Euripides' Iphigenie benötigt noch die Intervention der Göttin Athene, welche die von Poseidons Winden begünstigten Griechen vor dem rachlüsternen Thoas schützen muß. Goethes Heldin sucht dagegen eine selbstbestimmte Rettung anzubahnen, indem sie sich dem Patronat der Olympischen und den Handlungskonventionen der Gesellschaft gleichermaßen entzieht. Die Entsühnung des Atridenhauses ist hier weder die Sache männlicher (amazonenhafter) List noch das Produkt göttlicher Hilfe, sondern ein Resultat des naturrechtlich legitimierten Willens zur moralischen Eigenverantwortung« (ebd., S. 94 f.).

Demzufolge sei Iphigenie primär eine »Figur der Vermittlung«, die »ihre Identität in der Aufgabe aufgehen lässt, die vom Mythos gewährte Entschuldung mit den Instrumenten naturrechtlich begründeter Moralität als Gewissensakt formell nachzuvollziehen« (ebd., S. 96). Auf diese Weise lässt sich der taurische Kultus, dem zufolge Fremde geopfert werden durften, ebenso abmildern wie das drängende erotische Begehren des einsamen Thoas, der sich in die Geste des Verzichts fügen muss: »Wenn

Goethes Heldin als Artemis-Priesterin für Tugend, Moral und Wahrheit streitet, tut sie das unter dem Diktat der Affektdisziplinierung, frei von subjektiven Impulsen, als Gefäß und Medium einer Herzensbotschaft, die der Zweideutigkeit der Götter abgerungen wird. Das soziale Modell für diese Aufgabe bleibt die höfische *actio*, die den persönlichen Einsatz in den Formen einer ›gedämpften‹ Kommunikation zurücknimmt« (ebd., S. 97). In Goethes Drama könne demnach die Emanzipation vom mythischen Fluchzusammenhang »nur in den Ordnungen einer ambivalenten Sprache der moralischen Überredung erfolgen, die das Barbarische durch die gesellschaftliche Leistung der Form bezwingt. Den Mythos schlägt nicht das natürliche Leben, sondern der höfische Takt, der Selbstbestimmung allein in den Strukturen des rhetorischen Scheins erfahrbar macht. Iphigenie befreit sich auf diese Weise zwar vom ›beklagenswerten‹ Zustand der Frauen, aber sie bleibt im Rahmen der aristokratischen *bienséance* als Subjekt nur über die Aufgabe der Vermittlung existent. Ihre Identität läßt sich vorrangig durch die Regularien der Rhetorik erfassen, die *persuasio* und Dezenz als Programm und Form zusammenführt« (ebd. S. 98).

Auch Werner Frick unterstreicht die »von allen Protagonisten geteilte Artikulationsfähigkeit, die ein Maximum ebenso an emotionaler Intensität und Selbstaussprache wie an kognitiver Transparenz im intersubjektiven Zwischen-Raum des sozialen und kulturellen *commerciums* ermöglicht«:

> »Goethes *dramatis personae* wissen alle auszusagen, was sie bewegt, sie sind ihrer selbst bewußt, ihre Innenwelt liegt vor ihrem sich selbst prüfenden Blick offen zutage, sie vermögen selbst ihre intimsten Regungen in großer rhetorischer Meisterschaft zu offenbaren – und dieselbe sprachlich gestiftete Transparenz waltet im Selbstverhältnis der Protagonisten wie in ihrer Verständigung mit den nicht minder redemächtigen Vertretern der bewußtseinsjenseitigen Außenwelt« (Frick 2003, S. 223 f.).

Im Folgenden sollen Alts Überlegungen, Iphigenie handele »unter dem Diktat der Affektdisziplinierung« und sei somit als »Figur der Vermittlung« zu verstehen, sowie Fricks Annahme einer kognitiven Transparenz und »wechselseitigen Intelligibilität«,

Artikulationsfähigkeit und Verständigungskompetenz durch einen Blick auf die Kon-Texte des Schauspiels, vor allem die *querelle des anciens et des modernes*, in die sich Goethes *Iphigenie* nachhaltig einschreibt, weitergeführt werden. Ein Vergleich mit der *Taurischen Iphigenie* des griechischen Tragikers Euripides soll zeigen, dass Goethes Drama letztlich das zentrale Moment des antiken Archetextes pointiert: Der eigentliche, das Geschehen vorantreibende Konfliktstoff liegt – trotz seiner Verstrickung in irrationale Mächte und trotz des konstruierten (Euripides) wie dekonstruierten (Goethe) Einflusses der Götter – im Menschen selbst. Auf diese Weise werden (bereits bei Euripides!) die Handlungen der Akteure psychologisch motiviert und erscheinen – in ihrer Ausrichtung auf eine Ästhetik des Schreckens – getragen von bewegend dargestellten Leidenschaften. Zwar tritt bei Euripides (im Gegensatz zu seinem modernen Mit- wie Gegen-Streiter Goethe) auf dem Höhepunkt der Verstrickung des Individuums mit Athene eine Göttin als die sprichwörtliche *dea ex machina* auf, um den tragischen Handlungsknoten zu lösen, doch spielen die Götter letztlich für das Schicksal der Menschen keine bedeutende Rolle. All dies verleiht Euripides' Tragödien eine über die Antike weit hinausreichende Modernität, an die Goethe gegen Ende des 18. Jahrhunderts anknüpfen und damit die zu diesem Zeitpunkt heftig diskutierte Frage nach der *querelle des anciens et des modernes* auf eine neue Ebene führen konnte (vgl. Hose 2008).

Blick auf die Kon-Texte

Es ist gerade der aufklärerische Tenor, die ›kommunikative Streit- und Versöhnungskultur‹, die Goethes Schauspiel mit der euripideischen *Iphigenie* gleichzeitig verbindet wie auch markant von ihr unterscheidet: »Die Änderungen, die Goethe gegenüber dem euripideischen Original vornimmt, lassen sich daraus erklären, daß Goethe das euripideische Stück noch euripideischer machen wollte, es konsequent euripideisch umschreiben wollte« (Zimmermann 2004, S. 137). In agonaler Ausrichtung zu seinem antiken Archetext sucht Goethes Drama den Standpunkt einer gegenwärtigen Moderne gegenüber einem antiken Modell und dessen kulturellen Voraussetzungen zu formulieren, das nicht mit dem Gestus moderner Überlegenheitsansprüche (so etwa bei Schiller und Wieland) verabschiedet wird.

Frage nach der *querelle des anciens et des modernes*

Agonale Ausrichtung

Vielmehr sind seine Äußerungen über die griechischen Tragiker von höchstem Respekt bestimmt; witterte Goethe jedoch eine moderne Überheblichkeit gegenüber den verehrten Gründungsvätern des abendländischen Theaters, reagierte er mitunter ungehalten: So wurde etwa August Wilhelm Schlegel für seine Kritik an der vorgeblichen Immoralität des Euripides schonungslos kritisiert: »Wenn ein moderner Mensch, wie Schlegel, an einem so großen Alten Fehler zu rügen hätte, so sollte es billig nicht anders geschehen, als auf den Knieen.« »Denn«, wie Goethe polemisch zuspitzt, »im Grunde reicht doch Schlegels eigenes Persönchen nicht hin, so hohe Naturen zu begreifen und gehörig zu schätzen. Wäre dies, so müßte er auch gegen Euripides gerecht sein und auch gegen diesen ganz anderes zu Werke gehen, als er getan. Von diesem weiß er aber, daß die Philologen ihn nicht eben sonderlich hoch halten, und er verspürt daher kein geringes Behagen, daß es ihm, auf so große Autorität hin, vergönnt ist, über diesen großen Alten ganz schändlich herzufallen und ihn zu schulmeistern, wie er kann« (MA 19, S. 549).

Gleichwohl ist natürlich nicht zu übersehen, dass auch Goethes eigenes gräzisierendes Schauspiel gegenüber dem unmittelbar vorliegenden euripideischen Modell Differenzen aufweist und dass »dieses moderne Hohelied der friedensstiftenden, den Terror überwindenden Humanität aus dem spannungsvollen Bezug zu einer Vorlage entwickelt ist, die von einer solchen Botschaft nicht nur nichts weiß, sondern zu ihrer Vermittlung sogar ganz besonders ungeeignet erscheint« (Frick 2008, S. 133).

Um-Schrift der Iphigenie-Figur Umso interessanter erscheint die Um-Schrift der Iphigenie-Figur: von jener schwer traumatisierten Jungfrau bei Euripides, die, von Artemis im letzten Augenblick vom Opferaltar in Aulis gerettet, an das barbarische Ufer von Tauris entrückt wurde, um dort ihrerseits als grausame, blutrünstige und von einem destruktiven Hass auf alles Griechische bestimmte Opferpriesterin im Dienst eines mörderischen Kultus zu operieren, zur Ikone aufgeklärter Humanität und Zivilität im Kunstidiom einer perfekt beherrschten höfischen Sprache bei Goethe. Parallel hierzu findet auch ein evidenter Diskurs-Wechsel statt: von einem in seiner skeptischen Figurenpsychologie wie im Entwurf einer aus den Fugen geratenen kontingenten Welt außerordentlich modern anmutenden ›Theater der Grausamkeit‹ bei Euripides zu einem feierlichen Weimaraner Weihespiel der Humanität, in dem die Epiphanie des antiken Schreckens und die Subversionen aller Sicherheiten nur noch als Zitat anwesend sind und das Opfer als rituelle Kohärenz der politischen Gemeinschaft mit äußerster kommunikativer Anstrengung vermieden wird.

Im Folgenden sollen daher zwei zentrale Unterschiede zwischen Euripides' *Iphigenie*-Dramen und Goethes Um-Schrift genauer betrachtet werden: Da ist, erstens, Goethes Weiter-Schrift der psychischen Dispositionen der Protagonisten bei Euripides: Auffällig ist, dass die Darstellung von Handlung zugunsten innerer Vorgänge zurückgenommen ist. Dies zeigt sich an der Person des Thoas, der von einem wenig konturiert erscheinenden Barbarenkönig zu einer psychisch motivierten Figur verändert wurde. Er hat ein zunächst nachvollziehbares dynastisches und persönliches Interesse an einer Heirat mit Iphigenie und spricht glaubhaft von seiner Liebe zur Artemis/Diana-Priesterin. Umso ambivalenter und moralisch fragwürdiger erscheint der Schluss des Schauspiels, an dem Thoas allein und seiner Zukunft von denjenigen beraubt zurückbleibt, die von ihm eine ethische Haltung einfordern und ihn zuvor in die alle Völker umspannende *humanitas* aufgenommen haben.

Goethes Weiter-Schrift

Gerade an dem Schlussbild des Dramas wird dessen Bewegung zwischen Konstruktion und Dekonstruktion von Humanität deutlich. Nach Ansicht Volker C. Dörrs könne von einer nachhaltigen Humanisierung der Taurer, etwa durch dauerhafte Abschaffung der Menschenopfer, keine Rede sein. Vielmehr vollziehe der Barbar Thoas eine »unerhörte Tat«, indem er Iphigenie und den anderen Griechen – ohne Rücksicht auf seine persönlichen und politischen Interessen als taurischer Herrscher – die Freiheit schenkt. Währenddessen bleibe die griechische Zivilisation weiterhin auf Gewalt begründet: »Zwar verzichten die Griechen auf den betrügerischen Raub des Bildes der Göttin; davon, dass sie künftig der Gewalt ganz abschwören, ist aber genauso wenig die Rede wie davon, dass die Opferpraxis von den Taurern ausgesetzt würde« (Dörr 2008, S. 107). Für den Moment der Humanität bedeutet dies:

»Wie Aufklärung, die ihrer selbst unreflektiert gewiss ist, in

V. C. Dörr

Mythologie zurückfällt, fällt auch Humanität, die sich ihrer Rhetorizität nicht bewusst ist, die also nicht bedenkt, dass ihre unbefragten positiven Setzungen differenzielle Operationen sind, in denen sich das Ausgeschlossene gegen den Ausschluss kehrt, in die Barbarei zurück. Es bedeutet einen wesentlichen Unterschied, ob der Zivilisierte derjenige ist, der unreflektiert glaubt, über essenzielle Qualität des Zivilisiertseins zu verfügen, die dem Barbaren abgeht – oder ob der Zivilisierte an seinem Zivilisiertsein zweifelt, weil er weiß, dass er der Zivilisierte ist, weil und indem er behauptet, kein Barbar zu sein. Thoas scheint das eher bewusst zu sein als Iphigenie, und der Dramentext ist klüger als seine Titelfigur« (ebd., S. 112).

Orest als Gegen-Figur

Orest hingegen erfüllt die zentrale Funktion einer Gegen-Figur, vor der die Idealität Iphigenies Gestalt annimmt; er ist nach dem Muttermord in einem krankhaften Ich-Bezug der Selbstgeißelung und Todessehnsucht verstrickt. Dies hat zur Folge, dass er sich im entscheidenden Moment der Wiedererkennung und selbst nach seiner Heilung der Realität verweigert und, anstatt zu reagieren, in die ihm tradierten Schemata der Vergangenheit flüchtet, ohne zu begreifen, dass er damit den fatalen Fluchzusammenhang nicht nur nicht unterbricht, sondern noch fortschreibt. Im Gegensatz zum eindimensionalen Verhaltensmuster ihres Bruders zeichnet sich Iphigenie durch ein hohes Maß an innerer Autonomie aus und erkämpft sich Freiheit – zum einen gegenüber ihrer eigenen fluchbelasteten Person, zum anderen gegenüber ihrer sozialen Umgebung und zum Dritten gegenüber Schicksal und Götterwelt. Iphigenies dreifache Ich-Erkenntnis gipfelt nach der langen Aufzählung der Gräueltaten ihres Geschlechts in dem Ausspruch: »Ich bin es selbst, bin Iphigenie / Des Atreus Enkel, Agamemnons Tochter, / Der Göttin Eigentum die mit dir spricht« (V. 430 ff.). Es ist diese – nach Bewältigung des Traumas – gewonnene innere Autonomie, die die Artemis-Priesterin in der zentralen Auseinandersetzung mit Pylades dazu bewegt, sich von der List und dem Fluchtgedanken zu distanzieren, der gerade nicht Freiheit, sondern erneut Fremdbestimmung bedeutet.

»An die Stelle des traumatisierten Opfers von Aulis, das sei-

nerseits – psychologisch hochplausibel und gemäß einer re-
alistischen, unsentimental in Szene gesetzten Logik der Vergeltung – zur grausamen Täterin von Tauris mutiert, an die
Stelle dieser unbarmherzigen Rächerin in eigener Sache setzt
Goethe eine Heldin, die aus ihrem Schicksal in Aulis die dia-
metral entgegengesetzte Schlussfolgerung zieht und, gerade
weil sie das Leiden der Opfer am eigenen Leib erfahren hat,
nunmehr die zumindest zeitweilige Suspension der Menschenopfer auf Tauris bewirkt, also den immer sich fortzeu-
genden Zyklus der Gewalt zu durchbrechen sucht« (Frick
2008, S. 139).

Indem Pylades pragmatisch fordert, dass der Zweck die Mittel
heiligen müsse, wird menschliches Handeln nicht modern-
ethisch (im Sinne der Aufklärung) gewendet, sondern bleibt dem
griechischen Adels-Ethos der klugen List und Täuschung verhaftet. Bildlich wird diese Konstellation in die zentrale Personifikation der »Not« (V. 1680–1686) gefasst. An dieser Schaltstelle des Schauspiels evoziert Iphigenie den Familienfluch und das
Parzenlied; beide stehen für die Willkür des von den Göttern
determinierten Schicksals und für den Zwangscharakter
menschlicher Handlungen. Die Zustimmung zum Fluchtplan
und der Betrug an ihrem Wohltäter Thoas würden für Iphigenie
dazu führen, den Kreislauf der Schuld fortzusetzen und in die
Irrationalität des als Vergangenheit erinnerten Mythos zurück-
zufallen. Im Gegensatz zur Iphigenie des Euripides, die in einer
Szene grotesker Maskerade und blasphemischer Travestie die
Täuschung des taurischen Despoten dadurch bewerkstelligt,
dass sie ihm, in Missbrauch ihres Priesteramtes, vorgaukelt, die
griechischen Gefangenen müssten mitsamt dem (durch die Berührung des wahnsinnigen Orest verunreinigten und befleckten)
Kultbild der Artemis im Meer gereinigt werden, damit die Opferung überhaupt erst beginnen könne, steht Goethes Iphigenie
dem in aufklärerischer Erziehung zivilisierten Thoas in ihrem
programmatischen Ethos des Mitleids, der Sanftmut und der
Reinheit gegenüber. Dementsprechend gesteht sie in vollkommener Aufrichtigkeit die beschlossenen Pläne, appelliert an die
»Stimme der Wahrheit und der Menschlichkeit« (V. 1937 bis
1942) und provoziert so eine metaphysische Wette: Die objektive

Schaltstelle
des Schau-
spiels

Ethos des
Mitleids

Existenz humaner Werte zwischen Griechen und vermeintlichen Barbaren in einer von Zufall und Götterwillkür geprägten Welt wird an den guten Ausgang einer »unerhörten Tat« geknüpft. Thoas wird gewissermaßen genötigt, zwischen Humanität und Barbarei im absoluten und metaphysischen Sinne zu wählen. Die innere Selbstbestimmung Iphigenies im Rahmen einer »Anthropologie weiblicher Heiligkeit oder des sakralisierten Weiblichen« (Frick 2008, S. 140), die reale Handlungskonsequenzen zeitigen kann, ersetzt damit Euripides' Dea-ex-machina-Lösung und beruht in ihrer Idealität darauf, dass sich Konflikte in einem aufgeklärten Konversationsdiskurs lösen lassen, an dem letztlich

Martin Walser

»nur noch Weimaraner« teilnehmen, wie Martin Walser betont: »In Goethes klassischen Stücken treten nur noch Weimaraner auf. Iphigenies Salto ins pure Wahrhaftige, mit dem sie immerhin auch noch das Leben von zwei weiteren, sagen wir einmal Menschen riskiert, wäre in jedem anderen Raum schlimmster leutnantshafter Leichtsinn. Aber Thoas ist Weimaraner. Darauf kann Iphigenie zählen. Insofern ist es doch kein so großes Risiko« (zit. nach Angst/Hackert 1978, S. 104).

Durch Iphigenies Wendung zur zivilisatorischen Exterritorialität in der Auseinandersetzung zwischen ›Griechen‹ und ›Barbaren‹ und zur vorscheinenden Utopie des wahrhaft Humanen verlagert sich die Handlung des Stückes in ein reines Innen der

Seelendrama

Akteure, wird Goethes Schauspiel zum Seelendrama. Das zerbrochene Fundament des leidenschaftlichen Zweiflers Euripides soll befestigt, neu gegründet, die fragwürdig gewordene Wahrheit wieder möglich werden. Die von Goethe in jahrelanger Arbeit erkämpfte ›Utopie‹ der formalen Durcharbeitung und sprachlichen Perfektion der Jambenfassung korrespondiert mit der in kristallinen Strukturen niedergelegten Apotheose humaner Verständigung, bannt damit den Schrecken und die Verstörung der antiken Vorlage und hebt den Ansatz des späten Euripides, alle Sicherheit im theatralen Diskurs zu unterminieren, auf.

Schließlich führt Goethes Neuansatz, wie Werner Frick unterstreicht, zu einer »radikale[n] Umwertung konventioneller Werte und eine[r] Neudefinition des ›Heldentums‹, die im Drama einhergeht mit einer Abwertung der ›männlich‹ konnotierten

(Pylades-)Qualitäten von physischer Kraft und strategisch auf das isolierte Eigen- oder Gruppeninteresse gerichteter Klugheit zugunsten einer Aufwertung der weichen, ›weiblichen‹, iphigenischen Kraft zur Humanität, zur grenzüberschreitenden Verständigung und zur Gewaltlosigkeit« (Frick 2008, S. 143).

Schließlich sei, zweitens, auf die Rolle der rituellen Opferung und die Sphäre der Götter hingewiesen, die für den religiösen Diskurs der griechischen Tragödie eine fundamentale Rolle spielen. Institutionell eingebettet in die Kultfeiern zu Ehren des Gottes Dionysos und in den Rahmen von ›Politik‹ und ›Gesellschaft‹ (also dessen, was die ›Polis‹) angeht, haben auch die ästhetischen Strukturen der antiken Texte viel mit dem Mythos, der die Grundlage der Handlung bildet, aber auch mit Opfer-Ritualen (vor allem dem Austreiben des ›Sündenbocks‹, griech. *pharmakós*, zur Entsühnung der Gemeinschaft) zu tun. Diese Konstitutionselemente der Tragödie verdeutlichen (mitsamt ihren diversen Um-Schriften bis ins 19. Jahrhundert), wie sehr in der Tragödie ›Kultur gespielt‹ und ›Politik‹ über kommunikative Prozesse inszeniert wird. Die Tragödie ist weder bloße ›rituelle Inszenierung‹ im Dienste von Religion und (Dionysos-)Kult, noch bloß ›inszeniertes Ritual‹ im Dienste des Theaters (vgl. hierzu Burkert 1972 und 1990; Girard 1972). ›Ritual‹ ist vielmehr eine semantische Substruktur, die im Opferritual des Bockes die Entsühnung (griech. *kátharsis*) der Gemeinschaft von »frevelnder Befleckung« (griech. *míasma*) leistet und den kulturellen und sozialen ›Sinn‹ für die Polis generiert, der aus dem als ›Opfer‹ verstandenen Leiden (griech. *éleos* und *phobos*) entstehen kann. ›Tragisch‹ nennt man den Umstand, wenn das Zusammenspiel dieser Konstitutionselemente für das Subjekt nicht gelingen kann: für sein Handeln, seine Gefühle und seine Körperlichkeit (vgl. hierzu Bierl/Lämmle/Wesselmann 2007).

In Goethes *Italienischer Reise* findet sich unter dem 17. 5. 1787 – nach Lektüre von Aischylos' Atriden-Tetralogie – der bemerkenswerte Satz, die Griechen hätten das Fürchterliche dargestellt, während die Modernen dies nicht mehr vermöchten, sondern es nur auf fürchterliche Weise darstellten. Zur Disposition steht damit in den antiken Tragödien nicht nur das Subjekt mit seinen Maximen, die dem von den Göttern gelenkten Schicksal entgegenstehen, sondern immer auch die politisch-soziale Ordnung (Polis, Staat, Gesellschaft, Gemeinschaft, Familie) als Rahmen für das individuelle Agieren. Wolfgang Braungart hat betont, dass sich

> »das Tragische immer in [einer] doppelten Perspektive entwickelt: als vorgeführtes *Leiden eines Subjekts*, und als *Opfer*, das seinen Sinn nur im Hinblick auf eine *Ordnung* der Religion, des Kultes, des Sozialen und des Politischen (oder Geschichtlichen) gewinnen kann, der das Subjekt unterliegt [...]. Das Opfer hat immer zwei Aspekte: den der Opfergabe (*victima*), in der Tragödie also das leidende Subjekt, und den der Opferhandlung (*sacrificium*), die als eine solche wahrgenommen werden muß. Sie gilt dem Heiligen. Das macht die grundsätzliche Nähe des Opfers zu Ritual und Religion aus, fordert aber auch das Subjekt heraus. [...] Als Spiel, zu dem die Polis zusammenkommt, spielt also die griechische Tragödie durch, was die Polis und was das Subjekt kulturell konstituiert. Die griechische Tragödie stellt selbst schon ein bewegliches kulturelles Gesamtsystem dar, nicht weil sie von vornherein kritisch oder subversiv wäre (etwa zu Lasten der Polis und zugunsten des Subjekts oder umgekehrt), sondern weil sie auf die Polis und ihre Kultur *und* auf das Subjekt zugleich bezogen ist« (Braungart 2007, S. 364 f.).

Braungarts Verweis auf das anthropologische Substrat der antiken Tragödie, das seinen Kern im menschlichen Leiden und in den Versuchen seiner Erklärung und Sinngebung hat, lässt sich in den griechischen Dramen (vor allem in Sophokles' *König Ödipus* und *Antigone* sowie in Euripides' *Iphigenie*-Dramen und seiner *Alkestis*) am Konzept des Opfers als einem solchen Versuch von größter kultureller Bedeutung festmachen.

In Euripides' aulischer *Iphigenie* geht die Opfer-Forderung nicht von Artemis aus, sondern von Kalchas, der im Hinblick auf sein manipulatives Verhalten der »Brut der Seher« (V. 521) zugerechnet wird. Mit seiner Forderung fungiert Kalchas nicht als Mittler göttlichen Willens, sondern als Sprachrohr der zum Kriegszug gegen Troja aufgerüsteten griechischen Truppen. Der »Panhellenen Fürst« Agamemnon lädt demnach entgegen mythologischer Überlieferung, die Euripides hier geschickt korrigiert, nicht aufgrund frevelhafter Jagdbeute Schuld auf sich, sondern wegen seiner Unfähigkeit, die versammelten Volksstämme aus ganz Griechenland zu einem auf den gemeinsamen Kampf eingeschworenen Heer zu vereinen.

In dieser ›politischen‹ Krise wird nach Ansicht Ortrud Gutjahrs auf eine ›rituelle‹ Lösung zurückgegriffen: die Substitutionslogik des Opfers eines reinen, jungfräulichen Mädchens, das zum Antrieb für den Krieg herhalten muss: O. Gutjahr

> »Im Hinblick auf den Entscheidungskonflikt, den der Beginn des Dramas fokussiert, kann die Opferung Iphigenies als rituelle Markierung des psychosozialen Übergangs gesehen werden, der mit dem Kriegsbeginn verbunden ist: Agamemnon wird zunächst durch die Zusammenstellung der griechischen Streitmacht aus seiner bisherigen sozialen Position als Familienoberhaupt und Herrscher von Mykene herausgelöst. [...] In Szene gesetzt wird demnach eine psychosoziale Mobilmachung, bei der die Bereitschaft abgefordert wird, zugunsten der Kriegsziele all das aufzugeben, was bisher libidinös besetzt und persönlich von Wert war. Mit der Opferung Iphigenies wird somit die emotionale Umcodierung Agamemnons vom *pater familias* zum tötungsbereiten Krieger vor den Augen des gesamten Heeres unter Beweis gestellt. Diesem rituellen Akt der Gewalt und psychosozialen Verwandlung ist eine Opfervorstellung inhärent, der eine kulturell grundlegende Bedeutung zukommt. [...] Das Opfer stellt in diesem Zusammenhang eine Gabe dar, mit der eine manipulative Verbindung des sich hilflos oder schuldig fühlenden Menschen mit einer übermächtigen Gottheit hergestellt wird« (Gutjahr 2008, S. 37 f.).

Das Opfer-Begehren der Griechen, um endlich den ersehnten Beistand der Götter zu erhalten, funktioniert allerdings nur durch die Opfer-Bereitschaft Iphigenies: »Vater, sieh, da bin ich schon / Und biete froh zu meines Vaterlandes Wohl, / Für alles Land von Hellas biet ich meinen Leib / Freudvoll zum Opfer am Altar der Artemis / Den Führern.« (V. 1552–1556) Iphigenie entspricht damit in idealer Weise der ›Peripetie‹ in der Opferlogik:

> »Galt das jungfräuliche Mädchen dem Seher als geeignet, weil ihr Blut ›rein‹ ist, so wird sie als patriarchales Opfer erst

wertvoll, als sie in unschuldig-reiner Gesinnung auch hehre vaterländische Ideale vertritt. Sie macht sich durch ihren unerschütterlichen Todesentschluss zur Komplizin der kriegerischen Machtansprüche ihres Vaters und beendet mit einem Schlag seine Führungskrise. [...] Sie blutet für alle Krieger, die in diesem rituellen Akt zu einer Gemeinschaft zusammengeschlossen werden. Da die Opferung als heilige Handlung vollzogen wird, entsteht der Glaube, dass sich die Truppen die Götter nun gewogen gemacht haben und unter ihrem Schutz stehen« (Gutjahr 2008, S. 40 f.).

Iphigenies Opfer in Aulis lässt sich als sinnvoll im Hinblick auf eine höhere, das Subjekt grundsätzlich übersteigende und es in einen größeren Sinn-Zusammenhang einbeziehende Ordnung (der Götter, der Religion, des Schicksals, oder, in der modernen Perspektive, der Geschichte) deuten. Gleichwohl ist Iphigenie bei Euripides nicht nur das erste Opfer des nun sakral aufgeladenen Trojanischen Krieges, sondern auch – in der taurischen Fortsetzung ihrer Geschichte nach ihrer Entrückung durch Artemis aus Aulis – eine Figur des Eingedenkens ebendieser traumatischen Erfahrungen. Mit der »grause[n] Pflicht« (V. 41) der Opferung der Fremden am taurischen Artemis-Altar sieht sich Iphigenie damit konfrontiert, die Szene ihrer eigenen Hilflosigkeit und schutzlosen Preisgabe an eine übermächtige Gewalt, durch die Werte wie Freiheit und Unabhängigkeit etabliert werden sollten, immer wieder zu durchleben; im Unterschied zum Sinn stiftenden Opfer in Aulis hält Iphigenie das Opferritual, zu dem sie sich durch den Taurerkönig Thoas gezwungen sieht, für ›barbarisch‹, weil im Rahmen der in Aulis selbst erfahrenen und bejahten Opfer-Logik ›sinnlos‹.

Im Unterschied zur Sinngebung des Leidens durch (Selbst-) Opfer, die von den griechischen Tragödien (vielleicht mit Ausnahme von Sophokles' *Philoktet*) ritualisiert wird, findet mit Gotthold Ephraim Lessings Tragödienpoetik eine bedeutsame neuzeitliche Zäsur statt. Bekanntlich übersetzt Lessing in seiner *Hamburgischen Dramaturgie* (1767–69) die aristotelische Formel von *phóbos* und *éleos* als den Affekten, die die Tragödie beim Betrachter hervorrufen soll, nicht mit ›Leiden‹, ›Jammer‹ und ›Schrecken‹, sondern mit ›Furcht‹ und ›Mitleid‹, was einer

Lessings Tragödienpoetik

Re-Lektüre des Grundgedankens der aristotelischen *Poetik* aus dem Geist der christlichen Ethik und eines christlichen Konzepts des Individuums gleichkommt. Von ihr habe das »Mitleid«, so Wolfgang Schadewaldt in seiner luziden Deutung der Gedanken Lessings, seine moralische Einfärbung erhalten. Im »humanitären 18. Jahrhundert erweitert sich das Wort von seiner christlichen Grundlage in Richtung auf das damals neu bewußt werdende Allgemein-Menschliche, und ›Mitleid‹ wird so zu jenem Universalsinn der Menschenliebe, in der das Wort auch uns ein unverlierbarer Besitz unserer Kultur ist« (Schadewaldt 1955, S. 134). Die Erregung der beiden Affekte durch die Tragödie (bei Lessing neu gedacht im Sinne eines bürgerlichen Trauerspiels) soll das Mit-Leiden (griech. *sym-pátheia*; lat. *com-passio*) so habitualisieren, dass es jederzeit zur Maxime des praktischen Handelns werden kann – und zwar ohne Umweg über die vernunftgesteuerte Reflexion. Schadewaldt unterstreicht – mit Rekurs auf Nietzsches Griechenbild in der Schrift *Die Geburt der Tragödie aus dem Geiste der Musik* (1872) – zu Recht, dass Lessings Vorstellung von ›Mitleid‹ mit Aristoteles' *éleos* kaum etwas gemeinsam habe. Wie *phóbos* sei *éleos* ein »naturhaft ungebrochener Elementaraffekt« (Schadewaldt 1955, S. 137); als solcher gehöre er nach griechischem Verständnis in den Bereich des Triebhaften, das als Gefährdung empfunden werde. Die antike Tragödie ziele also zunächst auf eine elementare Erschütterung, die mit moralisierenden Kriterien nicht zu fassen sei.

Die Konsequenzen für die daraus sich ergebende Deutung der *kátharsis* liegen auf der Hand: Während dieser Begriff bei Aristoteles doppelt konnotiert sei – zum einen nicht loszulösen von seiner wörtlichen medizinischen Bedeutung (Entladung von den störenden Gemützuständen), zum anderen der Hinweis auf das spezifische Vergnügen, das die Tragödie durch die Erregung und Befreiung von Leidenschaften bewirke –, habe Lessing Aristoteles die Meinung unterlegt, die Tragödie sei »eine Art moralischer Kuranstalt, durch die der ganze seelische Habitus des Menschen eine nachhaltige Besserung erfahre« (ebd., S. 148). Damit gibt Lessing der *kátharsis*, dem Effekt der Tragödie, über die angestrebte Affektdisziplinierung eine soziale Richtung und – wenn auch anders als in der griechischen Tragödie (wo die Affekterregung und -reinigung im Vordergrund steht) – erneut einen präzisen ›politischen‹ Sinn (im Sinne der Polis, der Gemeinschaft von Bürgern): »*Der mitleidigste Mensch ist der beste Mensch*, zu allen gesellschaftlichen Tugenden, zu allen Arten der Großmut der aufgelegteste«, so Lessings berühmte Formulierung im Briefwechsel über das Trauerspiel, den er 1756 mit Moses Mendelssohn und Friedrich Nicolai geführt hat. Bei Lessing ist die Sinngebung des Leidens in der mit-menschlichen Interaktion und Kommunikation aufgehoben. Im Mit-Leiden ist das Leiden erst richtig verstanden und im konsequenten Bezug des leidenden Subjekts auf den anderen ist deshalb auch die kommunikative Auflösung des tragischen Konflikts angelegt, wie etwa die Versöhnung der politischen und familiären Gemeinschaft durch das Erzählen und Deuten von Geschichtchen in *Nathan der Weise* (1779) verdeutlicht.

Versöhnung und Affektdisziplinierung

Diesem (der griechischen Tragödie widerstreitenden) Ansatz der Versöhnung durch Evokation des ästhetischen Schreckens mit anschließender Affektdisziplinierung und mit-menschlicher Kommunikation ganz nahe kommt Goethe in seiner *Iphigenie*: Auch hier wird der tragische Konflikt letztlich vermieden – durch eine erinnernde Wiederholung und Aufarbeitung der eigenen (traumatischen) Familiengeschichte sowie ein Sinn stiftendes Gespräch über die Legitimität des alten Opfer-Rituals. Sowohl Nathan als auch Iphigenie liefern sich in komplementären Kommunikationssituationen ihren Gesprächspartnern (Saladin und Thoas) aus, obwohl diese eindeutig auf die Anwendung ihnen zur Verfügung stehender Gewaltmittel hinweisen; beiden gelingt die Versöhnung und Gewaltvermeidung durch die Regularien einer rhetorisch strukturierten Streitkultur und durch kommunikative Vernunft, die conditio sine qua non ist für die in beiden Dramen sichtbar werdenden Akte der Versöhnung, der Heilung und der Tragiküberwindung, die das zentrale Thema bilden.

Versteht man die (verhinderte) Tragödie – sowohl Lessing als auch Goethe meiden bezeichnenderweise diese Gattungskennzeichnung für ihre Dramen – von der Kategorie des Opfers her, scheint ›Versöhnung‹ das Moment zu sein, in dem sich die antike Tragödie von ihrer Wider-Schrift im späten 18. Jahrhundert un-

terscheidet, wenn man von Aischylos' *Eumeniden* und Sophokles' *Oedipus auf Kolonos* einmal absieht. Goethes Figur der
›Versöhnung‹, die das Opfer vermeidet, benötigt äußerste kommunikative Anstrengung und wird mit äußerstem, existentiel-
lem Risiko erarbeitet. Das geschieht zunächst einmal dadurch,
dass Iphigenie bei Goethe als Artemis/Diana-Priesterin auf Tauris für die Unterbrechung des barbarischen Ritus des Menschen-
opfers sorgt und stattdessen das Tieropfer einführt. Zu einem
›Bild‹ der Humanität kann sie jedoch erst durch ihren Bruder   ›Bild‹ der
Orest werden, insofern dieser sie ein zweites Mal (nach der Sub-   Humanität
stitution durch Artemis/Diana in Aulis) substituiert: durch ein
Kult-*Bild* der Artemis/Diana. In diesem Zusammenhang meint
es in der Stellvertretung der Göttin zugleich die Notwendigkeit
des Opfers, die Thoas propagiert, Iphigenie hingegen abstreitet.
Im Laufe des Dramas verschiebt sich jedoch die Bedeutung des
Bildes immer mehr auf die Seite Iphigenies selbst. Das Kultbild
wird zu einer inneren Repräsentation des Göttlichen, zu dem
»Bild in meiner Seele« (V. 1717), wie Iphigenie an entscheidender Stelle bemerkt. Je mehr sich Goethes Iphigenie zu ihrer wahren Natur bekennt, desto zielgerichteter nähert sie sich einem
reinen, entmythologisierten Götterbild an, desto prägnanter
durchschaut sie den Geschlechterfluch als Furcht erregende Pro-
jektion menschlicher Wünsche und Phantasien (V. 523–527).
Selbst das im Schicksalslied der Parzen erneut virulent werdende
alte ›Götterbild‹ kann sie nicht von ihrem Weg abbringen, wie
Jochen Schmidt unterstreicht: J. Schmidt

> »Goethe gestaltet in seinem Drama einen mentalen und kul-
> turellen Ablösungsprozeß, der aus einer inhumanen Vergan-
> genheit in eine humane Zukunft führt, auch den damit not-
> wendigerweise verbundenen Übergang von einem alten zu
> einem neuen Bewußtsein – einen Übergangsprozeß voller
> Schwierigkeiten, Verwerfungen und Retardationen, von de-
> nen das Parzenlied als vorübergehender Rückfall in Vorstel-
> lungen der Vergangenheit die markanteste ist« (Schmidt
> 2002, S. 14).

In letzter Konsequenz erscheint daher Iphigenie selbst – vor allem als Resultat ihrer eigenen *Bild*ung nach der Evokation und
Verarbeitung des ästhetischen Schreckens durch das Parzenlied –

als Trägerin des Göttlichen, das im *Bild* zum Ausdruck kommt. Erst aus dem durch die Überlieferung der Familiengeschichte initiierten Erinnern, das gleichsam auch ›Arbeit am Mythos‹ ist, entsteht die eigentliche Humanität Iphigenies, mit der sie jenseits des mythischen Zwangs durch kommunikatives Handeln einen Raum der Versöhnung zwischen Griechen und Barbaren eröffnet. Für Gutjahr ist es dementsprechend

Symbolischer Tausch

»bezeichnend, dass in Goethes Schauspiel statt der körperlichen Substitutionslogik des Opfers ein symbolischer Tausch zum Tragen kommt. Orest, der sich nach Tauris gesandt wähnt, um die Artemis-Statue zu rauben, bringt stattdessen seine leibliche Schwester heim. Im Gegenzug behält der Barbarenkönig, der die griechische Artemis-Priesterin zur Frau gewinnen wollte, die durch Iphigenies Verhalten neu semantisierte Statue der Göttin als ästhetische Verbildlichung aufgeklärter Humanität zurück. Von solch einem interkulturellen Austausch ästhetisch-humanitätsstiftender Energien war Euripides mit seinen Iphigenie-Tragödien weit entfernt« (Gutjahr 2008, S. 45 f.).

Im Unterschied zu den »autoritativen Sprechakte[n] ungreifbarer Götter« bei Euripides, »deren realer Status in skeptischer Schwebe belassen wird, die in dieser aus den Fugen geratenen Welt allenfalls noch eine finale Ordnung zu stiften vermögen«, erfüllt sich das neue Denken bei Goethe in Iphigenies Ikonizität, in ihrer »sittliche[n] Autonomie, in der Innerlichkeit einer Gewissensreligion, in der die Götter zu Funktionen, zu transzendenten Beglaubigungen, vielleicht sogar nur noch zu Metaphern eines selbstgeleiteten menschlichen Ethos werden« (Frick 2008, S. 144 f.). Dementsprechend nimmt Goethe in seinem Schauspiel eine bereits bei Euripides (dort allerdings unter pessimistischem Vorzeichen) angelegte Humanisierung der Theologie der griechischen Tragödie vor. Während im Spätwerk des Euripides die Entscheidungen der Götter dahingehend unverständlich bleiben, dass kein Sinn im göttlichen Wirken und im daraus entstehenden Leiden der Menschen zu erkennen ist, so dass sich die Menschen in ihrem Handeln auf sich allein gestellt sehen, bedarf der Mensch in Goethes *Iphigenie* keiner Götter mehr, um sich seiner Qualen zu entledigen, sondern lediglich der mit-menschlichen, mit-leidenden kommunikativen Vernunft. Orest wird mit Hilfe einer ›Gesprächstherapie‹ von seinem Trauma durch Iphigenie geheilt (V. 2125), die menschlichen Irrungen, Wirrungen werden nicht von einem deus ex machina geregelt, sondern durch die Menschen selbst. Nicht Mythen und Gesänge der Priester und/oder des die Handlung kommentierenden Chores lassen die Menschen den Sinn göttlichen Wirkens erkennen, sondern durch die ›unerhörte Tat‹ eines vorbildlichen Menschen, an *seinem* Handeln, wird das Göttliche erkannt; durch Iphigenie erkennt der ›Hermeneut‹ Orest (nun ohne vorherige Einflüsterung durch Apollon wie noch beim Muttermord) den wahren Sinn des Orakels – eine menschliche Erkenntnis, die jedwede numinose Macht überflüssig macht.

Die theologische Neu-Konzeption von Goethes Schauspiel weist damit eine enge Beziehung mit dem 1783 entstandenen Gedicht »Das Göttliche« auf, in dem Goethe mit der berühmt gewordenen Wortfigur der *apò koinû* die Verbindung zwischen menschlich vorbildhaftem Verhalten und Erkenntnis des Göttlichen herstellt und damit gleichzeitig zu einer Revision des Götterbildes aus der *Prometheus*-Ode und dem Parzenlied gelangt: »Edel sei der Mensch, / Hilfreich und gut! / Denn das allein / Unterscheidet ihn / Von allen Wesen, / Die wir kennen. // Heil den unbekannten / Höheren Wesen, / Die wir ahnen! / Ihnen gleiche der Mensch! / Sein Beispiel lehr' uns / Jene glauben. [...] // Der edle Mensch / Sei hilfreich und gut! / Unermüdet schaff' er / Das Nützliche, Rechte, / Sei uns ein Vorbild / Jener geahnten Wesen!«

Theologische Neu-Konzeption

In diesem Zusammenhang hat Frick auf das Moment der ästhetischen Performativität in Goethes *Iphigenie* hingewiesen:

»Das Drama thematisiert nicht allein, auf der Ebene seines Sujets, die Überwindung des Terrors und die friedliche Lösung kultureller Differenzen mittels humaner Offenheit und gewaltfreier Verständigung – es sucht auch selbst, im fast musikalischen Wohlklang und in der Transparenz seiner Sprache, diesen utopischen Geist aufgeklärter Humanität und Zivilität gleichsam im ästhetischen Vorschein zu vermitteln. Die poetische Rede wird hier zum kulturellen Modell oder mindestens, mit Kant gesprochen, zur regulativen Idee einer anderen, besseren Version von menschlich-zwischenmenschlicher wie von zivilisiert-interkultureller Praxis« (Frick 2003, S. 224).

Infolge von Goethes eigenem, berühmt gewordenem Zweifel, ob denn das Fürchterliche und das Leiden, die für Friedrich Nietzsche, einem *Nachgelassenen Fragment* des Frühjahres 1888 zufolge, das »tonicum« der Tragödie ausmachen, nicht »verteufelt human« ausgefallen seien, ist in der Forschung oft übersehen worden, wie sehr die klassizistische Verwandlung des Fürchterlichen dieses selbst noch einmal ans Licht bringt: erstens in Iphigenies Geschichte des Tantalus-Geschlechts (I, 3, V. 300 ff.), an die sich unmittelbar deren eigene Mythologie anschließt (I, 3, V. 400–432), zweitens in Pylades' Bericht von Agamemnons Ermordung (II, 2, V. 870 f.) und im Dialog zwischen Orest und Iphigenie über die Ermordung Klytaimnestras (III, 1, V. 995 f.), drittens in Orests Vision (IV, 5, V. 1257) und, viertens, schließlich im Lied der Parzen (IV, 5, V. 1694). Gerade der wenn auch nur als Zitat antiker Tragik anwesende mythische Rest, der nach Goethes humanisierender Katharsis übrig bleibt, erhält höchste ästhetische Signifikanz. Bevor in Goethes Drama die unter dem Zeichen der Aufklärung stattfindende Opposition zum Archaischen die Überhand gewinnt und der Schrecken more humano aufgehoben wird, entfaltet die mythische Erinnerung ihre furchtbare Kraft, die E*rinner*ung an die Schlachtung und Verspeisung der Atreus-Neffen ebenso wie die Kette von Verwandten-Morden mit dem Höhepunkt des Mutter-Mordes und der anschließenden Ver*inner*lichung der Erinnyen als Gewissensmächte bei Orest.

H. v. Kleist

Dass eine *re-écriture* antiker Tragödien um 1800 auch zu anderen Ergebnissen führen kann, beweist Heinrich von Kleist 1808 mit seiner *Penthesilea* (vgl. SBB 72), die in ihrem hochdramatischen Furor, ihren extremen Triebenergien »die radikale Inversion und Kontrafaktur von Goethes Drama in seiner humanen Serenität« erreichen will (Frick 2003, S. 232 f.). Während Goethe mit seiner Artemis/Diana-Priesterin auf die kommunikative Vernunft und Versöhnung der Gegensätze abzielt, erfindet Kleist eine artifizielle Sprache der verderblichen Leidenschaften, der Verwirrung, des Stammelns und der kommunikativen Unvernunft, um den orgiastischen Furor des antiken Theaters der Grausamkeiten zu revitalisieren:

>»Der Dichter der *Penthesilea* entwirft ein Szenarium, in dem keine der Figuren sich selbst richtig versteht (geschweige denn ihre Mit- und Gegenspieler durchschaut) und in dem die verschiedenen Kulturen und Geschlechter, die Griechen, die Amazonen, die Trojer, die Männer und die Frauen, nicht miteinander kommunizieren können. Hier existiert keine allgemein verfügbare Sprachinstanz nach dem Muster des Goetheschen Sentenzuniversalismus mehr, kein Idiom, in dem die Antagonisten sich ausgleichen und vergleichen könnten, folglich finden auch Verständigung, Pazifizierung, humane Versöhnung, nicht statt, sondern statt dessen: Mißverstehen, Kampf und Tod« (ebd., S. 233).

Dementsprechend wird bei zukünftigen kontroversen Debatten um Goethes *Iphigenie auf Tauris* weniger auf die unbestreitbare ästhetische Qualität des Schauspiels, seine betörende Jambenmusik, seine sprachliche und formale Perfektion, seine tiefe philosophische Qualität, sondern, stärker als bisher, auf seine Spezifik als Tragödienexperiment, seinen eigen- wie einzigartigen Modernitätsstatus, seine agonale Ausrichtung in der *querelle des anciens et des anciens* (vgl. Frick 2003), kurz: die – etwa im Vergleich mit Schiller, Kleist und Hölderlin – irritierende Spielart seiner Um-Schrift griechischer Tragödien wie auch seiner ›Antikenrezeption‹ insgesamt einzugehen sein.

Literaturhinweise

Einzelausgaben

Iphigenie auf Tauris. Ein Schauspiel. Von Goethe. Ächte Ausgabe. Leipzig: Göschen, 1787 (Faksimile-Neudruck Berlin 1923)

Die drei ältesten Bearbeitungen von Goethe's Iphigenie. Hg. und mit zwei Abhandlungen zur Geschichte und vergleichenden Kritik des Stückes begleitet v. Heinrich Düntzer. Stuttgart/Tübingen: Cotta, 1854

Goethes Iphigenie auf Tauris. In vierfacher Gestalt hg. v. Jakob Baechtold. Freiburg i. Br./Tübingen: Mohr, 1883

Goethe, Johann Wolfgang von: *Iphigenie auf Tauris. Ein Schauspiel.* Textrevision, Nachwort und Kommentar von Winfried Woesler. Paderborn/Wien/Zürich: Schöningh, 1980

Goethe, Johann Wolfgang: *Iphigenie auf Tauris.* Prosa-Fassung. Hg. v. Eberhard Haufe. Frankfurt/M.: Insel Verlag, 1982

Iphigenie. Euripides. Racine. Gluck. Goethe. Hauptmann. Vollständige Dramentexte. Hg. v. Joachim Schondorff. Mit einem Vorwort von Edgar Lohner. München/Wien: Langen-Müller, 1966

Druck in Werkausgaben

Goethe's Schriften. Bd. 3: Iphigenie auf Tauris. [...] Leipzig: Göschen, 1787

Goethes Werke. Vollständige Ausgabe letzter Hand. Bd. 9: *Iphigenie auf Tauris.* [...] Stuttgart/Tübingen: Cotta, 1827

Goethes Werke. Hg. im Auftrage der Großherzogin Sophie von Sachsen. Abt. 1. Bd. 10: *Iphigenie auf Tauris.* [...] Bearbeitet von Berthold Litzmann. Weimar: Böhlau, 1889 [Als historisch-kritische Gesamtausgabe angelegte so genannte Weimarer oder Sophien-Ausgabe]

Goethes Sämtliche Werke. Jubiläumsausgabe. Hg. v. Eduard von der Hellen. Bd. 12: *Iphigenie auf Tauris.* [...] Mit einer Einleitung und Anmerkungen von Albert Köster. Stuttgart/Berlin: Cotta, [1912]

Goethes Werke. Hamburger Ausgabe in 14 Bänden. Hg. v. Erich Trunz. Hamburg: Wegner, 1948–64/München: Beck, 1972 ff. Bd. 5: *Dramatische Dichtungen III.* Textkritisch durchgesehen von Lieselotte Blumenthal und Eberhard Haufe. Kommentiert von Stuart Atkins [u. a.]. 9., neubearb. Aufl. 1981 (zit.: HA [mit Band- und Seitenangaben])

Goethe, Johann Wolfgang: *Sämtliche Werke nach Epochen seines Schaffens.* Münchner Ausgabe. Hg. v. Karl Richter in Zusammenarbeit mit Herbert G. Göpfert [u. a.]. 20 Bde. (in 25 Tln.). München/Wien: Hanser, 1985 ff. – Bd. 2,1: *Erstes Weimarer Jahrzehnt. 1775–1786.* Tl. 1. Hg. v. Hartmut Reinhardt. 1987 (zit.: MA [mit Band- und Seitenangaben])

Goethe, Johann Wolfgang: *Sämtliche Werke. Briefe, Tagebücher und Ge-spräche*. Hg. v. Hendrik Birus [u. a.]. 40 Bde. Frankfurt/M.: Deutscher Klassiker Verlag, 1985 ff. – Abt. 1, Bd. 5: Dramen. 1776–1790. Unter Mitarbeit von Peter Huber hg. v. Dieter Borchmeyer. 1988 (zit.: FA [mit Band- und Seitenangaben])

Hilfsmittel

Der Neue Pauly. Enzyklopädie der Antike. 15 Bde. Hg. v. Hubert Cancik und Helmuth Schneider. Stuttgart/Weimar 1996 ff.

Hederich, Benjamin: *Gründliches mythologisches Lexicon.* Durchgese-hen, vermehrt und verbessert von Johann Joachim Schwaben. Leipzig 1770 (Reprografischer Nachdruck Darmstadt 1996)

Hunger, Heribert: *Lexikon der griechischen und römischen Mythologie.* Reinbek bei Hamburg 1985

Moog-Grünewald, Maria (Hg.): *Mythenrezeption. Die antike Mytholo-gie in Literatur, Musik und Kunst von den Anfängen bis zur Gegen-wart.* Stuttgart/Weimar 2008

Materialien und Dokumentationen

Angst, Joachim/Hackert, Fritz: *Johann Wolfgang Goethe. Iphigenie auf Tauris. Erläuterungen und Dokumente.* Stuttgart 1978

Gräf, Hans Gerhard: *Goethe über seine Dichtungen. Versuch einer Sammlung aller Äußerungen des Dichters über seine poetischen Wer-ke.* 9 Bde. Frankfurt/M. 1901–1914

Jeßing, Benedikt: *Johann Wolfgang Goethe. Iphigenie auf Tauris. Erläu-terungen und Dokumente.* Stuttgart 2002

Mandelkow, Karl Robert (Hg.): *Goethe im Urteil seiner Kritiker. Do-kumente zur Wirkungsgeschichte Goethes in Deutschland.* München 1979 ff.

Einzelwerke

Aristoteles: *Poetik.* Griechisch-deutsch. Übers. und hg. v. Manfred Fuhr-mann. Stuttgart 1982

Euripides: *Sämtliche Tragödien und Fragmente.* Griechisch-deutsch. 6 Bde. Übersetzt von Ernst Buschor. Hg. v. Gustav Adolf Seeck. Mün-chen 1977 [darin enthaltend in Bd. 4: *Iphigenie im Taurerlande*; Bd. 5: *Iphigenie in Aulis*]

Kant, Immanuel: *Werke in sechs Bänden.* Hg. v. Wilhelm Weischedel. Darmstadt 1983

Kleist, Heinrich von: *Sämtliche Werke und Briefe in vier Bänden*, hg. v. Ilse-Marie Barth, Klaus Müller-Salget, Stefan Ormanns und Hinrich C. Seeba. Frankfurt/M.: Deutscher Klassiker Verlag, 1987–1997

(*Penthesilea*, in: Bd. 2: *Dramen 1808–1811*, unter Mitwirkung von Hans Rudolf Barth hg. v. Ilse-Marie Barth und Hinrich C. Seeba, S. 9 bis 256; zit.: SWB [mit Band- und Seitenangaben])

Kleist, Heinrich von: *Penthesilea. Ein Trauerspiel.* Hg. und mit einem Kommentar v. Axel Schmitt. Frankfurt/M. 2007 (zit.: SBB 72)

Moritz, Karl Philipp: *Werke.* Bd. 3: *Erfahrung, Sprache, Denken,* hg. v. Horst Günther. Frankfurt/M. ²1993

Winckelmann, Johann Joachim: *Sämtliche Werke,* hg. v. Joseph Eiselein, ND der Ausgabe Osnabrück 1825, Osnabrück 1965

Interpretationen

Adorno, Theodor W.: »Zur Klassizität von Goethes ›Iphigenie‹« [1967], in: ders.: *Noten zur Literatur.* Frankfurt/M. 1974, S. 495–514

Alt, Peter-André: *Klassische Endspiele. Das Theater Goethes und Schillers.* München 2008

Bierl, Anton/Lämmle, Rebecca/Wesselmann, Katharina (Hg.): *Literatur und Religion. Wege zu einer mythisch-rituellen Poetik bei den Griechen.* 2 Bde. Berlin 2007

Blumenberg, Hans: *Arbeit am Mythos.* Frankfurt/M. 1979

Borchmeyer, Dieter: [Kommentar zu:] Johann Wolfgang Goethe: Iphigenie auf Tauris. Frankfurt/M. 1988 (*Sämtliche Werke. Briefe, Tagebücher und Gespräche.* Hg. v. Hendrik Birus [u. a.]. 40 Bde. Frankfurt/M.: Deutscher Klassiker Verlag, 1985 ff. – Abt. 1, Bd. 5: Dramen. 1776–1790, S. 1006–1052; 1281–1321)

–: »Iphigenie auf Tauris«, in: Walter Hinderer (Hg.): *Goethes Dramen. Interpretationen.* Stuttgart 1992, S. 117–157

Braungart, Wolfgang: »Mythos und Ritual, Leiden und Opfer. Ein strukturgeschichtlicher Versuch zur Tragödie«, in: Anton Bierl/Rebecca Lämmle/Katharina Wesselmann (Hg.): *Literatur und Religion. Wege zu einer mythisch-rituellen Poetik bei den Griechen.* Bd. 2. Berlin 2007, S. 359–423

Brendel, Otto J.: »Iphigenie auf Tauris – Euripides und Goethe«, in: *Antike und Abendland* 27 (1981), S. 52–97

Brown, Kathryn/Stephens, Anthony: »›... hinübergehen und unser Haus entsühnen‹. Die Ökonomie des Mythischen in Goethes ›Iphigenie‹«, in: *Jahrbuch der Deutschen Schillergesellschaft* 32 (1988), S. 94–115

Bürger, Christa: »Iphigenie – die Entstehung der bürgerlichen Institution Kunst«, in: dies.: *Der Ursprung der bürgerlichen Institution Kunst. Literatursoziologische Untersuchungen zum klassischen Goethe.* Frankfurt/M. 1977, S. 177–207

Burkert, Walter: *Homo necans. Interpretationen altgriechischer Opferriten und Mythen.* Berlin/New York 1972

–: *Wilder Ursprung. Opferritual und Mythos bei den Griechen.* Berlin 1990

Dörr, Volker C.: »›Ganz verteufelt human‹. Bemerkungen zur Humanität beim klassischen Goethe«, in: ders./M. Hofmann (Hg.): *»Verteufelt*

human«? Zum Humanitätsideal der Weimarer Klassik. Berlin 2008,
S. 101–140

Frick, Werner: »›La Querelle des anciens et des anciens‹: Tragödienex-
perimente in der Ära der Weimarer Klassik«, in: ders. (Hg.): *Die Tragödie. Eine Leitgattung der europäischen Literatur.* Göttingen 2003,
S. 218–251

–: »›Ich habe nichts als Worte‹. Von den Reden der Macht und der Macht
der Rede bei Euripides und Goethe«, in: Ortrud Gutjahr (Hg.): *Iphigenie – von Euripides/Goethe. Krieg und Trauma in Nicolas Stemanns
Doppelinszenierung am Thalia Theater Hamburg.* Würzburg 2008,
S. 129–150

Geisenhanslüke, Achim: *Johann Wolfgang Goethe: Iphigenie auf Tauris.*
München 1997

–: »Geständnistiere. Zur Genese der Aufrichtigkeit in Goethes *Iphigenie
auf Tauris*«, in: Ortrud Gutjahr (Hg.): *Iphigenie – von Euripides/Goe-
the. Krieg und Trauma in Nicolas Stemanns Doppelinszenierung am
Thalia Theater Hamburg.* Würzburg 2008, S. 89–109

Girard, René: *La violence et le sacré.* Paris 1972 (dt. *Das Heilige und die
Gewalt.* Frankfurt/M. ³1999)

Gundolf, Friedrich: *Goethe.* Leipzig/Berlin 1916

Gutjahr, Ortrud: »Iphigenie: Aulis – Tauris. Das Doppeldrama der
Kriegsbraut«, in: dies. (Hg.): *Iphigenie – von Euripides/Goethe. Krieg
und Trauma in Nicolas Stemanns Doppelinszenierung am Thalia
Theater Hamburg.* Würzburg 2008, S. 29–54

Hackert, Fritz: »*Iphigenie auf Tauris*«, in: Walter Hinderer (Hg.): *Goethes Dramen. Neue Interpretationen.* Stuttgart 1980, S. 144–168

Henkel, Arthur: »Die ›verteufelt humane‹ Iphigenie«, in: *Euphorion* 59
(1965), S. 1–17

–: »Iphigenie auf Tauris«, in: ders.: *Goethe-Erfahrungen. Studien und
Vorträge.* Stuttgart 1982, S. 61–83

Horkheimer, Max/Adorno, Theodor W.: *Dialektik der Aufklärung. Philosophische Fragmente.* Frankfurt/M. 1988

Hose, Martin: *Euripides. Der Dichter der Leidenschaften.* München
2008

Jauß, Hans Robert: »Racines und Goethes *Iphigenie*« [1973], in: ders.:
Ästhetische Erfahrung und literarische Hermeneutik. Frankfurt/M.
1982, S. 704–735

Landfester, Manfred: *Humanismus und Gesellschaft im 19. Jahrhundert. Untersuchungen zur politischen und gesellschaftlichen Bedeutung der humanistischen Bildung in Deutschland.* Darmstadt 1988

Petersen, Uwe: *Goethe und Euripides. Untersuchungen zur Euripides-
Rezeption in der Goethe-Zeit.* Heidelberg 1974

Pfister, Manfred: »›Merry Greeks‹: Die Spiele der Elisabethaner mit den
antiken Mythen«, in: Martin Vöhler/Bernd Seidensticker (Hg.): *My-
thenkorrekturen. Zu einer paradoxalen Form der Mythenrezeption.*
Berlin 2005, S. 123–138

Rasch, Wolfdietrich: *Goethes ›Iphigenie auf Tauris‹ als Drama der Autonomie.* München 1979

Reed, Terence James: »Iphigenie auf Tauris«, in: *Goethe-Handbuch*. Bd. 2: *Dramen*. Hg. v. Theo Buck. Stuttgart/Weimar 1996, S. 195 bis 228

Schadewaldt, Wolfgang: »Furcht und Mitleid? Zur Deutung des Aristotelischen Tragödiensatzes«, in: *Hermes. Zeitschrift für klassische Philologie* 83 (1955), S. 129–171

Schmidt, Jochen: *Metamorphosen der Antike in Goethes Werk*. Heidelberg 2002

Zimmermann, Bernhard: »Euripides' und Goethes *Iphigenie*«, in: Olaf Hildebrandt/Thomas Pittrof (Hg.): »*... auf klassischem Boden begeistert*«. *Antike-Rezeption in der deutschen Literatur. FS für Jochen Schmidt zum 65. Geburtstag*. Freiburg/Br. 2004, S. 133–143

IPHIGENIE AUF TAURIS: Der antike Name ›Taurische Cher- 7.1
sonnes‹ bezeichnet die Halbinsel Krim im Schwarzen Meer; benannt nach dem skythischen Stamm der Taurer, einem kauka-
sischen Bergvolk, das dort gesiedelt hat. Mit der Ortsangabe
»auf Tauris« lehnt sich Goethe an die franz. Tradition der Iphi-
genie-Dichtungen an (La Grange Chancel, Duché de Vaucy):
Iphigénie en Tauride (dagegen Euripides: *Iphigenie bei den Taurern*). – Das im Schauspiel dargestellte Geschehen mit Bühnen-
und verdeckter Handlung lässt sich in zwei Handlungsstränge
trennen: die Orest- und die Iphigenie-Handlung. Im ersten
Handlungsstrang geht es um Orests Schicksal als Rächer Agamemnons und Mutter-Mörder, seinen Verfolgungswahn und
dessen Heilung. Die Iphigenie-Handlung wird von der Intrige
bestimmt, die die Flucht der Geschwister mit Pylades ermöglichen soll, von der Reflexion der Artemis/Diana-Priesterin über
das Verhältnis von Göttern und Menschen und der friedlichen
Lösung des Konflikts zwischen Taurern und Griechen. Der Auf-
bau des Dramas entspricht dem einer antiken Tragödie mit Exposition, Anagnorisis/Peripetie und fallender Handlung. Ist der
I. Akt den expositorischen Funktionen (Einführung von Ort,
Zeit und Personen, Anbahnung des Konflikts) vorbehalten, umfassen der II. und III. Akt die Orest-, der IV. und V. Akt die
Iphigenie-Handlung. Zwar wird der Untergang der Protagonistin und damit die Katastrophe abgewendet, doch kann darüber
nachgedacht werden, inwiefern es trotzdem zu einer tragischen
Lösung des Konflikts kommt: Thoas hört selbst als Barbar die
Stimme der Humanität, verbleibt aber als aus der Gemeinschaft
der Griechen Ausgeschlossener auf Tauris. Die Peripetie als
Höhe- und Wendepunkt ist in der Mitte des Schauspiels plat-
ziert, dort wo sich Orest und Iphigenie als Geschwister erkennen
(III, 1), wodurch sich eine symmetrische Architektur des Hand-
lungsverlaufs ergibt. Die das geschlossene Drama bestimmende
Einheit von Ort (»Hain vor Dianens Tempel«), Zeit und Hand-
lung wird streng und konsequent eingehalten, so dass Goethes
Schauspiel die Regeln der *tragédie classique* erfüllt und sich von

der v. a. von Lessing eingeleiteten Kritik der Regeln und Normen des franz. und höfischen Theaters absetzt. Gleichzeitig aber folgt die Darstellungsweise einer (bereits bei Euripides begegnenden) Konzentration auf die psychische Disposition der Figuren und somit einer deutlichen Verinnerlichung, wie sie für die Dramaturgie des bürgerlichen Trauerspiels in der zweiten Hälfte des 18. Jh.s typisch war.

8.1 **PERSONEN**: Auflistung der auftretenden Figuren nach ihrer Bedeutung für die Handlung und – mit Ausnahme des Taurerkönigs Thoas – ohne charakterisierende Zusätze. Insgesamt zeichnet sich die *Iphigenie* neben der strengen klassischen Form durch eine symmetrische Figurenkonstellation aus, die die geschlossene Form des Dramas unterstreicht. Die wesentliche Unterscheidung innerhalb der Figurengruppen ist die zwischen Griechen und Skythen: Iphigenie, Orest und Pylades stehen Thoas und Arkas (eine Figur, die Goethe der aulischen *Iphigénie* von Racine, in der Agamemnons Diener Arcas heißt, entnommen haben dürfte, zumal der Name in der Antike unbekannt ist) gegenüber, wobei Iphigenie aufgrund ihrer Herkunft, ihrer Exilsituation und ihres religiösen Amtes zugleich in die griechische wie in die taurische Sphäre involviert ist und schon durch diese Schwellenposition ›zwischen den Kulturen‹ von Anfang an als vermittelnde Figur gezeichnet wird. Im gleichen Maße, wie sich im Dramenverlauf Heimat und Fremde dialektisch verschränken, wird auch der kulturelle Unterschied zwischen Griechen und Skythen aufgehoben. Im Gegensatz zur taurischen *Iphigenie* des Euripides handelt es sich hierbei jedoch nicht um die fundamentale Differenz zwischen Griechen und Barbaren; stattdessen erkennt Iphigenie in Thoas den »edlen Mann« (V. 2145; vgl. auch V. 33). Demgegenüber erscheinen die Griechen in den kritischen Augen der Skythen als Barbaren, die nach Tauris gekommen sind, um das Kultbild der Göttin Artemis/Diana zu entwenden (vgl. V. 2102–2106). Während Goethe im Verlauf des Schauspiels die Eindeutigkeit der ethnischen Differenz zwischen Skythen und Griechen dekonstruiert, setzt das Schlusstableau des Dramas diesen Unterschied vollkommen außer Kraft. Im Gespräch mit Arkas erinnert sich die Priesterin, »[d]aß ich auch Menschen hier verlasse« (V. 1524). Die abschließende, durch

Iphigenie herbeigeführte Versöhnung im Zeichen der Humanität erlaubt eine endgültige Aufhebung der antiken Differenzfigur von Griechen und Barbaren, an deren Stelle ein umfassender Menschlichkeitsbegriff tritt, der alle handelnden Personen des Schauspiels gleichermaßen umfasst, allerdings um den Preis, dass der Ersatz-Vater Thoas nach der (griech.) Familienzusammenführung allein auf Tauris zurückgelassen wird.

Hain: Eine im Umkreis Klopstocks und seines Kreises (›Göttinger Hain‹) wiederbelebte Bezeichnung für das (Lust-)Wäldchen; hier in der Bedeutung ›gehegter, einer Gottheit geweihter Wald‹. Als einzigen Schauplatz nennt Goethe für das gesamte Drama den »Hain vor Dianens Tempel«. Äußerste Unbestimmtheit, Entleerung von allen Gegenständen, zugleich ein Anklang an kultisch-rituelle Symbolik kennzeichnen diesen Ort. Es ist von Anfang an bemerkenswert, dass die Phantasie der Zuschauer/Leser zu keiner Zeit durch charakterisierende Requisiten von dem eigentlichen Schauplatz der Tragödie abgelenkt wird: dem Inneren der Figuren, ausgedrückt im Medium der Sprache. In der Abstraktheit der Anschauung auf der Bühne liegt die Entsprechung für Iphigenies permanenten Rekurs auf das gesprochene Wort. 8.8

Dianens: Alte röm. Frauen- und Geburtsgöttin sowie Beschützerin der Jungfrauen und Sklaven mit Kultstätte bei Aricia; mit der griech. Artemis (Zwillingsschwester des Sonnengottes Apollon) identifiziert, erhielt sie kultische Verehrung als Wald-, Jagd- und Mondgöttin. 8.8

ERSTER AUFZUG: In der Exposition des Schauspiels wird in Zeit, Ort und Atmosphäre der Handlung eingeführt; ferner lernt der Zuschauer/Leser die für die Handlung wichtigen Personen direkt (über ihre Auftritte) oder indirekt (über die Aussagen anderer) kennen; außerdem beginnt sich der Konflikt mehr oder minder deutlich abzuzeichnen. Goethes Drama beginnt mit einer geographischen Ortsangabe, die zugleich die psychologische Befindlichkeit der Protagonistin spiegelt: Vom Hain der Götter wandert sie in Gedanken zum Ufer, »das Land der Griechen mit der Seele suchend« (V. 12), wobei ihr Blick zurück auf die Insel fällt, auf der sie sich gegen ihren Willen in »ernsten, heil'gen Sklavenbanden« (V. 34) befindet. Iphigenie kann als Gestran- 9.0

dete gelesen werden, da sie als Opfer einer Seefahrt auf die Insel kommt: Tauris ist für sie nicht sofort der Ort eines glücklichen Neuanfangs (U-topie); die Artemis/Diana-Priesterin verdeutlicht vielmehr, obwohl sie die von den Göttern gegebene Ordnung nicht bezweifelt, dass sie den Dienst an der Göttin nur mit »stillem Widerwillen« verrichtet, um sich sofort wieder der griech. Heimat und dem »göttergleichen Agamemnon« (V. 45) zuzuwenden. Insgesamt ist das Schauspiel heterotopisch angelegt: Alle Handlung spielt sich – als äußerer Raum – zwischen dem Hain, dem Meer und dem sehnsüchtig erträumten Griechenland ab, der innere Raum erstreckt sich vom Hain als dem relig. Bereich der Göttin über das Meer, das auf die Insel Tauris verweist, bis nach Griechenland, das hier für das kulturelle Gedächtnis und den mythologischen Raum der Vergangenheit steht, mit dem die taurische Iphigenie durch ihre mykenische Vergangenheit verbunden ist. Die von Iphigenie leidenschaftlich ersehnte Rückkehr nach Griechenland ist – angesichts der Vorgeschichte in Aulis – alles andere als selbstverständlich, zumal ihr Tauris gerade als »Schutzort« (V. 440) vor dem Vater Agamemnon diente.

9.1 **Schatten**: Der »Schatten« – semantisch dem »schönen Licht der Sonne« (V. 573) gegenübergestellt – steht in Goethes Schauspiel sowohl für den Bereich des Todes (etwa V. 1232, in dem das Schattenreich des Hades als »dunkles Reich« gekennzeichnet wird; vgl. auch V. 108, 597, 1005, 1115, 1263) als auch für eine – von der Gegenwart der Sprechenden aus betrachtet – nicht realisierte Existenzmöglichkeit (vgl. V. 88–90, 694, 1334). Dementsprechend offenbart Iphigenie bereits in ihrem Eingangsmonolog, dass sie ihr Leben auf Tauris (obwohl sie durch die Rettung der Göttin vom Opfertod erlöst wurde) als eine Schattenexistenz im Reich des Todes empfindet, dem die Sonne der Heimat (vgl. den Schlussvers von Schillers *Elegie*: »Und die Sonne Homers, siehe! Sie lächelt auch uns«) entgegensteht.

9.8 **Ein hoher Wille**: Gemeint ist die Entscheidung der Artemis/ Diana, Iphigenie, die sie in eine Wolke verhüllt und an ihrer Stelle unbemerkt eine Hirschkuh auf den Altar legt, vom Opferaltar in Aulis zu retten und nach Tauris zu führen.

9.21 **Mitgeborne**: Geschwister; wörtl. Übertragung von griech.

σύγγονοι ›Verwandte, Gleichaltrige‹. Mit solchen bewusst einge-
streuten Gräzismen versucht Goethe, einen antiken Sprachduk-
tus zu erzeugen.

Der Frauen: Diese Form ist möglicherweise (wie in den V. 214, 9.24
966, 1965) die alte flektierte Form des Genitiv Singular, zumal
sie auch zu den Singularen »der Mann« (V. 25) und »des Weibes« (V. 29) passt. Denkbar wäre eine Anlehnung an Euripides
(vgl. etwa *Medea*, V. 230 ff.), für dessen Tragödien solche Reflexionen über das Schicksal der Frau charakteristisch sind.

Tochter Zeus: Goethe gräzisiert hier die in der Prosafassung 10.43
benutzte lat. Namensform (»Tochter Iovis«).

wenn du den hohen Mann [...] ängstigtest: In Verkehrung der 10.43–44
Ereignisse auf Aulis unterstreicht Iphigenie hier nicht die Bereitschaft Agamemnons zum Opfer der eigenen Tochter, um seine
von Machtgier beherrschte Unternehmung des Trojanischen
Krieges nicht zu gefährden, sondern die Angst, die ihm von den
Göttern eingeflößt worden sei. In Iphigenies Deutung sind nicht
die Menschen, sondern die Götter für das ihr zugestoßene Unglück und ihren Aufenthalt auf Tauris verantwortlich. Damit
kündigt sich schon im 1. Auftritt das Kernthema des Schauspiels
an: die Frage, wie sich die Menschen zum Willen der Götter
verhalten können. Damit einher geht ihre Bindung an eine ver-
klärte Vaterimago; eine andere Form des Glücks als an seiner
Seite scheint ihr undenkbar. Die den I. Akt durchziehende Frage,
inwiefern »uns zum Vaterland die Fremde werden« kann, wird
durch die ungebrochene Identifizierung der Artemis/Diana-
Priesterin mit dem Idealbild des Vaters eindeutig beantwortet.
Die im 2. Auftritt folgende kluge Antwort des Arkas, der Priesterin sei »fremd das Vaterland geworden« (V. 77), verweist auf
die von Iphigenie nicht erkannte Zweideutigkeit ihrer Beziehung
zu Griechenland: Trotz ihrer (durch die Opferung in Aulis) in-
itiierte Relegation aus ihrer Heimat wünscht sie sich nichts sehn-
licher, als an den Ort des Unglücks zurückzukehren.

umgewandten Mauern: Erneute antikisierende Übertragung 10.47
aus dem Griechischen: πόλιν ἀνατρέπειν ›eine Stadt umwen-
den, zerstören‹; Iphigenie weiß an dieser Stelle noch nichts vom
Sieg der Griechen in Troia, sondern gibt lediglich ihrer Hoffnung
auf einen Erfolg der Griechen Ausdruck, der eine Heimkehr ih-

res Vaters sowie ihre eigene Rückkehr nach Griechenland ermöglichen würde.

10.50 **Die schönen Schätze:** Nicht wörtl. (als Reichtümer) zu verstehen, sondern metaphorisch: als Apposition zu den in V. 49 genannten Personen.

10.54 **ARKAS:** Die nun folgende Rede des Arkas ist durch die indirek-
te Anrede, den Archaismus »beut« und die Doppelformen als
zeremonielle Sprechweise gekennzeichnet; vgl. ähnlich Iphigenies an Thoas gerichtete Begrüßungsworte (V. 220 ff.).

11.89 **Schatten:** In antiker Vorstellung dachte man sich die Verstorbenen als Schatten, die in der Unterwelt fortexistieren und an
bestimmten Tagen zu ihren Gräbern zurückkehren; vgl. Erl. zu
9,1.

12.102 **voll Grausens:** Vgl. den Bericht des griech. Historikers Herodot
über die Bräuche der Taurer: »Sie opfern die Schiffbrüchigen
und die griechischen Seefahrer, deren sie auf dem hohen Meer
habhaft werden, der Jungfrau nach folgendem Ritus: Nach den
Weihen schlagen sie mit einer Keule auf den Kopf des Opfers.
Die einen sagen, sie werfen die Leiche von dem steilen Felsen, auf
dem das Heiligtum steht, hinab und stecken den Kopf auf einen
Pfahl. Andere erzählen vom Kopf das gleiche, der Leib jedoch
werde nicht den Abhang herabgestürzt, sondern begraben. Die
Gottheit, der sie diese Opfer bringen, ist, wie die Taurer behaup-
ten, Iphigenie, die Tochter Agamemnons. Gefangene Feinde be-
handeln sie so: Sie schlagen ihnen den Kopf ab, nehmen ihn mit
nach Hause, stecken ihn auf eine lange Holzstange und stellen
ihn so auf, daß er weit über das Haus emporragt, meist über dem
Rauchfang. Sie meinen, die Toten schwebten als Wächter über
ihrem ganzen Besitz. Die Taurer leben von Krieg und Beute«
(*Historien* IV 103, in der Übersetzung von Josef Feix. München/
Zürich [4]1988, S. 579).

12.112 **Zu jenen grauen Tagen vorbereitet:** Iphigenie spricht hier vom
»Schattenleben« (wie es in den früheren Fassungen heißt), das
die Verstorbenen in der lichtlosen Unterwelt am Ufer des Vergessen bringenden Lethe-Stroms tatenlos verbringen (= »feiert«).

12.113 **Lethe's:** Fluss in der Unterwelt, aus dem die Toten trinken müssen, um die Erinnerung an ihr irdisches Leben zu verlieren.

Umschwebt mit frohem [...] nicht der Sieg: Anspielung auf die in antiker Kunst als geflügelte Trägerin eines Siegeskranzes vorgestellte Siegesgöttin Nike. Berühmt sind die Nike-Statuen in Olympia und Samothrake. Vgl. die von Goethe im *Egmont* gestaltete umdeutende Verwandlung der Freiheits-»Erscheinung« innerhalb der Traumvision zur »Siegesgöttin« (V. 28 ff.).

13.131

unwirtbaren Todes-Ufer: Diese Passage bezieht sich auf den erst von Iphigenie ausgesetzten Brauch der Taurer, alle auf der Insel landenden Fremden der Artemis/Diana zu opfern. Das Attribut »unwirtbar« (obwohl es nach Johann Christoph Adelungs *Versuch eines vollständigen grammatisch-kritischen Wörterbuchs*, Leipzig 1774–86, nicht einmal in stilvoller Prosa verwendet werden sollte) wird hier im Sinne von lat. inhospitalis ›ungastlich‹ verwendet.

13.142

Der Scythe [...] fein zu lenken.: Arkas übernimmt hier eine typisch griech. Sicht auf die ›Barbaren‹, ein Begriff, der sich anfänglich auf nicht-griechischsprachige Gruppen bezieht (Homer, *Ilias* II 867; Herodot, *Historien* II 57). Die asymmetrischen Gegenbegriffe ›Hellenen‹ und ›Barbaren‹ entsprechen einem in der Ethnologie bekannten Muster: Andersartige, Fremde werden in stark hellenozentrisch bestimmten Vorstellungen als Barbaren wertend von der eigenen Kultur abgegrenzt. In der Skala negativer Barbaren-Topoi dominieren, z. T. tierischer Lebensweise entsprechend, Wildheit, Rohheit und Unbildung. In das Gegenbild zur hellenischen Zivilisation passen Fremdenfeindschaft, Gesetz- und Treulosigkeit, sklavisches, feiges ebenso wie maßlos übertriebenes Verhalten und zahlreiche Varianten dieser Vorurteile. Die von Arkas hier angedeutete rohe Gesprächskultur des Königs scheint sich zwar im folgenden Auftritt zu bestätigen, wenn er, statt das Gespräch »fein zu lenken«, gleich auf seinen Heiratswunsch lossteuert; doch auch Pylades und Orest unterminieren im Verlauf des Dramas die Annahme einer verfeinerten griech. Kultur (vor allem in IV 4 und V 4), wobei sich die Skythen mit zunehmendem Handlungsfortschritt sehr wohl als zivilisierte Gesprächspartner erweisen.

14.164–168

Furcht: Iphigenie empfindet »Furcht«, weil sie, die von Thoas »als ein Geschenk der Göttin« (V. 99, Prosafassung) empfangen wurde, ihrer Meinung nach in Wirklichkeit ein »verwünschtes

14.176

Haupt« (vgl. V. 267 ff.) ist. Damit evoziert und korrigiert Goethe an dieser Stelle eine zentrale Kategorie der aristotelischen *Poetik*. Die Tragödie, so ist bei Aristoteles wiederholt zu lesen (v. a. 1452a), rufe Jammer (griech. ἔλεος) und Schaudern (griech. φόβος) hervor, und eben hierin bestehe das ihr eigentümliche Vergnügen und ihr eigentlicher Zweck. Das Wort ›Phobos‹ bezeichnete urspr. (bei Homer) ein durch Erschrecken bewirktes physisches Tun. Die weitere Entwicklung dieses Begriffs verlief offenbar so, dass man zunächst das äußere Anzeichen erfasste, dann aber vermehrt auf dessen innere Ursache, auf den Affekt des Erschreckens, Wert legte. Hierbei ging man jedoch nicht so weit (wie es in Goethes Drama ablesbar ist), dass man jemals ein rein inneres, überhaupt nicht an physischen Veränderungen ablesbares Empfinden als Phobos bezeichnet hätte. Die aristotelische *Rhetorik* erläutert Phobos durch ταραχή ›Verwirrung‹; ein derart heftiger Erregungszustand lässt sich nicht – wie im Falle Iphigenies – durch »Furcht«, eine lang anhaltende mildere Gestimmtheit, sondern eher durch »Schrecken« oder »Schaudern« angemessen wiedergeben. Lessing glaubte, wie später auch Goethe, Aristoteles habe mit Phobos lediglich die mittelbare Wirkung der Tragödie bezeichnen wollen: die Wirkung, die daraus entspringe, dass der Zuschauer das Leid des Helden auf sich selbst zurückbeziehe; diese Wirkung aber heiße »Furcht«, nicht »Schrecken«.

15.200 **Jungfrau einer Jungfrau**: Artemis/Diana, in deren Tempel Iphigenie als Priesterin dient, ist nicht nur Göttin der Jagd, sondern auch Beschützerin von Keuschheit und Jungfräulichkeit. Ihre Verweigerung gegenüber aller männlichen Werbung ist die Eigenschaft, über die sich Iphigenie mit ihrer Göttin identifiziert und gegen die Weigerung, Thoas zu heiraten, ins Feld führt. Mit dem Heiratsanliegen ist Thoas bestrebt, Iphigenie aus ihrem relig. Schutzort in die polit. Sphäre seiner Herrschaft zu führen. Aus Enttäuschung über Iphigenies Weigerung zwingt der Taurerkönig sie schließlich, das von ihr als Priesterin zu leistende Blutopfer wiedereinzusetzen. Das Iphigenie damit bereitete Dilemma beruht auf dem Umstand, dass sie, obwohl sie am eigenen Leib erfahren hat, dass die Götter nach dem Menschenopfer nicht verlangen, gezwungen wird, gegen den Willen der Götter,

selbst die Opferung von Menschen durchzuführen: »Der mißversteht die Himmlischen, der sie / Blutgierig wähnt; er dichtet
ihnen nur / Die eigenen grausamen Begierden an.« (V. 523 ff.)
Die von Thoas geforderte Wiedereinführung des Opfers greift
nicht nur die Frage nach dem Gegensatz von Hellenen und Barbaren bzw. nach den Möglichkeiten der menschlichen Kultur-
entwicklung zwischen humanem und barbarischem Denken auf,
sondern stellt darüber hinaus das ›opfernde Opfer‹ Iphigenie in
den Kontext des Fluchzusammenhangs, der über ihrer Familie
lastet: Führt sie die Opferung durch, lädt sie die gleiche Schuld
auf sich, die ihrem Urahnen Tantalus und auch ihrem Vater Agamemnon zum Verhängnis wurde, so dass sie gegen Ende des I.
Aktes flehentlich ruft: »O enthalte vom Blut meine Hände! /
Nimmer bringt es Segen und Ruhe« (V. 549–550).

das Gesetz / Gebietet's: Thoas rechtfertigt das Menschenopfer   16.258–
nicht nur aus dem traditionellen Artemis/Diana-Kult (»Ge-   17.259
setz«), sondern auch als Abschreckungs- und Schutzmaßnahme
gegen fremde Eindringlinge, somit als außenpolit. »Not(wen-
digkeit)« (vgl. V. 2102–06).

verwünschtes Haupt: Iphigenie spielt auf den Fluch an, der auf   17.268
allen Mitgliedern des Tantalus-Geschlechts liegt (vgl.
V. 306 ff.).

Schauer: Goethe evoziert an dieser Stelle die eigentliche Bedeu-   17.270
tung des griech. Begriffs ›Phobos‹ (vgl. Erl. zu 14,176). ›Schauer‹
und ›Schauder‹ bezeichnen in der Sprache des 18. Jh.s nicht zwei
verschiedene Empfindungen, eine ehrfürchtige und eine furcht-
einflößende, sondern die schwächere und stärkere Spielart des
aus beiden gemischten Gefühls.

Einmal vertraut [...] oder nützt.: Das Motiv des einmal in die   18.303–305
Welt gekommenen und sich dann vom Sprecher ablösenden
Wortes, das zukünftige Rede und/oder Handlung hemmt, greift
Goethe in der *Natürlichen Tochter* (V. 411 ff.) wieder auf.

Ich bin aus Tantalus Geschlecht.: Interessanterweise entgegnet   18.306
Iphigenie auf Thoas' Heiratswunsch nicht mit einem Verweis
darauf, dass sie als jungfräuliche Dienerin der Artemis/Diana
gar nicht heiraten dürfe, sondern bemüht den Hinweis auf ihre
Herkunft. Goethe lässt Iphigenie selbst über die vergangenen
Gräuel des Tantaliden-Geschlechts (bis zu ihrer eigenen Entrü-

ckung aus Aulis) aufklären (vgl. zu den antiken Überlieferungen und Goethes Umgang mit ihnen das Kap. ›Antike und moderne Archetexte‹). Bei Aischylos (im *Agamemnon*) fällt es der trojanischen Seherin Kassandra zu, an die vergangenen Schandtaten der Atriden (beginnend mit Atreus' Kinderschlachtung) zu erinnern und die künftigen (Agamemnons Ermordung und Orestes' Rache) vorherzusagen. Goethe überträgt der ›Aufklärerin‹ Iphigenie diese Kassandra-Funktion im Drama unter Abzug der prophetischen Fähigkeit und der dazu gehörigen Ekstase. Geisenhanslüke hat darauf verwiesen, dass »Iphigenies Geständnis« »einen ersten Schritt zur Selbstfindung« markiere: »Das Geständnis zeigt, dass sich Iphigenie weder als Priesterin noch als Königin auf Tauris definiert, sondern als Tochter Agamemnons. Iphigenie stellt sich damit bewusst in eine Kontinuität mit der mythischen Geschichte ihrer Familie, die von Tantalus bis zu ihr selbst reicht. Von den drei Bindungen, die der Eingangsmonolog entfaltete, der religiösen Bindung an die Göttin Diana, der politischen Bindung an den König Thoas und der mythischen Bindung an ihre Familie, setzt sich nun der Mythos, die Geschichte ihrer Herkunft aus dem Geschlecht der Tantaliden, durch.« (Geisenhanslüke 1997, S. 37)

18.323 **Übermut**: Im Sinne von griech. ὕβρις ›selbstherrliche Überschreitung des den Menschen gesetzten Maßes‹. Die Hybris ist oft Keimzelle der griech. Tragödie. Man könnte hier durchaus einen verdeckten Hinweis darauf sehen, dass Tantalus den Göttern bei einem Gastmahl das Fleisch seines Sohne Pelops vorsetzte, um ihre Allwissenheit auf die Probe zu stellen. Wahrscheinlich jedoch würde Iphigenie dieses »Vergehen« kaum als »menschlich« bezeichnen. Es ist eher wahrscheinlich, dass Goethe die Gestalt des Tantalus (mit Rekurs auf Pindars 1. Olympische Ode, V. 37 ff.) bewusst überhöht und die Vergehen seiner Nachkommen sich erst als Folge des Grenzen sprengenden Hasses der Götter zu Gräueln steigern lässt (vgl. V. 355 ff.). Zugleich führt er damit die Tantalus- mit der Prometheus-Figur eng, dessen »Übermut« Goethe in seiner berühmten Sturm-und-Drang-Hymne gestaltet hat und dessen »Untreue« darin besteht, dass Prometheus den Menschen das ihnen von Zeus vorenthaltene Feuer bringt. Durch die Remythisierung ihres rein kommunikativen Handelns, das auf Vernunft und Aufklärung setzt, ist Iphigenie ein Anti-Prometheus; sie überbietet – in ihrer »unerhörten Tat« (V. 1892) – alle selbstherrliche Überschreitung im Handeln, aber nur durch Wendung nach innen, die sie vor allen anderen Figuren auszeichnet. Thoas treibt ein wilder Sinn um, die Griechen zu töten (V. 784), Orest verfällt dem Wahnsinn, Pylades schmiedet seine Ränke und Arkas arbeitet stets im Sinne seines Herrn. Nur Iphigenie handelt nicht, bestenfalls erleidet sie Handlung. Gleichzeitig macht sie deutlich, dass die Kette der Untaten dem verhängnisvollen Umgang mit den Göttern, die die eigentliche Schuld tragen, zuzuschreiben ist – ein Gedanke, der an späterer Stelle im Parzenlied wiederaufgenommen wird.

Schmach des alten Tartarus: Genitivus explicativus (Tartarus als Ort der Schmach). Nach griech. Vorstellung ist der ›Tartaros‹ (auch Orkus, Erebus, später mit Hades gleichgesetzt) der tiefste Raum in der Unterwelt, in dem die Titanen für ihren Frevel bestraft werden. In der *Iphigenie* steht er entweder für die gesamte Unterwelt (so in V. 1360) oder – wie an dieser Stelle – für den Ort der tiefsten Verdammnis, der Schmach innerhalb des Totenreichs, in den die Frevler zu ewigen Qualen hinabgestoßen werden, während die Frommen über den Lethe-Strom in die ewige Glückseligkeit des Elysiums eingehen. 〔18.325〕

Titanen: Obwohl Tantalus in den mythologischen Stoffvorlagen als Sohn des Zeus begegnet, macht Goethe ihn hier zum Titan; möglicherweise greift der Dichter auf einen (eher abseitigen) Zweig der mythologischen Tradition zurück, dem zufolge Tantalus' Mutter als Tochter des Kronos und der Rhea aus der Götterdynastie der Titanen stammt. – Titanen waren in der antiken Vorstellungswelt ein riesenhaftes Göttergeschlecht, bestehend aus den sechs Töchtern und sechs Söhnen des Uranos (Himmel) und der Gaia (Erde), zu denen Iapetos, Hyperion und Kronos zählen. Nach ihrer Niederlage im Kampf gegen Zeus (Titanomachie) werden sie im Tartaros eingesperrt, wo sie von den Hekatoncheiren (griech. ›Hunderthändige‹) Kottos, Briareos und Gyes, drei Riesen mit 100 Armen und 50 Köpfen, bewacht werden. 〔18.328〕

ein ehern Band: ›Ehern‹ ist das Adjektiv zu ›Erz‹; im Drama meist der Sphäre des Schicksalszwangs, der menschlichen Un- 〔19.331〕

freiheit und der von den Göttern verhängten Blindheit (vgl. V. 72 f., 86, 300, 540, 589 f., 1308 f., 1330, 1680 f., 1707 f., 1742 u. 2117), aber auch den Erinnyen (V. 1129 u. 1361) zugewiesen. Sinnverwandte Motive sind die »dunkle Decke« (V. 615), die »schwere Stirn« (V. 750) oder die »dunklen Schwingen«, die die Ungewissheit Iphigenie »um das bange Haupt« schlägt (V. 1002). Im Gegensatz dazu ist der Motivbereich des Linden, Erquickenden und Lösenden Zeichen für die segensreiche Wirkung der Götter (vgl. V. 1157 f., 1258 ff., 1343 ff., 1939 ff. oder V. 2170 f.).

19.339 **Des Önomaus Tochter, Hippodamien:** Die Stellung im Vers lässt auf eine Betonung des Namens nach lat. Metrik schließen: *Önomáus*. In der Ausgabe letzter Hand ändert Goethe die Stelle zu »Önomaus' Erzeugte«, um die griech. Betonung *Oinómaos* dem jambischen Metrum einzupassen. Diese Veränderung ist ein Hinweis auf das langsame Eindringen der griech. Namen in die dt. Sprache, dessen erste Spur im Drama der nur einmal, und zwar erst in der Jambenfassung benutzte Name »Zeus« (V. 43) ist. – Im Gegensatz zur antiken Überlieferung wird Hippodameia von Goethe aller Mitschuld an der Ermordung des älteren Pelopssohnes Chrysippos enthoben. Dieses Verbrechen widerspräche dem Frauenideal Goethes und seiner Zeit. Selbst Klytaimnestras Beteiligung an der Ermordung Agamemnons wird in V. 891 ff. gegenüber den antiken Archetexten gemildert.

20.390–391 **So wendete [...] dem ew'gen Gleise.:** Während bei Goethe der Sonnenwagen, den Helios täglich über den Himmel fährt, wegen der gerade berichteten Gräueltat des Atreus aus dem Gleise geraten ist (Störung der Naturordnung), steht in der antiken Überlieferung (vgl. die euripideischen Dramen *Elektra* und *Orestes*) die kosmische Störung in einer anderen Beziehung zum Streit zwischen Atreus und Thyestes. Dieser hatte sich durch Betrug in den Besitz des Wundertiers mit dem Goldenen Vlies und damit auch des Königszepters gesetzt. Deshalb soll Zeus/Jupiter den Gang der Gestirne verändert und Helios den Sonnenwagen umgewendet haben (Zeichen des göttlichen Unwillens). Dann erst kam es zu dem schrecklichen Kindermahl.

21.400 **Des Atreus [...] Agamemnon:** In Goethes Handschrift steht demgegenüber: »Des Atreus letzter Sohn war Agamemnon / der ihm von allen Kindern übrig blieb«. Lohmeier vermutet, dass die Stelle »vermutlich von Herder in der Druckvorlage geändert [wurde], da ja Menelaos auch noch lebt und beim Ausbruch des Trojanischen Krieges eine entscheidende Rolle spielt. Goethe kam es anscheinend eher darauf an, Orest als den letzten männlichen Sproß eines vordem gewaltigen Geschlechts erscheinen zu lassen« (HA, 448).

Raub der schönsten Frau: Anspielung auf Helena, die aus dem Ei der in einen Schwan verwandelten Nemesis geborene Tochter des Zeus. Helena, die schönste aller Frauen, wird von Theseus entführt, von den Dioskuren aber befreit und zurückgebracht. Aus einer Vielzahl von Freiern, die den Schwur ablegen, ihren Auserwählten anzuerkennen und zu verteidigen, wählt Helena Menelaos. Ihre Entführung durch Paris löst den Trojanischen Krieg aus. Nach Paris' Tod wird sie bis zur Eroberung Trojas zur Frau des Deiphobos. Nach einer auf den Lyriker Stesichoros zurückgehenden Version, der sich Euripides in seinem Drama *Helena* anschließt, entführt Paris nicht die wirkliche Helena, sondern bloß ein Trugbild (griech. *eidolon*) nach Troja, während Zeus Helena nach Ägypten entrückt, wo sie unter der Obhut von Proteus zehn Jahre verbringt. 21.414

Aulis: Hafenstadt in Boiotien am Golf von Euboia. 21.419

Kalchas: Im griech. Mythos Seher und Vogelschauer, der den Griechen mit vielen wichtigen Voraussagen über den Verlauf des Trojanischen Krieges dienlich ist. So erkennt er die Notwendigkeit der Teilnahme Achills, entnimmt einem Zeichen, dass der Krieg erst nach zehn Jahren enden wird, fordert die Opferung Iphigenies und sieht, dass Apollon nur durch die Rückgabe der Chryseïs an ihren Vater, einen seiner Priester, gnädig gestimmt werden kann. Von ihm stammt vermutlich auch der Plan, das Trojanische Pferd zu bauen. Einem Orakelspruch zufolge stirbt Kalchas nach einem Seherwettstreit mit Mopsos, dem er unterliegt. 21.423

Den schönsten Kranz: Nach griech. Brauch wurde die Geburt eines Sohnes durch Ölzweige, die um die Pfosten der Eingangstür geflochten waren, die Geburt einer Tochter durch gewundene Wollbänder angezeigt. 22.460

Säul' an Säulen: In Goethes Handschrift findet sich demge- 22.460

genüber die üblichere Präposition: von »Säul' zu Säulen«. Die vermutlich erneut von Herder vorgenommene Änderung dürfte analog zu den Gesetzen der antiken Metrik erfolgt sein, nach denen der Wegfall des auslautenden -e (Elision) nur erlaubt war, wenn dadurch ein Hiatus (Zusammentreffen zweier Vokale) vermieden wurde.

23.484 **Glaub' es:** In Goethes Handschrift steht an dieser Stelle: »Glaub mir«. Durch die aus metrischen Gründen vorgenommene Korrektur rückt das kurze, tonlose »es« an die Stelle einer Hebung, so dass der Rhythmus gestört wird; ein denkbarer Ausgleich durch schwebende Betonung ist nicht möglich.

23.493–496 **Es spricht kein [...] die zarte Stimme.**: Hier deutet sich ein Widerspruch zum ersten ›Götterdiskurs‹ Iphigenies an, indem sie das »Herz« als das entscheidende Medium der Kommunikation zwischen Menschen und Göttern bezeichnet und damit das Problem der Wahrheit ganz in den Bereich der *emotio*, des Gefühls, verlagert: Über Wahrheit und Irrtum entscheidet somit nicht, wie in den philosophischen Theorien der Aufklärung, die *ratio* (Vernunft), sondern das von den Göttern entweder geöffnete oder verschlossene Herz, das als Metapher des Gewissens, der inneren Stimme, zum einzigen Axiom des Guten wird: »Als Zeichen einer idealen Vermittlung zwischen Menschen und Göttern verweist Iphigenies emphatische Berufung auf das Herz damit bereits auf das Thema der Entsühnung, die die jungfräuliche Priesterin der Wahrheit im Rahmen des dramatischen Prozesses vollzieht« (Geisenhanslüke 1997, S. 39). Darüber hinaus bedeutet es, dass grundsätzlich jeder, der eine entsprechende emotionale Kompetenz‹, ein entsprechendes ›Herz‹, hat, diese Götterstimmen wahrnehmen kann, ohne Vermittlung oder Interpretation durch andere (Seher, Mantiker, Priester etc.). Wer nun diese überirdischen Stimmen nicht zu hören vermag, muss sich nach den Gründen fragen. Genau dies realisiert Thoas, indem er im Folgenden – den griech. Barbaren-Topos zitierend – (ironisch) feststellt, dass er als »Wilder« auf dieses Privileg, die Äußerungen der Götter zu vernehmen und mit ihnen zu kommunizieren, verzichten müsse.

23.501 **einen erdgebornen Wilden:** An dieser Stelle und dann später noch einmal (V. 1936 ff.) spricht Thoas ironisch. Beide Passagen enthalten Kritik an den Prätentionen der Griechen gegenüber den skythischen ›Barbaren‹. Da Iphigenie an dieser Stelle jedoch erkennbar ausweicht, darf dieser Umstand – aus der Sicht der Zuschauer/Leser – als Bestätigung der Einschätzung des Königs von Tauris verstanden werden.

Das Murren [...] dringend fordert.: Hier handelt es sich um 24.517–521
eine Vorspiegelung des Thoas, mit der Iphigenie unter Druck gesetzt werden soll. Nach dem späteren Votum des Arkas (V. 1466 ff.) sind die Taurer unter Iphigenies Einfluss »dem blut'gen Dienste« längst entwöhnt. Der Vorwurf, den Thoas V. 528 ff. gegen Iphigenie erhebt, trifft zugleich ihn selbst.

Der mißversteht [...] Begierden an.: Vgl. schon die bei Euripi- 24.523–525
des erwähnte Überzeugung von Iphigenie, dass »dieses Volk hier, weil es selbst nach Blute giert, / Wohl eigne Schuld auf unsre Gottheit überträgt« (Übers. J. J. Donner); zur sophistischen Verknüpfung der menschlichen »Begierden« (bzw. »Wünsche«) mit einem göttlichen Ratschluss vgl. auch den Verdacht des Orest (V. 740 f.). Dieser poetologische Passus verdeutlicht, dass es an den Gelenkstellen des Dramas (so auch in der Orests (Um-)Deutung der Forderung Apollons nach Rettung des *Bildes* der Schwester) immer wieder um ›hermeneutische‹ Fragen geht: um das richtige und falsche Verständnis der Dinge, um das ›wahre‹ Signifikat zu den göttlichen Signifikanten.

Du hast Wolken: Iphigenies Gebet (wie auch einige andere ly- 25.538
risch-hymnische Partien; vgl. V. 1281 ff., 1369 ff., 1726 ff.) ist, nach dem Vorbild der griech. Tragödie in einer gegen die Grundform fühlbar abgesetzten metrischen Gestaltung, in meist 4-hebigen, dabei freier rhythmisierten Versen mit freier Füllung gehalten, die durch das Fehlen des Auftakts und die adonischen Schlüsse im Klang an die Hymnen der frühen Weimarer Zeit erinnern. Auch in den Chorliedern der griech. Tragödie findet in den Chorpartien der Stasima ein Metrumswechsel statt. Blickt man auf die Übergänge in den Aufzügen 3 und 4 bzw. 4 und 5, die ebenfalls dieses Prinzip der rhythmischen Gliederung aufweisen, so scheint Goethe an diese Tradition anzuknüpfen.

Und dein Blick [...] Leben der Nächte: Diese erst in der letzten 25.546–547
Fassung eingeschobenen Verse spielen auf die Eigenschaft der Artemis/Diana als Mondgöttin an, von der Iphigenie einen

wohltätigen, die Verwicklungen lösenden Einfluss ersehnt (vgl. V. 1317 ff., wo auch der Sonnengott Apollon erscheint). Zur Dichotomie Mondgöttin/Sonnengott vgl. auch die Konstellationen in Kleists *Penthesilea* (SBB 72).

25.551 **zufällig**: Hier im Wortsinn verwendet: ›das, was einem durch das Schicksal zustößt/zuteil wird‹, also nicht ausschließlich zur Benennung eines anscheinend sinnlosen Geschehens.

25.554–560 **Denn die Unsterblichen [...] gönnen und lassen.**: Im Gegensatz zu Iphigenies früherer (und auch noch späterer Einstellung; vgl. Parzenlied) zeigt sich die Priesterin hier in ihrem fast naiven Vertrauen auf die Güte der Götter überzeugt davon, dass diese nicht nur nichts Übles im Sinn hätten, sondern vielmehr auf das Wohl der Menschen bedacht seien. Erklärbar wird dieser Widerspruch, wenn man bedenkt, dass Iphigenie auf zwei unterschiedliche geschichtliche Epochen rekurriert. Während die Beziehung Menschen-Götter in der Vergangenheit durch gegenseitige Gewalt und Grausamkeit gekennzeichnet ist, wird die Gegenwart (Iphigenies) durch eine Bereitschaft der Götter zur Versöhnung geprägt, die allerdings vom Menschen hermeneutisch und praktisch vollzogen werden muss. Damit wird auf den Ausgang des Dramas vorausgedeutet: Die sich abzeichnende Versöhnung von Menschen und Göttern wird Iphigenie selbst durch die Entsühnung der Familienschuld ermöglichen.

26.560 **ZWEITER AUFZUG**: Im Mittelpunkt des 2. wie des 3. Aufzugs (steigende Handlung bis zum Höhepunkt) steht nicht Iphigenie, sondern ihr Bruder Orest, mit dessen unverhoffter Landung auf Tauris sich Iphigenies in der Exposition geäußerte Sehnsucht nach der Heimat zu verwirklichen scheint. Allerdings drängen in der Orest-Handlung und der Gestalt des unerwarteten Bruders Griechenland und der Mythos der Tantaliden, den Iphigenie Thoas gegenüber bloß erzählend erinnert hatte, in die unmittelbare dramatische Gegenwart. Das Schicksal der Geschwister und die mögliche Fortexistenz des Tantalidenfluchs entscheiden sich erstmalig nicht in der griech. Heimat, sondern im taurischen Exil.

26.563–564 **das gräßliche / Geleit der Rachegeister**: Gemeint sind die Erinnyen, drei griech. Rachegöttinnen (in Rom Furien genannt), Alekto (›die nie Aufhörende‹), Megaira (›die Neidische‹) und

Tisiphone (›die Mordrächende‹), in der Kunst dargestellt als Fackeln und Geißeln schwingende, furchterregende und grimmige Wesen mit Schlangen im Haar. Die Erinnyen setzen erbarmungslos denjenigen Menschen nach, die gegen die naturgegebenen Gesetze verstoßen haben, insbesondere Verwandtenmörder. In den *Eumeniden* des Aischylos verfolgen die Erinnyen den Muttermörder Orestes unerbittlich, obwohl Apollon ausdrücklich zu dieser Tat geraten hat. Athene beruft einen Gerichtshof, den Areopag, ein, von dem Orestes mit einer Stimme Mehrheit freigesprochen wird. Die Erinnyen sollen nach dem Willen des Areopags als die sog. Eumeniden (›Wohlgesinnte‹) in Athen kultisch verehrt werden (bei Goethe nur V. 1359). An dieser Stelle des Dramas liegt die Vermutung nahe, dass Orest den bevorstehenden Tod und die Überlieferung an die Erinnyen bereitwillig akzeptiert.

Und nun erfüllet [...] Sonne zu entsagen.: Orest scheint den 26.569–573 Tod als willkommene Erlösung und Entsagung von der apollinischen Sphäre des Lebens (»Dem schönen Licht der Sonne«) zu begreifen. Erklärt wird dieser Umstand aus dem konfliktreichen Verhältnis zu seinem Schutzpatron Apollon: Eine »Götterhand« habe ihm, dem Muttermörder, das »Herz« zusammengedrückt; damit beruft er sich, ähnlich wie seine Schwester Iphigenie, auf die Instanz des Herzens, um sein Verhältnis zu den Göttern zu umschreiben.

Soll ich wie [...] Meuchelmörder stellt.: Orest vergleicht die Art 26.576–580 und Weise, wie sein Vater Agamemnon von Klytaimnestra und Aigisthos getötet wurde, mit dem wehrlosen Tod des Opfertiers am Altar. Einer solchen Opferung durch ›Nahverwandte‹ (nämlich Klytaimnestra, die Agamemnon ein »Netz« überwarf, worin sich dieser verfing und ohne Gegenwehr ermordet werden konnte; V. 894 ff., 917, 980 u. 1078) zöge Orest für sich einen Opfertod am Altar vor (wie er Iphigenie in Aulis für ihn scheinbar beschieden gewesen ist). Vgl. auch Aischylos' *Agamemnon*, wo das »Netz«, ein »fischgarnähnliches, endlos Gewand«, zugleich konkret und metaphorisch verwendet wird: V. 1047, 1115, 1382 ff. u. 1492.

ihr Unterird'schen [...] spürend hetzt: Gemeint sind erneut die 26.581–584 Erinnyen, die nur ungern mit ihrem eigentlichen Namen genannt werden, weil man fürchtete, sie damit herauszufordern. Wie Bluthunde heften sich die Erinnyen nach antiker Vorstellung an die Spur der Verwandtenmörder; der Vergleich mit Hunden auf der Jagd nach dem Wild begegnet mehrfach bei Aischylos, etwa in den *Choephoren* (V. 924 u. 1054: »Ich seh's: das sind der Mutter wüt'ge Hunde dort«; übers. von Oskar Werner) und in den *Eumeniden* (V. 245 ff.), wo Orest als blutendes Wild dargestellt wird: »[…] wie der Spürhund einem angeschoss'nen Reh / So wittern, seinem Schweiß und Blut nach, wir ihn aus« (übers. von J.G. Droysen). Hinzuweisen ist ferner auf die im 20. Auftritt (V. 2421–2426) ausgeführte, im 23. Auftritt (V. 2655–2674) nachträglich berichtete und im 24. Auftritt (V. 2951) schließlich erinnerte Hetzjagd Penthesileas mit ihren Hunden auf Achill in Kleists gleichnamiger Tragödie (vgl. SBB 72).

26.588 **Larven**: Nach röm. Glauben sind die Larven (oder Lemuren) die bösen Geister Verstorbener, die nachts als Gespenster herumgehen. Ihr nachteiliger Einfluss sollte rituell am 9., 11. und 13. Mai, den Festtagen der *Lemuria*, durch Beschwörungsformeln gebannt werden. Lessing beschreibt in seiner Abhandlung *Wie die Alten den Tod gebildet* (1769) die Larven folgendermaßen: »Die Bösen, zur Strafe ihrer Verbrechen, irrten unstät und flüchtig auf der Erde umher, den Frommen ein leeres, den Ruchlosen ein verderbliches Schrecken; und hießen ›larvae‹.« In *Faust II* lässt Goethe die Lemuren auf Befehl Mephistos Fausts Grab schaufeln (ab V. 11511).

27.592 **meines Banns**: Bei Goethe in der Bedeutung eines ›zugewiesenen Aufenthaltsbezirks‹. Orest versteht darunter konkret den Tartaros.

27.596–600 **Ich bin noch […] wieder aufzuwinden.**: Im Gegensatz zu Orest ist Pylades noch nicht bereit zu sterben, sondern hofft auf die Götter, die ihm aus der scheinbar ausweglosen Situation befreien sollen. Er evoziert an dieser Stelle die Bildvorstellung des Labyrinths, aus dem Theseus der Überlieferung nach durch den mitgeführten Faden der Ariadne herausfand und Minotaurus entkam. Ähnlich wie der Taurerkönig Thoas forderte auch der Minotaurus auf Kreta Menschenopfer.

27.606 **Schon unsre Locken weihend abzuschneiden**: Die Weihung zum Tod bestand nach antiker Vorstellung in der Abtrennung einer Haarlocke. Goethe, der sich gut mit den euripideischen Tragödien auskannte, wird sich einer Stelle in dessen *Alkestis* erinnert haben, wo Thanatos (der Tod) spricht: »[D]enn den unterirdischen Göttern ist der verfallen, / dessen Hauptes Haar diese Waffe weiht« (V. 75; übers. von Kurt Steinmann).

Der Götter Worte [...] Unmut wähnt.: Wie in der griech. Tra- 27.613–614 gödie begegnet auch bei Goethe als Grundgestus des Pylades seine Fähigkeit zu täuschen, zu verheimlichen und listenreich vorzugehen. Dazu gehört, dass er beim ersten Zusammentreffen mit Iphigenie (II 2) falsche Namen und falsche Herkunft für sich und Orest nennt; dass er Iphigenie taktische Verhaltensanweisungen gibt und von ihr völlig bedenkenlos die Mitwirkung bei allen listigen Manövern verlangt (IV 4); schließlich gibt ihm das Drama Gelegenheit, die Rechtfertigung seiner auf Betrug und Täuschung abgestellten Handlungsweise darzulegen (IV 4; V. 1654–1664). Mit dieser Handlungsmaxime erreicht Pylades nicht die Ebene der sittlichen Leistung Iphigenies, er bleibt in seiner Welt der List und des taktischen Kalküls stecken, wie auch sein Vor-Bild Odysseus. Zu rechtfertigen ist seine Handlungsweise lediglich dadurch, dass sie einerseits als Reaktion auf eine Welt voller Gefahren verständlich wird, andererseits seiner fürsorglichen Freundschaft für den unglücklichen Gefährten Orest entspringt. Entsprechend nennt ihn Orestes im gleichnamigen Drama des Euripides »den teuersten der Menschen«, weil er ihm auch in der größten Not beisteht; ähnlich rühmt ihn Goethes Orest (vgl. V. 1013 f.). Die menschliche Vortrefflichkeit ist in beiden Texten gestützt vom Vertrauen auf die göttliche Leitung, worauf Pylades auch Orest festzulegen sucht (V. 742–48). Gleichwohl irrt Pylades hier, weil er die Ambivalenz des Orakelworts nicht erkennt: Gerade dieses Götterwort, das die beiden Freunde nach Tauris schickte, ist – bei Goethe – doppelsinnig und ermöglicht erst in seiner Ambivalenz die Aufhebung des Tragischen am Schluss (V 6, V. 2107–35). In den *Choephoren* des Aischylos fällt nur eine einzige Äußerung des Pylades: die Mahnung, die vom Gott befohlene Rache in der Überwindung aller Bedenken an der Mutter zu vollstrecken. Den an seiner (Mord-)Tat leidenden Freund versucht Pylades dann wiederum unter Hinweis auf den göttlichen Ratschluss bzw. Apollons Ver-

sprechen für das Leben zurückzugewinnen. Weil er die pragmatischen Entscheidungen zu treffen hat, für die der melan-
cholische und vom Wahnsinn zerrüttete Orest zunächst ausfällt,
gewinnt Pylades in Goethes Drama im Unterschied zur *Iphigenie
bei den Taurern* des Euripides oder gar zur *Elektra* des Sophokles (wo ihm lediglich die Rolle des stummen Begleiters zugefal-
len ist) eine wichtige Funktion für die äußere Handlung.

27.615–   **Des Lebens dunkle [...] kam der Tag**: In begründeter Abwei-
28.628   chung von der antiken Überlieferung, nach der Orest schon seit
frühester Kindheit bei seinem Onkel, Pylades' Vater Strophios,
lebte, lässt Goethe dessen Kindheit noch länger bei der im Ehe-
bruch lebenden Mutter verbringen, unter Abwesenheit des
Vaters sowie der wachsenden Disharmonie in der Beziehung
Klytaimnestras zu Aigisthos; damit wird eine individualpsy-
chologische Motivation für Orests Handeln (wachsende Spannung zu Klytaimnestra und ihrem »Buhlen«) und seine melan-
cholische Disposition hergestellt, die sich in seinem Hang zu
dunkel gefärbten Bildern der Taurer und des Todes – die Unterwelt als »Taurerland« (V. 593) – zeigt.

28.636   **Orkus**: Lat. Name der Unterwelt (griech. Hades); gelegentlich
auch mit christlicher Semantik aufgeladen: »Höllengeister«
(V. 629), »Hölle« (V. 1143 u. 1165), »Höllenschwefel« (V. 1154).

28.645   **Dein edler Vater**: Strophios, der Vater des Pylades, war mit Agamemnons Schwester Anaxabia verheiratet.

29.670   **dem hohen Ahnherrn gleich**: Die folgende motivische Ausma-
lung (V. 671 f.) lässt eher an Herakles oder Theseus denken, die
aber beide nicht dem Tantalidengeschlecht entstammen und
folglich nicht gemeint sein können. Da die früheren Fassungen
»unsern Ahnherrn gleich« formulieren, dürfte es sich wohl um
einen antikisierenden Singular handeln.

29.687   **Ton der Harfe**: Gemeint ist hier die Lyra, ein harfenähnliches
Instrument der Griechen; aus den auf der Lyra besungenen Taten der Vorfahren entstand die ›Lyrik‹. In der Prosafassung war
der Harfe noch das Attribut »golden« beigefügt.

29.689   **eitel**: Goethe verwendet das Wort noch in der barocken Bedeutung ›nichtig, flüchtig, vergänglich‹. Das 15. Buch von *Dichtung
und Wahrheit* gibt über Goethes Wortverständnis wie folgt Auskunft: »Wir Deutschen mißbrauchen das Wort eitel nur allzu oft;

denn eigentlich führt es den Begriff von Leerheit mit sich, und man bezeichnet damit billiger Weise nur einen der die Freude an seinem Nichts, die Zufriedenheit mit einer hohlen Existenz nicht verbergen kann.« (FA 14, S. 712)

Mich haben sie [...] Haus gerichtet: Im Gegensatz zu der durch- 30.707–711 aus denkbaren psychologischen Motivierung des Muttermords wird an dieser Stelle deutlich, dass Orest auch bei Goethe einem göttlichen Gebot folgt und die Tat nicht als Resultat eines eigenen Racheantriebs darstellt, wobei dieses Götterbild weitaus kritischer ist als dasjenige seines Freundes Pylades. Nach Ansicht Orests sind die Götter nicht nach dem Willen der Menschen konzipiert, sondern umgekehrt erscheint der Mensch als ein hilfloses Opfer göttlicher Willkür. In seinem Fall seien die Götter doppelt schuldig: Einerseits seien sie (konkret durch die Verfügung seines Schutzgottes Apollon) für seinen Mord an Klytaimnestra verantwortlich, andererseits trügen sie Schuld an dem bevorstehenden Opfertod der Freunde, da Apollon sie durch ambivalente Zeichen mutwillig in eine Falle gelockt habe: »So ist's ihr Wille, der uns verderbt« (V. 720). Gegenüber der Prosafassung wird die Andeutung eines inneren Widerstands durch die Hinzufügung des Attributs »doch verehrten« deutlich verstärkt. Dadurch wird die Szene der bei Aischylos (in den *Choephoren*) unmittelbar dargestellten und bei Euripides (in *Elektra* und *Orestes*) ausführlich berichteten Mordszene noch näher gerückt: Klytaimnestra entblößt ihre Brust, um den Sohn zum Einhalten zu bewegen, und steigert mit dieser Gebärde der Mütterlichkeit und Wehrlosigkeit sein Schuldgefühl. Bei Euripides hat Orestes die Tat überhaupt nur vollbringen können, indem er sich sein Gewand über beide Augen warf.

Bringst du die Schwester zu Apollen hin: Pylades thematisiert 30.722 hier zum ersten Mal den Orakelspruch, dem zufolge Orest nach Lösung dieser Aufgabe vom Fluch befreit werden soll. Noch in der Prosafassung von 1781 heißt es an dieser Stelle: »Apoll gebeut dir vom Taurischen Gestad Dianen die geliebte Schwester nach Delphos hinzubringen.« In der Jambenfassung lässt Goethe im Hinblick auf die überraschende Umdeutung des Delphischen Orakels (V. 2113–17) Orest und Pylades den Spruch formal korrekt, jedoch mit falschem Verständnis wiedergeben.

Ausschließlich Iphigenie identifiziert explizit das »Schwestern-
bild« mit Apollons Schwester Diana (V. 1928–31).

30.723 **Delphis**: Goethe verwendet hier die lat., deklinierte Namensform des in der Landschaft Phokis in der Nähe des Golfs von
Korinth gelegenen Apollon-Orakels. Dort verkündete die Seherin Pythia den Willen des Gottes durch das Orakel bzw. kon-
kreter: Priester deuteten ihre in Trance gestammelten Worte. –
Die hier genannte Zielangabe stammt nicht aus der antiken
Überlieferung, sondern ist Goethes Erfindung. Im euripideischen Drama geht der Auftrag an Orest erst nach Athen, am
Ende nach Halai (an der Ostküste Attikas).

31.744–748 **Zu einer schweren [...] die ihn verehrt.**: Knapper Rekurs auf
den Mythos von Herakles, der in einem von Hera verhängten
Wahnsinnsanfall seine Kinder tötet und danach auf Anweisung
des Orakels von Delphi im Dienste des Eurystheus die berühmten 12 Arbeiten vollbringt (die Erwürgung des Nemeischen Lö-
wen, die Tötung der Lernäischen Hydra, das Einfangen der Ke-
ryneischen Hindin, die Ergreifung des Erymanthischen Ebers,
die Reinigung der Augiasställe, die Verscheuchung der Stym-
phalischen Vögel, das Einfangen des Kretischen Stiers, die Ver-
fütterung des Königs Diomedes an dessen Stuten, der Kampf mit
den Amazonen und die Eroberung des Amazonengürtels, das
Einfangen der Rinder des Geryon, das Besorgen der Äpfel der
Hesperiden, der Besuch in der Unterwelt). Nach der antiken
Überlieferung ist Herakles jedoch schon vor dem Gang nach
Delphi entsühnt. Das Motiv der Buße gestaltet Goethe hier im
Sinne einer *interpretatio christiana*.

32.762 **Ulyssen**: Deklinierte, dem franz. ›Ulysse‹ nachgebildete Namensform des Odysseus (lat. Ulixes), des Königs von Ithaka,
wichtigster Held im Trojanischen Krieg und der nachtrojani-
schen Irrfahrten, die Homer in der *Odyssee* erzählt. In der Rezeption wird vor allem auf dessen *polytropía*, die ›Vielgewandt-
heit‹ hingewiesen, auf ein Charakter-Bild, das in erster Linie
Klugheit, List (vgl. V. 766) und Beredsamkeit, aber auch Duld-
samkeit und Weisheit umfasst. Für Horkheimer und Adorno ist
Odysseus in seiner Rationalität und Selbstverleugnung das erste
moderne Individuum. Einige dieser Eigenschaften macht Orest
in Goethes Drama auch an Pylades aus. Dabei kann er Odysseus

eigentlich gar nicht kennen; es sei denn, er spielt auf die Berichte über die Geschehnisse in Aulis an, wo nach Euripides Agamemnons Erwägung, Iphigenie vor dem Opfertod zu retten, an der Vorstellung zerbrach, welchen Widerstand Odysseus einem solchen Versuch entgegenbringen würde.

Olymp: Griech. Olympos, höchstes Gebirgsmassiv Griechenlands an der Grenze von Makedonien und Thessalien; seit Homer gilt der Olymp als Wohnstätte der Götter. Der gesamte Olymp ist nach mythischen Vorstellungen mit Toren versehen und mit Wolken verhüllt. Bei der Teilung der Welt in drei Bereiche erhält Zeus als Wetter- und Donnergott den Olymp, während Poseidon das Meer und Hades die Unterwelt zugesprochen werden. In Hesiods *Werken und Tagen* ist der Olymp auch der Wohnsitz abstrakter Gottheiten wie Scham (*Aidos*), Vergeltung (*Nemesis*) und Recht (*Dike*). 32.764

ein fremdes, göttergleiches Weib: Treffende Beschreibung für die Ausstrahlung Iphigenies (vgl. V. 951); Pylades übernimmt hier die Sicht der Taurer auf die wie durch ein Wunder von Aulis auf die Insel gekommene Priesterin. 32.772

Amazonen: Schon in der Antike falsch abgeleitet von griech. mazos, ›Brust‹, mit alpha privativum, also ›brustlos‹: Verstümmelung der Brust zur besseren Bogenführung; mythisches Volk von kriegerischen Frauen, die den Kontakt zu Männern nur zu vorher rituell festgelegten Zeiten und ausschließlich zum Erhalt des weiblichen Geschlechts zulässt. Die Amazonen dienen ihrem Stammvater Ares und der Artemis; sie liefern sich Schlachten gegen mehrere griech. Heroen, darunter Herakles und Theseus. Im Trojanischen Krieg kämpfen sie auf der Seite der Trojaner; dabei wird Penthesilea von Achilles getötet, der sich in die schöne Tote verliebt (vgl. Kleist Kontrafaktur des Amazonen-Mythos in seiner *Penthesilea* [SBB 72], die gleichzeitig auch Parodie der *Iphigenie* Goethes ist). Iphigenie ist bei Goethe als Anti-Amazone stilisiert, deren Schwäche, Sensibilität und Traumatisierung dazu führt, dass sie den traditionellen (griech.) Diskurs der gewalttätigen Auseinandersetzung (Lüge, Verstellung, Kampf) verlässt und ein neues ›Heldentum‹ des Wortes zu etablieren sucht – mit dem Ziel, den Unterschied zwischen dem Eigenen und dem Fremden, zwischen Griechen und Taurern aufzuheben. 32.777

33.801–802 **Gefährlich ist die […] was euch bedroht!**: Dadurch, dass Iphigenie Pylades (und später auch Orest; vgl. V. 926–30) die Fesseln abnimmt, deutet alles auf den bevorstehenden Opfertod hin.

33.803 **Vielwillkommner Ton**: Eine durch Voß' Homer-Übersetzung angeregte Wortbildung; vgl. auch V. 1028 (»oftgewaschnen«), V. 1325 (»spätgefundnen«) und V. 1361 (»fernabdonnernd«).

33.805 **Des väterlichen Hafens**: Pylades entstammt der am Fuße des Parnassos gelegenen Krisa in der Landschaft Phokis.

34.824 **Aus Kreta sind wir**: Im Gegensatz zu Iphigenie und Orest erzählt Pylades, listenreicher Erfinder wie Odysseus, seine Vorgeschichte »leicht« (V. 820) und ohne das Stocken, das die Qual der Erinnerung verrät. Wie sein Vorbild Odysseus bei den Phaiaken und bei Polyphem (*Odyssee*, 7. u. 9. Gesang) führt er sich durch eine erfundene Geschichte mit fiktiven Namen ein, in konzentrischen Kreisen um die notorische Lügenhaftigkeit der Bewohner Kretas angeordnet. Dennoch deutet er darin verschlüsselt mit folgenden narrativen Versatzstücken die Wahrheit an: Tod nach der Rückkehr aus Troja, Verwandtenmord, Verfolgung durch die Erinnyen und Hoffnung aufgrund des delphischen Orakels, im Tempel auf Tauris könne ihnen geholfen werden.

34.831 **des Vaters Kraft**: Hier handelt es sich um eine der griech. Tragödie nachgebildete rhetorische Stilfigur (Synekdoche: pars pro toto), bei der ein Teil oder eine Eigenschaft zur Bezeichnung einer ganzen Person verwendet wird; vgl. Aischylos, *Sieben gegen Theben*, V. 448, 569 u. 577.

34.844 **Fiel Troja? […] versichr' es mir.**: Iphigenies Aufmerksamkeit wird hier durch ein für den Bericht des Pylades ganz nebensächliches Detail erregt. Dadurch kommt die für den weiteren Handlungsverlauf so wichtige Wiedererkennung (griech. *anagnórisis*) der Geschwister in Gang.

34.849 **schone seiner**: In der poetischen Sprache des 18. Jh.s noch häufig verwendetes Genitiv-Objekt zu ›schonen‹, in Goethes Prosafassung und im heutigen Sprachgebrauch durch den Akkusativ ersetzt.

34.854 **schöne freie Seele**: Bei der ›schönen Seele‹ handelt es sich um eine Wendung aus dem Wortschatz des Pietismus; vgl. ebenso V. 1493 und die »Bekenntnisse einer schönen Seele« aus *Wilhelm Meisters Lehrjahre*. Goethe gestaltet in seinem Schauspiel mit

der Schilderung Iphigenies als »schöne Seele« ein Beispiel vor-
bildhafter Menschlichkeit, wie es sich auch in Wielands schma-
ler Abhandlung *Antwort auf die Frage: was ist eine schöne Seele?* (1781) findet. Auch in Schillers Aufsatz *Ueber Anmuth und
Würde* (1793) findet sich eine Definition der ›schönen Seele‹, die
sich problemlos auf Goethes Iphigenie übertragen lässt: »Eine
schöne Seele nennt man es, wenn sich das sittliche Gefühl aller
Empfindungen des Menschen endlich bis zu dem Grad versi-
chert hat, daß es dem Affekt die Leitung des Willens ohne Scheu
überlassen darf, und nie in Gefahr steht, mit den Entscheidungen
desselben in Widerspruch zu stehen. Daher sind bei einer schönen Seele die einzelnen Handlungen eigentlich nicht sittlich,
sondern der ganze Charakter ist es.« In beiden Fällen hat »der
Begriff der schönen Seele nichts mit den Anmutungen von Passivität und Kontemplation gemein«. Goethes Protagonistin ist –
anders als die Iphigenie des Euripides – »sensibel und mitleids-
fähig, um Ausgleich und Verständigung bemüht, zu Lüge und
Täuschung gänzlich unfähig« (Alt 2008, S. 91 f.). Als »reine Seele« (V. 1874) ist die Artemis/Diana-Priesterin »das Medium jener Vernunft, die Humanität gegen Tötungsrituale, Verständigung gegen Schweigen und Sühne gegen Gewalt setzt. Iphigenie
versucht den Mythos der Schuld […] zum Stillstand zu bringen,
indem sie den der Frau gesellschaftlich abverlangten Verzicht auf
eigene Initiative in Frage stellt, ohne jedoch in der Rolle der
Amazone männliche Verhaltensnormen zu reproduzieren«
(ebd., S. 94).

bis du mir genug getan: In den Prosa-Vorstufen der *Iphigenie*   34.857
kommt das hier Gemeinte deutlicher heraus: »bis du meiner
Neugier genug getan hast«.

Barbaren: Verwiesen wird auf die griech. Benennung aller   35.862
Nicht-Griechen (vgl. Erl. 14,164–168); hier auf die Trojaner an-
gewandt.

Achill liegt […] schönen Freunde.: Gemeint ist Patroklos, der   35.863
engste Freund Achills, dessen Tod Homer im 16. Gesang der
Ilias schildert. Über Achills Tod in Troja wird im homerischen
Epos nichts berichtet: Der vielgerühmte griech. Held soll, in Liebe zu der trojanischen Königstochter Polyxema entbrannt,
durch Paris mit einem Pfeilschuss in seine sprichwörtlich schwa-

che Ferse getötet worden sein. Nach anderen Erzählungen hat ihn Apollon selbst oder die Amazonen-Königin Penthesilea ums Leben gebracht, eine Überlieferung, die Kleist 1808 seiner Tragödie *Penthesilea* zugrunde gelegt hat (vgl. SBB 72).

35.865 **Palamedes**: Palamedes, Sohn des Königs Nauplios von Euboia, kluger Held, Erfinder verschiedener Würfelspiele und einiger Buchstaben, taucht nicht bei Homer, sondern erst in den nachhomerischen Erzählungen im Zusammenhang des Trojanischen Krieges (als Widersacher von Odysseus, Agamemnon und Achill) auf; dort überführt er Odysseus des vorgespielten Wahnsinns und zieht folglich dessen Hass auf sich. Über die Ursache seines Todes kursieren verschiedene Erzählungen von einem Pfeilschuss des Paris bis zu einer Intrige des Odysseus (die der röm. Dichter Hyginus in seinen *Fabulae* gestaltet).

35.865 **Ajax Telamons**: Aias (lat. Ajax), Sohn des Königs Telamon von Salamis, einer der stärksten, vor Troja am leidenschaftlichsten kämpfenden Griechen, ein Held, den nur Achill an Mut und Kraft übertrifft. Darin ist er Gegenpol des Palamedes; beiden gemeinsam ist jedoch der Umstand, dass sie Gegenspieler und schließlich Opfer des Odysseus sind. Als nach Achills Tod nicht ihm, sondern Odysseus dessen Waffen zugesprochen werden, will er ein Blutbad unter den griech. Heerführern anrichten. Er wird von Athene mit Wahnsinn geschlagen, so dass er nur Herdenvieh niedermetzelt. Als er seine Schmach erkennt, begeht er Selbstmord.

35.869 **liebes Herz**: Eine auf Homer zurückgehende gräzisierende Selbstanrede: φίλον ἦτορ (vgl. V. 923). Das Herz gehört zu den wichtigsten Leitmotiven des Schauspiels und symbolisiert primär das Prinzip der Innerlichkeit und die Sphäre des Gefühls, auf die sich Iphigenie, und in davon unterschiedener Weise auch Orest, berufen (vgl. auch V. 304, 493 f., 571, 774, 947, 1358, 1516, 1648, 1652, 1810, 1838, 1848, 1968, 2093). Geisenhanslüke unterstreicht, dass das »Symbol des Herzens« nicht nur »die Verinnerlichung des Göttlichen« meint, sondern – im Gegensatz zu den pragmatischen Verstandesmenschen Arkas und Pylades zugleich »den Komplex von Affekt, Anschauung und Intuition [bezeichnet], der sich im Lauf des Dramas zunehmend als der Vernunft überlegen erweist« (Geisenhanslüke 1997, S. 81).

Ägisthens: Griech. Aigisthos, Sohn des Thyestes und von dessen Tochter Pelopeia, damit ein Vetter des Agamemnon; Liebhaber der Klytaimnestra, mit der er zusammen den heimkehrenden Agamemnon ermordet. 35.881

berückt: Neben der Bedeutung ›täuschen, betören‹ ist auch noch der Anklang eines urspr., aus dem Bereich von Jagd und Vogelfang stammenden Wortsinns vernehmbar: ›ein Netz über seiner Beute zusammenziehen‹. 35.881

Warf die Verderbliche [...] großer Fürst.: Der Bericht über den Mord an Agamemnon findet sich in der gleichnamigen Tragödie des Aischylos, wo Klytaimnestra ihn erzählt; anders ist bei Goethe nur der Umstand, dass Aigisthos die Tat ausführt. 36.894–900

einer alten Rache tief Gefühl: Agamemnon hatte Aigisthos' Vater Thyestes, der nach Atreus' Tod wieder die Macht in Mykene übernommen hatte, vom Thron gestürzt. Damit vollziehen Aigisthos und Agamemnon, beide aus dem Geschlecht des Tantalus, aneinander den alten Fluch. 36.904

Nach Aulis lockt' [...] selbst umschlang.: In Pylades' Bericht wird erstmals Agamemnon als Verantwortlicher für die Opferung Iphigenies in Aulis genannt – bisher glaubte sie an eine schicksalhafte Forderung Artemis'/Dianas, der ihr Vater nachkommen musste (vgl. V. 43 f.); daher auch Iphigenies Erschütterung, die sich an der Gebärde des Sichverhüllens zeigt (nach V. 917): Denn der Vater ist für sie immer noch »ein Muster des vollkommenen Manns« (V. 403) gewesen, und ihr eigener Bericht von den Vorkommnissen in Aulis hatte ein kollektives »sie« als Täter genannt (V. 424 f.). Bei Euripides bezeichnet dagegen Iphigenie selbst Agamemnon als ihren Mörder (*Iphigenie bei den Taurern*, V. 565). 36.908–917

Herd der Vatergötter: Die »Vatergötter« (griech. θέοι πατρῷοι, lat. Dii patrii), von den Vorfahren tradierte Schutzgötter der Familie, werden innerhalb eines Geschlechts mit besonderen Kulten verehrt. In Rom wurden sie vielfach mit den die Wohnstätte schützenden, am »Herd« des Hauses verehrten Penaten (Di Penates) identifiziert; die Nichtunterscheidung der Familien- von den Hausgöttern findet sich auch in V. 1611 f. 37.942

Wie soll ich [...] schmeichelnd labet!: Orest und Pylades als vornehme Griechen, dem Adelsethos verpflichtet, werden hier in 37.944–948 steigerndem Kontrast zu dem vorher vergleichsweise eingeführten »Knecht« gesetzt. In der Prosafassung von 1781 sagt Iphigenie: »Wie soll ich euch genug mit Ehr' und Lieb' umfassen, die ihr, von keinem niedern Haus entsprungen, durch Blut und Stand an jene Helden grenzt, die ich von Eltern her verehre.«

38.972   **Kindes Kindern:** Die gegenüber der Prosafassung vermutlich aus metrischen Gründen vorgenommene Umwandlung der »Kinder« zu den »Kindes Kindern«, bereitet einige Schwierigkeiten: Die »Kinder« sind Agamemnon und Aigisthos, die »Kindes Kinder« wären Iphigenie, Orest und wiederum Aigisthos (der als Sohn des Thyestes und dessen Tochter Pelopia zugleich auch Enkel des Thyestes ist). Versteht man »Kindes Kinder« als metonymischen Ausdruck für ›Nachkommen‹, dann würde Iphigenies Aussage den Geschlechterfluch auf ihre eigene Generation fortschreiben. In personaler Bestimmtheit ist dies jedoch nicht möglich, da sie noch nicht weiß, dass Orest Rache genommen hat und dass in dem fremden Griechen, mit dem sie gerade spricht, eben ihr Bruder Orest als Opfer des Artemis/Diana-Kultes vorherbestimmt ist.

38.980   **Avernus:** Der Averner See bei Cumae (westl. von Neapel), ein kreisförmiger Kratersee, galt bei den Römern als Eingang zur Unterwelt. »Avernus« wird schon in der Antike metonymisch für ›Unterwelt‹ verwandt. Die Netz-Metaphorik knüpft an Pylades' Bericht über die Ermordung Agamemnons an (vgl. V. 894 bis 98).

39.994–999   **Was fürcht ich […] ihr den Tod.:** Diese hier begegnenden Wortspiele in den Stichomythien sind Nachahmungen des antiken Tragödienstils. Vgl. etwa Klytaimnestras letzten Auftritt in den *Choephoren* des Aischylos.

39.1003–   **So haben mich […] Boten einer Tat:** Orests Erzählung von Kly-
1004   taimnestras Ermordung – nach Ansicht Schillers »ein meisterhaftes Gemälde« (Rezension von 1789) – folgt im Wesentlichen den *Choephoren* des Aischylos sowie den *Elektra*-Dramen des Sophokles und des Euripides. Im Unterschied zu den antiken Archetexten ist es bei Goethe Elektra, die den zurückgekehrten Bruder zur Rachetat an Klytaimnestra aufwiegelt. Orest ist durch den göttlichen Auftrag (daneben bei Aischylos durch den Gedanken an des »Vaters große Schmach« und das Bewusstsein

der eigenen »Dürftigkeit«) von sich aus zur Tat motiviert. Bei
Sophokles berät er sich mit Elektra nur über das Vorgehen, nicht
aber, ob die Vergeltung sein darf oder muss. Goethe macht Elektra zur Antreiberin der Rachetat, um für Orest den Eindruck
eines Mordmechanismus ohne persönliche Scham gar nicht erst
denkbar werden zu lassen. Parallel zur psycholog. Motivation
des Muttermordes (vgl. V. 615–627) und zur Gestaltung der Tat
durch göttlichen Auftrag (vgl. V. 707–711) tritt noch zusätzlich
die äußere Motivation durch Elektras leidenschaftliche Natur.

der Mutter heil'ger Gegenwart: Gemeint ist die natürliche Ver-   40.1024
ehrung des Sohnes für die Mutter (griech. *eusébeia*, lat. *pietas*),
die Orest hier als überwindbarer Rest einer psychologischen
Hemmschwelle gegenüber dem Muttermord darstellt.

stiefgeword'nen Mutter: Eine Wendung, die in der Prosafas-   40.1035
sung noch fehlte. Durch den Tod Agamemnons und die neue
Verbindung mit Aigisthos wurde Klytaimnestra nach griech.
Rechtsverständnis, das die Kinder dem Vater zusprach, für ihre
eigenen Kinder gleichsam zur Stiefmutter. Elektra wurde durch
sie erniedrigt, Orest musste sich von ihr – da sie in ihm den
Vaterrächer vermuten musste – potentiell bedroht fühlen.

jenen alten Dolch: Das Motiv einer im Tantalus-Geschlecht mit   40.1036
dem Verwandtenmord fluchhaft verbundenen Waffe fehlt in der
antiken Tradition; es wurde erst in Goethes Jambenfassung hin-
zugefügt.

Unsterbliche, die ihr [...] fühlen sollte?: Iphigenie tritt hier aus   40.1039–
dem Dialog mit Orest heraus, spricht gewissermaßen ›zur Seite‹   1049
(lat. a parte), so dass Orest nicht mithören kann. Erst nach dem
Gedankenstrich in V. 1049 kehrt Iphigenie mit dem »Sage mir«
in den Dialog zurück.

Wie gärend [...] leis' herbei.: Orest bietet hier ein anschauliches   40.1052–
Bild für die Aufreizung der Erinnyen (»der Nacht uralten Töch-   41.1061
ter«, V. 1054) durch die blutige Tat und den Schatten Klytaimnestras nach dem Vorbild der *Eumeniden* des Aischylos. Dort
stellen sie sich auch als »die grausen Kinder aus der Urnacht
Schoß« (übers. von J.G. Droysen) vor.

Der Mutter Geist: Goethe bemerkt in einem Brief an Herder: 40.1053
»Einige halbe Verse habe ich gelassen, wo sie vielleicht gut tun,
auch einige Veränderungen des Silbenmaßes mit Fleiß ange-

bracht« (13.1.1787). Angedeutet wird, dass solche Halbverse das Ergebnis äußerst präziser dichterischer Planung sind; sie stehen oft an entscheidenden Stellen (so auch in den V. 1081 und 2174), so dass die Form der direkten Rede und die Semantik der drei exponierten Worte durch den veränderten Rhythmus zusätzlich akzentuiert werden: Orest vergegenwärtigt sich hier, was er eigentlich vergessen möchte (V. 1003 ff.), was auch seine deutliche Verwirrung im weiteren Verlauf der Szene erklärt.

40.1054 **der Nacht uralten Töchtern**: Borchmeyer weist darauf hin, dass der »Nebensatz der ersten Fassung, der die Erinnyen ausdrücklich als Verfolgerinnen des Blutsverwandten-Mords bezeichnet«, in den späteren Überarbeitungen Goethes fehlt, möglicherweise »ein Tribut an den neuen Gedanken der ›stiefgeword'nen Mutter‹ (V. 1035) und seine Implikationen« (Borchmeyer 1988, 1041).

41.1060– **ihre Gefährten, / Der Zweifel und die Reue**: »Zweifel« und
1061 »Reue« werden hier zwar als »Gefährten« der Rachegöttinnen, die bei Goethe nicht mehr leibhaftig auf der Bühne erscheinen, personifiziert, doch ist unverkennbar, dass Goethe hier die mythische Begründung von Orests Wahnsinn, der sich noch bei Aischylos findet, durch eine psychologische ersetzt, wie es tendenziell schon bei Euripides zu beobachten war. Die bei Goethe in allegorischer Weise zum inneren Gewissen umgeschriebenen Erinnyen sowie ihre Gefährten suchen Orest nach dem Muttermord heim und bewirken seine Gemütskrankheit.

41.1062 **Acheron**: Fluss der Unterwelt, den die Seelen der Toten auf dem Kahn des Fährmanns Charon überqueren müssen; meist in Epirus, beim heutigen Mesopotamo, lokalisiert.

41.1068 **ein alter Fluch sie längst verbannte**: Diese Stelle ist nicht auf die *Eumeniden* des Aischylos zurückzuführen, worin den Rachegöttinnen, als die ›Wohlmeinenden‹ (Eumeniden) ausdrücklich zu Ehren gebracht, eine notwendige politisch-erzieherische Funktion in der Polis zuerkannt wird, weil ohne die von ihnen ausgelöste Furcht sich keine Treue den Gesetzen gegenüber entfalten kann. Goethe verstärkt hier – in freiem Umgang mit antiken Mythologemen – die Charakterisierung der Erinnyen als »Unterird'sche«; in späteren Zeiten der Überlieferung wurden die urspr. chthonischen Gottheiten – die aus drei bei der Entmannung des Uranos durch seinen Sohn Kronos verlorenen

Blutstropfen, die sich mit der Erde vermischten, entstanden – als unterweltliche Gestalten gedeutet.

Sei Wahrheit: Dieser Halbvers bildet als semantische Mitte auch formal-praktisch die Mittelachse des Dramas; in und mit ihm soll die ›Wahrheit‹ (im Gegensatz zu List und Verstellung des euripideischen Archetextes und als Gegenentwurf zum griech. Adelsethos) als das handlungsleitende Moment in Goethes *Iphigenie* hervorgehoben werden. Gleichzeitig entzieht sich hier die bei weitem abstrakteste moralische Maxime des Schauspiels der »Beugung unters Joch des fünfhebigen Jambus« (vgl. Goethes Brief an Herder vom 14.10.1786) und versagt sich damit der mit der Jambenfassung angestrebten klassizistischen Versifizierung. 41.1081

Es stürze [...] Ufer der Barbaren!: Durch die Ineinssetzung mit dem Geist der Mutter verwandelt sich Orest selbst zu einer der Erinnyen, die von ihm als Strafe für den Mord Selbstbestrafung fordert. 41.1089–1091

Erfüllung, schönste Tochter / Des größten Vaters: Hier handelt es sich wohl um die Anrufung der Charis, der Göttin der schenkenden Gunst (der griech. Mythologie zufolge als Tochter des Zeus und der Eurynome personifiziert); vgl. Pindar, 1. Olympische Ode, 31 und 3. Pythische Ode, 95. In den Prosafassungen wird sie mit einem christl. (und deshalb vermutlich ersetzten) Begriff »Gnade« genannt. 42.1094–1095

den Schatten / Des abgeschiednen Freundes: An dieser Stelle könnte an den in V. 863 genannten Achill gedacht sein, von dessen Tod Iphigenie durch Pylades gehört hat; allerdings ist die von Agamemnon in Aulis vorgetäuschte Verlobung Achills mit Iphigenie – so der Vorwand, sie dort an den Opferaltar zu locken – an keiner weiteren Stelle des Dramas erwähnt. Die Prosafassungen hatten ungenauer formuliert: »das Gespenst eines geschiedenen Geliebten«; diese Ungenauigkeit könnte auch noch für die Jambenfassung gelten, wenn man, vor dem Hintergrund der Nachrichten über die Todesfälle in der eigenen Familie, von dem Stilmittel eines antikisierenden Singulars ausgeht. 42.1115–1116

Hölle: Das Motiv aus dem christl. Denkbereich passt hier besser als der antike Gedanke der Unterwelt, in die die Verstorbenen gelangen, nachdem sie aus dem Lethe, dem Fluss des Vergessens, getrunken haben (vgl. auch V. 1154 u. 1165). 43.1143

44.1160 **Schreckensgötter:** In den *Eumeniden* des Aischylos (V. 137 ff.)
hetzt der Schatten Klytaimnestras die Erinnyen auf Orest: »Ihm
nach mit bluterfülltem Atem, mit / Dem Dampf des Rachefeuers
/ Das ihn innerlich / Verdörrend aufzehrt« (übers. von G. Ch.
Tobler).

44.1162– **Schleicht, wie [...] durch die Glieder?:** Iphigenie vergleicht den
1163 anscheinend gefühllosen Zustand Orests gegenüber der (von
ihm noch nicht wiedererkannten) Schwester mit der Wirkung,
die durch die Anwesenheit der Gorgonen erzielt wird. Die drei
Gorgonen Stheno, Euryale und Medusa waren mit Schlangen-
haaren, ehernen Händen, goldenen Flügeln und so grässlichen
Gesichtern ausgestattet, dass bei ihrem Anblick alles zu Stein
erstarrte.

44.1168– **Es ruft! [...] eine Rachegöttin?:** Orest spürt hier die sein Innerstes-
1169 tes erschütternde Wirkung der Worte Iphigenies und folgert daraus, dass sie beabsichtige, ihn ins Verderben zu stürzen.

44.1173– **Orest, ich bin's [...] Laß! Hinweg!:** Der Höhepunkt des III. Ak-
1174 tes ist die Wiedererkennungsszene (griech. *anagnórisis*) zwischen Orest und Iphigenie, die Goethe unter Rekurs auf das Tra-
gödienverständnis in der *Poetik* des Aristoteles gestaltet hat:
»Die Wiedererkennung ist, wie schon die Bezeichnung andeutet,
ein Umschlag von Unkenntnis in Kenntnis, mit der Folge, daß
Freundschaft oder Feindschaft eintritt, je nachdem die Beteiligten zu Glück oder Unglück bestimmt sind. Am besten ist die
Wiedererkennung, wenn sie zugleich mit der Peripetie eintritt.«
(Aristoteles 1982, S. 35). Nachdem sich Orest der ihm bis dahin
unbekannten Artemis/Diana-Priesterin, im Gegensatz zur listigen Verstellung seines Freundes Pylades, mit Offenheit genähert
hat (vgl. V. 1082–1084), erklärt sich auch Iphigenie in einfachen
Worten.

44.1176 **Kreusa's Brautkleid:** Krëusa, Tochter des korinthischen Königs
Kreon, erhielt zur Hochzeit mit Iason von Medea, die zuvor von
ihrem Gatten verstoßen worden war, ein vergiftetes Gewand,
das beim Anlegen in Flammen aufging und zusammen mit Krëusa verbrannte. In Euripides' *Medea* heißt die Königstochter
Glauke.

44.1178– **Wie Herkules [...] verschlossen, sterben.:** Deianeira schickte
1179 ihrem Gemahl Herakles (lat. Hercules), aus Wut über seine Un-

treue, als vermeintlichen Liebeszauber ein Gewand, das mit dem
Blut des von Herakles getöteten Kentauren Nessos getränkt war.
Doch das darin enthaltene Gift zerfraß den Leib des Helden.
Dem Mythos nach ließ er sich auf dem Berg Oeta in einem Schei-
terhaufen verbrennen, um den peinigenden Qualen zu entgehen.
Den stoischen Zug, auf den Orest hier anspielt, erhielt Herakles
(als Textfigur) jedoch erst in Senecas Drama *Hercules Oetaeus*;
es ist bemerkenswert für Orests Wahnsinn, welchen Aspekt aus
dem Herakles-Mythos er – im Unterschied zu Pylades (V. 747) –
auf sich bezieht.

Lyäens Tempel: ›Lyaios‹ (abgeleitet von griech. λύειν, ›lösen‹,   44.1188
›der die Sorgen Lösende‹) ist der Kultname des griech. Gottes
Dionysos (lat. Bacchus). Die »[u]nbändig-heil'ge Wut« steht für
die ekstatische Begeisterung (griech. *manía*) der Bacchantinnen
jenseits aller Vernunfthandlung, die den Weingott begleiteten
und sich nachts mit Thyrsosstab und Fackeln zu orgiastischen
Kultfeiern trafen, bei denen sie sich durch Ekstase in den angestrebten Zielzustand, den Enthusiasmus (griech. *enthusiasmós*,
›das Erfülltsein von Gott‹), versetzten. Dieser ekstatische Zustand soll ihnen sogar die Kraft verliehen haben, wilde Tiere zu
zerreißen, die sie dann roh verschlangen (Omophagie; vgl. Euripides' letzte ausgeführte Tragödie *Bacchai*). Orest stellt hier die
ihm unverständlich erscheinende emotionale Zuwendung Iphigenies in den Kontext dionysischen Rausches.

vom Parnaß die ew'ge Quelle: Am Fuß des griech. Gebirges Par-   45.1197
nassos, ein Gebirgszug, der Apollon und den Musen geweiht ist,
liegt Delphi, die Kult- und Orakelstätte Apollons. Auf dem Parnassos entspringt der Kastalische Quell, in dessen schnell be-
wegter Welle die Musen sich gerne aufhalten; hier als Bild freu-
diger Bewegung aufgerufen.

Schöne Nymphe: Nymphen sind (niedere) weibliche Gotthei-   45.1201
ten, die Dinge in der freien Natur (wie Flüsse, Wälder oder Berge) beseelen und oft im Gefolge des Dionysos/Bacchus und der
Artemis/Diana auftreten; sie erscheinen als schöne junge Frauen,
die tanzfreudig, gefällig und entgegenkommend sind. Im 18. Jh.
wird die Bezeichnung in einem abwertenden Sinn verwendet (lie-
derliche Mädchen, Huren etc.), was aus Orests Anrede keineswegs wegzudenken ist.

46.1229 **Brudermord**: Atreus und Thyestes töteten der Überlieferung nach zuerst ihren Stiefbruder Chrysippos, um sich danach selbst gegenseitig nach dem Leben zu trachten. Aigisthos, der Sohn des Thyestes, ermordete schließlich auf Veranlassung seines Vaters Atreus.

46.1234 **in's dunkle Reich**: Die hier gemeinte Unterwelt ist in der Prosafassung noch deutlicher als »Proserpinens Reich« bezeichnet. Proserpina (griech. Persephone) wurde von Hades/Pluto mit der Einwilligung ihres Vaters Zeus/Jupiter in die Unterwelt entführt, wo sie Demeter erst nach langer Suche auffand und aus dem sie sie nur für eine begrenzte Zeit im Jahr zurückholen konnte. Proserpina symbolisiert die Neuentstehung des Lebens und den Jahresverlauf. Das »dunkle Reich« ist hier noch Zielpunkt der Todessehnsucht Orests; vom folgenden Auftritt aus betrachtet, in dem Orest in einer imaginären Katabasis die eigenen Vorfahren in der Unterwelt sieht, deutet das Attribut »dunkel« nur noch auf die Melancholie Orests hin. Henkel hat darauf verwiesen, dass es sich bei der ersten Begegnung der Geschwister um »keine freudige, sondern sozusagen eine in Tantalo« handele (Henkel 1982, S. 94). In »Tantalo« erfolgt das Wiedererkennen Iphigenies und Orests, insofern Orest die Begegnung mit seiner Schwester ganz unter den Schatten des Hades stellt: In Übersteigerung seines eigenen Schicksals beabsichtigt er, die Schwester mit in den Tod zu ziehen.

46.1235 **vom Schwefelpfuhl' erzeugte Drachen**: Gemeint sind grässliche Unwesen in Proserpinas ›Hölle‹ (»Schwefelpfuhl«); bildhaftes Zeichen für die Gräuel im Atridenhaus, das in den *Choephoren* des Aischylos mehrfach begegnet (V. 527 ff., 585 ff., 994 ff., 1047).

46.1240 **Mit solchen Blicken**: Vgl. die entsprechende Szene in den *Choephoren* des Aischylos (V. 892 ff.).

47.1258 **Lethe's Fluten**: Lethe ist der Fluss des »Vergessens« (V. 1262), aus dem die Schatten trinken, bevor sie die Schwelle der Unterwelt überschreiten (vgl. Erl. zu 12,113).

47.1265 **Sohn der Erde**: Im Gegensatz zu den Schatten der Unterwelt, zu denen er sich in seiner Todesvision hingezogen fühlt, vermag Orest hier noch einen Rest seiner irdischen Existenz wahrzunehmen.

Willkommen, Väter!: Übergang zu freien rhythmisierten vier-hebigen Versen, dem befreiten Strömen der Bildvorstellungen entsprechend. Die Tatsache, dass Goethe Orests Befreiung nicht explizit gestaltet, verweist für die Deutung auf die Szenen, die dem Heilschlaf unmittelbar folgen: »*aus seiner Betäubung er-wachend und sich aufrichtend*«, wie die Regieanweisung vor V. 1258 angibt, entfaltet sich vor dem inneren Auge Orests eine elysische Vision der Versöhnung, die den ganzen Reigen des Tantalus-Geschlechts umfasst. Mit den Worten »Wir sind hier alle der Feindschaft los« (V. 1288) kommentiert Orest sein Frie-densbild. Die Utopie einer umfassenden Versöhnung scheitert jedoch, wie die folgenden Verse verdeutlichen, an dem Urahnen des Fluches, an Tantalus selbst. 47.1281

Auf Erden [...] gewisse Losung: Orest bezieht sich an dieser Stelle auf die unheilvolle Geschichte der Tantaliden, in der der Gruß gegenüber jedem Familienmitglied einen bevorstehenden Verwandtenmord angekündigt habe (wie z. B. bei Klytaimnestra und Agamemnon). 48.1296–1297

Tantalus: Zur Strafe für seine Freveltaten muss Tantalus im Tartaros an ewigem Hunger und Durst leiden: Schwere, reife Früchte hängen unerreichbar über seinem Kopf, und das Was-ser, in dem er steht, reicht nicht hoch genug zu ihm herauf. Dar-über hinaus schwebt ein schwerer Felsbrocken an nur einem Faden über ihm, der ständig auf ihn herabzustürzen und ihn zu zerschmettern droht. Seine Qualen ähneln denen des Prome-theus (der an einen Felsen geschmiedet ist, wo ihm ein Adler täglich die Leber frisst, die in der Nacht wieder nachwächst, so dass sein Leiden nie aufhört). Hinzuweisen ist aber ferner auf den Umstand, dass in Goethes Titanenbild auch die christl. Erb-sünden-Vorstellung konnotiert ist, die als existentielle Determi-nierung des Geschlechts theologisch von allen Sünden getrennt werden muss, die unmittelbar aus ihr folgen. 48.1298

O führt zum Alten [...] fest aufgeschmiedet.: Orests Vision von einer friedlichen Versöhnung der Familie steht mit Tantalus, der sich im Gegensatz zu seinen Nachkommen in direktem Kontakt zu den Göttern befindet, der Ursprung der Schuld entgegen. Die-ser anfängliche Schuldzusammenhang, der auf den titanischen Kampf zwischen der (menschlichen) »Heldenbrust« und den 48.1301–1309

»Übermächt'gen« Göttern verweist, ist zwar von Orest nicht zu lösen, gleichwohl kann er selbst von seinen eigenen Schuldvorstellungen geheilt werden.

48.1310 **Seid ihr auch schon herabgekommen?**: Der Beginn des 3. Auftritts wird inhaltlich und formal eng an den vorigen angeschlossen, indem Orests Monolog im gleichen lockeren Metrum (vierhebige Verse in freierer Füllung) fortgesetzt wird und indem er, zwar erwachend, aber sich noch immer in der Traumvision des vorigen Abschnitts glaubend, Iphigenie und Pylades zum Hades »herabgekommen« wähnt, in den sich Orest zuvor schon selbst geführt vermutete. Schiller schrieb in seiner Rezension von 1789 über die folgende Szene: »Was für ein glücklicher Gedanke, den *einzig möglichen* Platz, den Wahnsinn, zu benutzen, um die schöne Humanität unsrer neueren Sitten in eine griechische Welt einzuschieben und so das Maximum der Kunst zu erreichen, ohne seinem Gegenstand die geringste Gewalt anzutun! – Vor und nach dieser Szene sehen wir den edlen Griechen; nur in dieser Szene erlaubt sich der Dichter, und mit allem Rechte, eine höhere Menschheit uns gleichsam zu avancieren!« (*Kritische Übersicht der neuesten schönen Literatur der Deutschen*, 1789).

48.1313 **Mit sanften Pfeilen**: Wie Eros/Amor Liebespfeile verschoss, um erotische Begierden zu entfachen, so dachte man sich Krankheiten und Tod durch Pfeile der göttlichen Geschwister Apollon und Artemis/Diana verursacht.

48.1315 **Pluto's Thron**: Pluto (griech. Hades) ist der unterweltliche Herrscher und Gatte der Proserpina/Persephone.

49.1317–1319 **Geschwister, die ihr [...] Menschen bringet**: Die Bruder-Schwester-Konstellation von Orest und Iphigenie wird durch die von Iphigenie zum Schutz des menschlichen Geschwisterpaares evozierte mythische Parallele (Apollon und Artemis/Diana) noch verstärkt; Iphigenie bezeichnet Apollon hier als Gott der Sonne und setzt ihn damit mit dem Sonnengott Helios gleich, Artemis/Diana wird als Mondgöttin apostrophiert.

49.1340 **Parze**: Römischer Name der (drei) Moiren (griech. moira, »Anteil; Schicksal«), Töchter des Zeus und der Themis, die über das menschliche Schicksal wachen. Bei Homer werden sie als Spinnerinnen dargestellt: Klotho spinnt den Lebensfaden, Lachesis teilt das Schicksal zu, und Atropos, die Unabwendbare, schneidet den Faden ab.

Ihr Götter [...] letzten Wolken trennt: Das hier verwendete Gewitterbild macht die Entfesselung der den Menschen schreckenden Gewalten als Vorstufe zu neuem Wachstum, damit als Anlass zu Freude und Dank deutlich. Goethe bietet eine metaphorische Gestaltung der kathartischen Struktur von Orests Heilung vom Wahnsinn: Entfesselung der lebensschädlichen Gefühle als Weg zu ihrer Begrenzung und anschließenden seelischen Regeneration. Die Metaphorik des »lang erflehten«, erlösenden »Regen[s]« lässt Orests Heilung entsprechend als einen vollkommen natürlichen Prozess erscheinen. Die den Wahnsinn lindernde Kraft der Natur wird noch durch die Metapher des Schlafes unterstrichen, der den Heilungsprozess der Notwendigkeit der expliziten Darstellung entzieht. Henkel hat darauf verwiesen, dass die Heilung Orests eine Veränderung der metaphorischen Ebene des Textes nach sich ziehe. Die Orests Wahnwelt bis dahin bestimmende Bildwelt des Feuers werde – im Rahmen der Heilung durch Iphigenie – durch die »positiven Metaphern des Flüssigen, [...] Lindernden, Spendenden, Löschenden« ersetzt. Orests Reinigung von den Gewissensqualen entspreche dem »lang' erflehten Regen«, der nun »[m]it Donnerstimmen und Windesbrausen / in wilden Strömen auf die Erde schüttet« (Henkel 1982, S. 69). _{49.1343–50.1354}

Iris: Griech. Götterbotin mit goldenen Flügeln, Tochter des Thaumas, Gattin des Westwindes Zephyros; sie personifiziert als Regenbogen das auch in der christl. Religion bekannte Bindeglied zwischen Himmel und Erde. _{50.1353}

Es löset sich [...] sagt's das Herz.: Der innerpsychische Heilungsprozess, der Orest von den zur Gewissensqual verwandelten Erinnyen befreit, geschieht erneut unter Rückgriff auf die Metapher des Herzens. Dass sich der Fluch von Orest gelöst hat, verkündet ihm »das Herz«. _{50.1358}

Eumeniden: Griech. »die Wohlmeinenden, die Wohlgesinnten«. Von der Stadtgöttin Athene überzeugt, wandeln sich die Orest wegen des Muttermordes verfolgenden Erinnyen zu der Polis Athen wohlgesinnten Schutzgottheiten, denen in dem Demos Kolonos ein Hain geweiht wird (vgl. zur Umbenennung _{50.1359}

Aischylos, *Eumeniden*, und Sophokles, *Ödipus auf Kolonos*). Jetzt, wo Orest von seinem Wahnsinn geheilt ist (»Es löset sich der Fluch, mir sagt's das Herz«) und die Erinnyen von ihm ablassen, kann er sie – zum einzigen Mal in diesem Stück – als Zeichen der bevorstehenden Versöhnung mit ihrem neuen Namen anreden. Orests Verzweiflung weicht einer neuen Lebenszugewandtheit, die er in erster Linie der heilenden Gegenwart seiner Schwester zu verdanken scheint. »Die Tatsache, dass der Heilungsprozess nicht selbst zur Darstellung kommt, verweist [...] auf den spezifisch modernen Charakter von Goethes Tragödie. Im Unterschied zur *Orestie* des Aischylos, in der Orest vor ein offizielles Schiedsgericht gestellt wird, das den Muttermörder freispricht und vor der Verfolgung durch die Erinnyen schützt, tritt in Goethes *Iphigenie* ein innerpsychischer Heilungsprozess, der Orest von seinen Wahnvorstellungen befreit« (Geisenhanslüke 1997, S. 50).

50.1362 **Die Erde dampft erquickenden Geruch**: Hier knüpft Orest an seine metaphorische Rede über die eigene Genesung durch die Heilkräfte der Natur an; »dampft« ist im Sinne von ›atmet aus‹ zu verstehen.

50.1364 **Lebensfreud' und großer Tat**: Mit dieser Formulierung übernimmt Orest den an früherer Stelle (V. 701 ff.), verstrickt in Melancholie und Todessehnsucht, abgewehrten Appell des Pylades zu mehr Aktivität als Zeichen seiner Genesung.

50.1366 **Der Wind der unsre Segel schwellt**: Das durch Anagnorisis und Heilung sich unter den Geschwistern entfaltende Pathos abwehrend, verweist Pylades zu Recht darauf, dass der dramatische Konflikt, der die *Iphigenie* bestimmt, noch nicht gelöst ist; vielmehr hat sich die Situation verschärft: Durch die Wiedererkennung sieht sich Iphigenie vor ein ähnliches Problem gestellt wie Agamemnon in Aulis: Nun soll sie ihren eigenen Bruder den Göttern opfern. Über den inneren Heilungsprozess (Goethe) bzw. Entschuldigungsprozess des Orest hinaus, mit dem Aischylos seine *Orestie* beendete, verlangt Goethes Tragödie nach einer umfassenderen Lösung, die der subjektiven Erlösung Orests eine objektive Versöhnung hinzufügt. Diese umfassende Lösung (Aufhebung des Tantalidenfluchs) steht dem Pragmatiker Pylades jedoch nicht vor Augen, wenn er auf die nun notwendig gewordene Eile hinweist: Das Schiff der Gefährten vor Tauris wartet.

VIERTER AUFZUG: Parallel zum II. wird der IV. Akt des Dramas von Pylades und Arkas bestimmt. Im Blick auf die im V. Akt durch Orest und Iphigenie zu erreichende Versöhnung erscheint der gesamte IV. Akt (Beginn der Iphigenie-Handlung) als ein retardierendes Moment innerhalb der fallenden Handlung. Pylades' listiger Versuch, die Griechen durch bewusste Täuschung der Skythen zu befreien, erweist sich als Sackgasse, dem der von Goethe als Telos des Dramas angestrebte Prozess der Wahrheitsfindung im V. Akt dialektisch entgegengesetzt ist. Im Gegensatz zu der den III. Akt beherrschenden Geschwisterproblematik wird der IV. Akt v. a. von der Figur des Pylades dominiert, der, ganz im Sinne der ›Taurischen‹ *Iphigenie* des Euripides, in denkbar einfacher Diktion vorschlägt, Iphigenie solle die Skythen täuschen, indem sie vorgebe, das Bild der Göttin Artemis/Diana am Meeresufer kultisch zu reinigen, um Pylades und Orest den Raub des Bildes zu ermöglichen. In Erfüllung des göttlichen Auftrags würden Iphigenie und Orest schließlich versöhnt in ihre Heimat zurückkehren. 51.1368

IPHIGENIE: Zu Beginn dieses symmetrisch gebauten Akts, in der Hinwendung Iphigenies zur Göttin Artemis/Diana, steht, wie an seinem Ende, eine lyrische Partie; geprägt werden diese Textteile von getragenen, zweihebigen freien Rhythmen, die auch die Hymnen der frühen Weimarer Zeit Goethes kennzeichnen. 51.1369

Und haben [...] Mund / Gegeben: Iphigenie bedenkt hier die ihr in erster Linie von Pylades zugewiesene betrügerische Rolle (als Sprachrohr des Pylades) bei der Flucht von Tauris – in deutlichem Gegensatz zur ›Taurischen‹ Iphigenie des Euripides, die sich aktiv und listig an der Intrige beteiligt (in diesem Zusammenhang bemerkt Orestes bei Euripides: »Im Ränkespinnen sind die Fraun doch gar geschickt«). In Iphigenies Augen erscheint Pylades als Künstler der Verstellung und rhetorischen List, der »kluges Wort mir in den Mund / Gegeben, mich gelehrt, was ich dem König / Antworte«. Vor dem Hintergrund von dessen rhetorischer Kunst erscheint die Position Iphigenies als zuerst zögernde, dann entschiedene Absage an die Täuschung zu- 52.1398–1399 gunsten einer Umkehr zur Wahrheit als Basis sittlich-humanen Handelns.

53.1437 **mit meinen Jungfraun**: Gemeint sind hier die zu den Taurern verschlagenen Griechinnen, die Iphigenie im Tempel dienen; anders als in der Tragödie des Euripides tritt der Chor der jungfräulichen Tempeldienerinnen bei Goethe nicht auf.

53.1438 **Der Göttin [...] Welle netzend**: Iphigenie spielt hier – in ihrer Notlüge gegenüber Arkas – auf die rituelle Waschung des Artemis/Diana-Bildes an, die nach der vorgegebenen Entheiligung durch die schuldbefleckten Griechen zwingend notwendig ist. Bei Euripides sollen auch Orestes und Pylades durch ein Bad im Meer reingewaschen werden (damit ihnen Gelegenheit zur Flucht auf das rettende Schiff gegeben wird). Goethe rekurriert damit auf einen Zentralbegriff der urspr. rituellen Verankerung der griech. Tragödie: den Begriff der Katharsis (griech. ›Reinigung‹); unter Katharsis versteht man die Reinigung von jeder Art von Schmutz, bes. jedoch im relig. Sinne die Beseitigung einer Befleckung (griech. *míasma*), mediz. die Entfernung von schädlichen Substanzen aus dem Körper. Aristoteles schreibt im 6. Buch seiner *Poetik* der Tragödie generell eine psychotherapeutische Funktion zu, da sie den Rezipienten von den ihn beim Zuschauen befallenden Affekten Jammer und Schrecken reinigen könne.

53.1455 **Denn du hast [...] Rat geachtet.**: Arkas erinnert Iphigenie an seinen bereits früher gegebenen Rat, Thoas bereitwillig entgegenzukommen, indem sie dessen Gemahlin werde (vgl. V. 156 bis 163).

55.1511– **Es schien sich [...] zu legen**: Orests Ankunft und die damit ge-
1512 gebene Möglichkeit zur Heimkehr erscheint Iphigenie wie eine Wiederholung ihrer Rettung in Aulis (vgl. V. 426–428).

56.1536– **Dein Bruder [...] wir merkten's nicht.**: In der Jambenfassung
1539 versteht Pylades Orests Befreiung von den Rachegöttinnen als eine Heilung (von der psychischen Erkrankung durch Melancholie); in den Vorstufen liegt das Gewicht mehr auf der äußeren Existenz der Erinnyen. In der Prosafassung von 1781 antwortet Pylades auf Iphigenies Frage nach Orest: »Von hier begleitet' ich ihn, gesteh' ich, mit einiger Sorge, denn ich traute den Unterirdischen nicht und fürchtete auf des Gestades ungeweihtem Bo-

den ihren Hinterhalt. Aber Orest ging, die Seele frei, wie ich ihn nie gesehn, immer unsrer Errettung nachdenkend vorwärts und bemerkte nicht, daß er aus heiligen Hains Grenzen sich entfernte.« Hörbar wird die Furcht, dass die Erinnyen außerhalb des geweihten Hains, den sie nicht zu betreten wagen (V. 1129 f.), Orest doch wieder zusetzen könnten (vgl. V. 1412–14). Gegenüber der Prosafassung verringert die Jambenfassung den Aufwand, die Illusion zu erzeugen, die Erinnyen träten in leibhaftiger Präsenz in Erscheinung.

Dich seine Retterin: Erst in der Jambenfassung wird die leibliche Schwester Iphigenie als »Retterin« der Heilung Orests bezeichnet; in der Prosafassung preist Pylades »der schnellen Retter gnädig Walten«, was auf die Götter bezogen ist; damit wird neben der für Goethes Drama so zentralen Psychologisierung des Mythischen auch seine Übertragung von der göttlichen in die menschliche Sphäre gestaltet. 56.1545

die Bedingung fromm erfüllen: Pylades deutet den Spruch des delphischen Apollon-Orakels (in der Prosafassung: »daß wir die Schwester ihm nach Delphos bringen«) noch in dem Sinne, dass das Bild der Artemis/Diana von Tauris nach Griechenland wegzuführen sei. Mit dem Attribut »fromm« evoziert Goethe eine der Kardinaltugenden der Antike (griech. eusébeia, lat. pietas), die die respektvolle Haltung gegenüber den Göttern, Mitmenschen und der sozialen Ordnung meint. In Rom wurde die Pietas als röm. Göttin, Personifikation der Frömmigkeit, in verschiedenen Tempeln verehrt und häufig auf Münzen abgebildet. 58.1605

Orest ist frei, geheilt!: Das Motiv der Heilung Orests erscheint (wie in V. 1536 ff.) erst in der Versfassung; in den Vorstufen heißt es lediglich: »Orest ist frei!« 58.1607

Felsen-Insel die der Gott bewohnt: Gemeint ist die Stadt Delphi am Fuße des Parnassos (auf dem Festland der Peloponnes), in der Apollon seine Kultstätte hatte und die sich Goethe – wohl in Verwechselung mit der felsigen Kykladeninsel Delos, der Geburtsstätte von Apollon und Artemis/Diana – als Insel dachte. 58.1609

Vatergötter: Röm. Vorstellung der Haus- und Familiengötter; vgl. die Erl. zu V. 942. 58.1612

Entsühnst den Fluch: Pylades akzentuiert hier die fundamentale Bedeutung der Erfüllung des Apollon-Orakels (in Bezug auf das 59.1617

Kultbild der Artemis/Diana) für die Aufhebung des Tantaliden-Fluchs. Das Motiv der Entsühnung (des Atridenhauses) taucht zwar schon in der Prosafassung von 1779 auf (wenn Iphigenie in V 3 zu Thoas sagt: »Laß mich mit reinen Händen [...] hinüber gehen, und unser Haus entsühnen«), wird aber erst in der Versfassung breiter entfaltet (vgl. V. 1607, 1702, 1969 u. 2138); an dieser Stelle wird die (durchaus inhaltsadäquate) Formulierung der Prosafassungen (»wendest durch deine unbescholtne Gegenwart den Segen auf Atreus' Haus zurück«) ersetzt.

60.1650 **Ich untersuche nicht, ich fühle nur.**: Auch wenn in der Forschung immer wieder (mit einigem Recht) darauf verwiesen wird, Goethes Drama schreibe sich in die Tradition der Aufklärung des 18. Jh.s ein, so darf nicht übersehen werden, dass Iphigenie in ihrer Selbstaussage an dieser zentralen Stelle des Textes die Gefühle des Herzens über die Argumente der Vernunft und damit die *emotio* über die *ratio* stellt. In den *Maximen und Reflexionen* schreibt Goethe, um den Primat der Sinnlichkeit vor der Vernunft zu betonen: »Die Sinne trügen nicht, das Urteil trügt.« (HA 12, S. 406) Nicht die Einsicht der Vernunft oder die Überlegenheit der (rhetorischen) List treibt Iphigenie zur Entscheidung, sondern die innere Stimme des Herzens; der durch die Objektivierung der Wahrheit bestimmten philosophischen Aufklärung steht damit die Subjektivierung der Wahrheit entgegen, die Goethes Schauspiel auszeichnet: »Iphigenies innere Gewissheit um das Wahre begründet sich in einem emphatischen Sinne als das Handeln eines Menschen, der von der Präsenz des Guten in der eigenen Brust überzeugt ist. Dabei zeigt sich zugleich, dass die Verinnerlichung der Wahrheit nicht im Konflikt mit der Instanz der Götter steht, sondern in Übereinstimmung mit ihnen: Am Bild der Götter in ihrer Seele hält Iphigenie fest« (Geisenhanslüke 1997, S. 54).

60.1676 **Ein falsches Wort [...] opfern willst**: Eine für Pylades' Kunst der Verstellung typische euphemistische Umschreibung der notwendigen Lüge Iphigenies, mit der er das von Thoas verlangte Menschenopfer durch die Aufopferung von Iphigenies Anspruch auf Wahrheit ersetzt.

60.1680–
1681 **die ehrne Hand / Der Not**: Die ›Not‹ (den in der Prosafassung gebotenen Terminus »Notwendigkeit« ersetzend) wird nach

dem Bild der übergöttlichen Macht der Ananke (griech.
»Not[wendigkeit], Schicksal, Verhängnis, Naturgesetz«) personifiziert (»des ew'gen Schicksals unberatne Schwester«) und neben das Schicksal (griech. *týche*) gestellt, dem selbst die Götter
folgen müssen.

Der Rettung schönes Siegel: Gemeint ist das Kultbild der Arte-   61.1688
mis/Diana, das zum Fokus der Orakeldeutung des Hermeneuten
Pylades wird und das bestätigende »Siegel« der Rettung darstellt.

Soll dieser Fluch denn ewig walten?: Mit dieser Pointierung in   61.1694
der Versfassung nimmt Goethe eine Frage auf, die sich bereits bei
Euripides durch die Mordserie im Atridenhaus ergibt; explizit
gestellt wird sie im *Orestes* von Klytaimnestras Vater, dem alten
Tyndareos. Dadurch rückt Iphigenie auch den geplanten Betrug
an Thoas sowie den Raub des Kultbildes in den Kontext des
Fluchzusammenhangs, der auf diese Weise in den Bereich aller
unmoralischen Handlungen ausgeweitet wird (vgl. V. 1708 bis
11).

Port: Das aus lat. ›portus‹ abgeleitete Wort ist urspr. bedeu-   61.1706
tungsgleich mit ›Hafen‹, jedoch überwiegt seit dem 17. Jh. die
metaphorische Bedeutung ›Schutzort, Zuflucht‹.

Titanen, / Der alten Götter: Im Gegensatz zur antiken Traditi-   61.1713–
on, nach der Tantalus ein Sohn des Zeus ist, macht Goethe ihn –   62.1714
entsprechend in V. 328 und in der Rekapitulation seines mythologischen Verständnisses im Kontext seines Schauspiels in
Dichtung und Wahrheit – zu einem »Titanen«, einem jener »alten Götter«, die von Zeus und seinen Geschwistern, den olympischen Gottheiten, besiegt und in den Tartaros verbannt wurden. Goethe hält die (römischen) »Parzen« (V. 1720), die mit den
griech. Moiren, den Schicksalsgöttinnen, gleichgesetzt wurden,
offenkundig für vorolympische Götter; daher ihre Sympathie
mit Tantalus und ihre Wut auf die »Olympier«. Deren Mitleid
(»Sie litten mit dem edlen Freunde«, V. 1722) kann also gleichsam als Familiensolidarität im Widerstand gegen die verhassten
olympischen Götter gedeutet werden; in ihrer Verwirrung erinnert sich Iphigenie an das Lied der »Parzen« ihrer Kindheit, in
dem dieser Protest gegen die Willkür-Herrschaft der Götter gestaltet wird. Für Iphigenie drängt es sich in einer Situation auf, in

der sie selbst an der bisher für unumstößlich gehaltenen Güte und Gerechtigkeit der Götter zweifeln muss.

62.1716 **Geierklauen**: Der Begriff ›Geier‹ wird im 18. Jh. als Kollektivname für große Raubvögel verwendet. Daher ergibt sich die hier mitzuhörende Anspielung auf den Kampf zwischen Zeus und Prometheus sowie das anschließende Prometheus-Martyrium. Das an dieser Stelle erneut zu beobachtende Ineinander-Fließen der Bilder von Tantalus und Prometheus (vgl. V. 1307 ff.) führt zu einem mühsam gedämpften Protest bei Iphigenie.

62.1717 **Und rettet euer Bild in meiner Seele**: In Anspielung auf das bibl. Buch *Genesis*, derzufolge der Mensch nach dem Bilde Gottes geschaffen sei, verlegt Iphigenie das Bild der Götter in die eigene Seele und ordnet sich damit nicht nur den göttlichen Mächten nicht unter, sondern sucht nach einer Übereinstimmung zwischen dem Göttlichen und dem Menschlichen im Menschen selbst. Für Iphigenie stellen die Götter keine äußere (Schicksals-)Instanz mehr dar, vielmehr werden sie zum subjektiven Grund des menschlichen Handelns. Das Bild der Götter in Iphigenies Seele skizziert eine subjektive Erfahrung der numinosen Mächte, die den Menschen idealiter zum Guten bestimmen. Nicht in Trennung *von* ihnen, sondern in Überstimmung *mit* ihnen will Iphigenie das Menschliche verwirklichen. Indem sie von dem starren Kult*bild* der Artemis/Diana als zu erreichendem Ziel aller Bemühungen (Abtransport nach Griechenland und damit Abbruch der Fluchkette) absieht, beruft Iphigenie sich nun auf das lebendige *Bild* der Götter in ihrer Seele und bereitet die symbolische Stellvertretung der Götter durch den Menschen (frei von Schicksalszwängen und Fluchzusammenhängen) vor: Nicht die äußere Darstellung der Götter im (ambivalenten) Trugbild des Kultes (griech. *eídolon*) soll angestrebt werden, sondern das lebendige Bild der Götter im Menschen. In seiner Ode *Das Göttliche* hat Goethe die Logik, die Götter auf ein von Menschen aufgestelltes moralisches Gebot von ihnen zu verpflichten, bereits 1783 thematisiert.

62.1720 **Lied der Parzen**: Mit dem Parzenlied gibt Goethe den Blankvers zugunsten eines möglicherweise an Herder und Klopstock orientierten zweihebigen Verses auf. Ähnlich wie an den Scharnier-Stellen zwischen I. und II. Akt bzw. III. und IV. Akt wird auch hier am Ende des IV. Akts der metrische Wechsel von der dramatischen Handlung (griech. Epeisodion) zum Chorlied (griech. Stasimon) markiert.

Es fürchte die Götter: Das Parzenlied, das den IV. Akt beendet und zugleich die Versöhnung im Zeichen der *humanitas* im V. Akt vorbereitet (Abschluss der Iphigenie-Handlung), bietet einen gattungspoetischen Wechsel vom Tragischen zum Lyrischen, der nicht nur auf die subjektive Sphäre des Empfindens, sondern auch auf den Prozess der Ver-Innerlichung der Götter (griech. *en-thousiasmós*) verweist, der die *Iphigenie* insgesamt bestimmt. Das zentrale Thema des Liedes ist die Überlegung, wie sich der menschliche zu dem göttlichen Willen verhält. Die 1. Strophe definiert das Verhältnis von Menschen und Göttern über den Begriff der Furcht. Der hier gestaltete Imperativ, vor den Göttern Furcht zu haben, wird in den unmittelbar folgenden Verszeilen durch die differente Natur von Menschen und Göttern ausführlich dargelegt. Die keiner zeitlichen Einschränkung unterworfene Erinnerung an die Herrschaft der Götter wird zugleich als Willkür-Herrschaft gedeutet: »Wie's ihnen gefällt« (V.1731) können die Götter ihre Herrschaft ausüben, da ihnen von keiner Seite, auch nicht vom sterblichen Menschen, eine Gefährdung droht. 62.1726

Der fürchte […] sie erheben!: Die 2. Strophe des Parzenliedes nimmt die in der 1. Strophe gestaltete Warnung vor den Göttern wieder auf. Der Warnhinweis, dass primär derjenige unter der Willkür der Götter zu leiden habe, den diese zu sich emporheben, bereitet das Mythologem des Tantalus vor, auf das in den folgenden Verszeilen angespielt wird; Stühle und Tische erinnern an das gemeinsame Mahl der Götter mit Tantalus, das – aufgrund von Tantalus' Hybris – mit dessen Sturz vom Olymp in die Tiefen des Hades endet. Der in der 3. Strophe gegebene Hinweis auf den Sturz »In nächtliche Tiefen« verweist über das konkrete Beispiel des Tantalus hinaus auf den Streit zwischen den Olympiern und den Titanen, in dessen Mittelpunkt der Konflikt zwischen Zeus und Prometheus steht. In seinem Gedicht *Prometheus* hat Goethe den auch für das Parzenlied so wichtigen Zusammenhang von Autonomie und Auflehnung des Menschen gegenüber einer willkürlichen Götterherrschaft deutlich ge- 62.1732–1733

macht. Iphigenie kritisiert hier (am Beispiel des Tantalus) allerdings den – noch in Goethes Sturm-und-Drang-Hymne gefeierten – titanischen Drang des Menschen, den Göttern gleich
werden zu wollen, als das unselige Resultat der menschlichen
Hybris, die schließlich zum Untergang des Menschengeschlechts
führen muss. Während im *Prometheus*-Gedicht die heroische
Auflehnung des Menschen gegen die Tyrannis der Götter im
Mittelpunkt steht und deren Kult-Dienst quasi aufgekündigt
wird, akzentuiert das Parzenlied die Kehrseite des menschlichen
Frevels, der im Kampf gegen die Götter zwangsläufig unterliegt
und damit unendliche Schuld (als ununterbrochene Fluch-Kette)
auf sich lädt. »Im Finstern gebunden« (V. 1742) erleiden Prometheus und Tantalus die Strafe ihres (notwendigen) Sturzes in
den Tartaros.

63.1744–
1748

Sie aber, […] Bergen hinüber: Im Unterschied zur Verbannung
der Abtrünnigen in den Hades betont die 4. Strophe die kon-
tinuierliche, von allen Wechseln freie Herrschaft der olympischen Götter. Die Höhe der Götter, die »vom Berge / Zu Bergen«
schreiten, steht die Tiefe der Titanen gegenüber: »Aus Schlünden der Tiefe / Dampft ihnen der Atem / Erstickter Titanen«
(V. 1749 ff.). Der Emporhebung der Menschen zu den Göttern
folgt ein Sturz in die Tiefe und damit eine Kluft, die den urspr.
Abstand von Menschen und Göttern noch weiter vergrößert.
Nach antiker Überlieferung soll Zeus auf den Kopf des Tantalus
den Berg Sipylos gestürzt haben; einem weiteren Zeugnis zufolge
hat er ihn von diesem Berg hinabgestürzt, so dass Tantalus den
Hals brach.

63.1754–
1760

Es wenden […] Ahnherrn zu sehn.: Die letzte Strophe des Parzenliedes unterstreicht die im gesamten Drama thematisierte
Kontinuität des Fluchzusammenhangs, der sich vom Urahnen
Tantalus bis zu seinen Nachkommen und Enkeln erstreckt.
»Von ganzen Geschlechtern« wenden die Götter die Augen, um
dem stummen Vorwurf der »ehemals geliebten / Still redenden
Züge« zu entkommen. Angesichts der sich über Generationen
erstreckenden Feindschaft zwischen Göttern und Menschen
scheint es für den in Ungnade gefallenen Menschen keine Erlösung zu geben. Das Parzenlied stellt in toto am Beispiel von Tantalus und Prometheus den Konflikt zwischen Menschen und

Göttern als einen kontinuierlichen, unaufhebbaren Streit zweier ungleicher Mächte dar.

So sangen [...] schüttelt das Haupt.: Entscheidend für die Bedeutung des Liedes innerhalb von Goethes Drama ist die letzte Strophe des Gedichts, die es insgesamt »als eine Reminiszenz an Iphigenies Kindheit ausweist« (Geisenhanslüke 1997, S. 59): Der Erinnerungsbewegung, die das Lied durch den Wechsel des Tempus vollzieht, entspricht der Rückbezug auf die Verknüpfung des Schicksals von Iphigenie und Orest mit dem Fluch, der auf den Tantaliden lastet. In seiner Verbannung scheint Tantalus selbst dem Lied der Parzen, dessen semantische Mitte er ist, zu lauschen (»Es horcht der Verbannte«) und als Urahn des Fluches mit seinen Ahnen zu leiden, da er die Verantwortung nicht nur für die eigene Tat trägt, sondern auch für seine Nachkommen. Gleichwohl wird formal ein klarer Trennungsstrich zwischen dem Parzenlied (als Zitat an vergangene Zeiten) und der als dramatisch erlebten Gegenwart Iphigenies gezogen, deren Erinnerung – gegen das starre Denken der Parzen, die auf der Unlösbarkeit des Fluchzusammenhangs bestehen – die Möglichkeit einer Befreiung des Menschen betont. Gelingen kann diese jedoch nur, wenn sie nicht (wie der Aufruhr der Titanen) gegen die Götter gerichtet ist und damit den Tun-Ergehen-Zusammenhang durch sittlich falsches Vorgehen stärkt, sondern einem neuen Bündnis zwischen Menschen und Göttern entspricht. »Das Parzenlied besitzt damit für den Gesamtverlauf des Dramas die zentrale Bedeutung eines Umschlags im Verhältnis von Menschen und Göttern. Iphigenie gedenkt der vergangenen Schuld noch einmal, um aus der Erinnerung an den Konflikt zwischen Menschen und Göttern heraus eine neue, von Schuld und titanischer Überhebung freie Lösungsmöglichkeit für den Menschen zu erwägen. Sie bereitet damit in der inneren Vergewisserung des Göttlichen die Versöhnung vor, die der Schlussakt verwirklicht« (Geisenhanslüke 1997, S. 60).

Ein König [...] Sturme fort.: In ihrer Anverwandlung von Titanentrotz stellt Iphigenie in ihrem ›politischen Parzenlied‹ Thoas hier wie einen der olympischen Götter dar; umgekehrt sind die Götter im Parzenlied wie tyrannische Fürsten gezeichnet, die ihre Ratgeber zuweilen gnadenlos fallenlassen.

63.1761–1766

65.1812–66.1820

66.1822 **Nicht Priesterin [...] Agamemnons Tochter.**: Die Selbsterklä-
rung Iphigenies als Königstochter entspricht dem unmittelbar
vorangegangenen ›politischen Parzenlied‹ (V. 1812–20) und
kann als Kritik am (höfischen) Absolutismus der Goethe-Zeit,
der die Hybris der Titanen nachahmt, gedeutet werden. Gleichzeitig vollendet Iphigenie ihre von Anfang an betriebene Befreiung von relig. Instanzen, um sich desto selbstbewusster auf ihre
Familienherkunft zu berufen.

66.1827– **Und folgsam [...] schönsten frei**: Vgl. zum Verständnis die
1828 Wendung der Prosa-Vorstufen: »[...] diese Folgsamkeit ist einer
Seele schönste Freiheit«.

67.1880 **den anmut'gen Zweig**: Apposition zu »Die schöne Bitte«; Iphigenie spielt hier auf den antiken Brauch an, einen mit weißer
Wolle umwickelten Oliven- oder Lorbeerzweig als Zeichen des
um Schutz Flehenden bei sich zu tragen.

68.1892 **unerhörten Tat**: Die »unerhörte Tat« ist im Drama Zeichen des
Titanischen und damit dem Atridenhaus zugeordnet. »Iphigenie
beruft sich auf die Freiheit des Willens als ein universales Prinzip, das jedem Menschen zukommt und stellt sich damit gegen
Thoas, der sie zum Opfer zwingen will, aber auch gegen Pylades,
der sie in seinen Plan einspannen wollte« (Geisenhanslüke 1997,
S. 61).

68.1896 **Dem immer wiederholenden Erzähler**: Gemeint sind die von
Ort zu Ort ziehenden griech. Rhapsoden, Sänger, die (vor allem
heroische) Dichtungen öffentlich vortrugen.

68.1898– **Der in der Nacht [...] Beute kehrt**: In der Selbstvergewisserung
1903 über die Risiken ihrer mittlerweile geplanten Wahrhaftigkeit gegenüber Thoas spielt Iphigenie auf eine Episode in Homers *Ilias*
(10. Gesang, V. 463 ff.) an, die sog. ›Dolonie‹, mit Odysseus und
Diomedes als Helden eines nächtlichen Überfalls auf das trojanische Lager.

68.1904– **Wird der allein [...] Gegend säub're?**: Anspielung auf die Taten
1907 des Theseus, der, den »sichern« Landweg verschmähend, auf
dem langen Landweg nach Athen gelangte, um dort seine Herrschaft anzutreten, bis dahin aber viele Gefahren zu überstehen
und vor allem Angriffe durch Straßenräuber abzuwehren hatte.

68.1908– **Muß ein zartes [...] Unterdrückung rächen?**: Im Gegensatz zu
1912 Kleists *Penthesilea* (vgl. SBB 72) gestaltet sich Goethes Iphigenie

auch hier wiederum als Anti-Amazone, deren Schwäche unversehens zu ihrer eigentlichen Stärke wird, indem sie der adelig-männlichen Wertehierarchie ein revidiertes Verständnis von ›Heroismus‹ entgegensetzt, der neu definiert wird als Mut zur Wahrhaftigkeit und als weibliche Kraft zur Humanität und zum Frieden.

Allein Euch leg ich's auf die Kniee!: Gräzisierender Ausdruck, der sich direkt aus den Homer-Übertragungen des späten 18. Jh.s ergibt (z. B. *Ilias* XVII 514; XX 435; *Odyssee* I 267), in der Bedeutung: ›es liegt auf den Knien der Götter‹, d. h., es ist ihrem Ratschluss anheim gegeben. Interessanterweise findet sich diese Wendung auch in dem Dedikationsschreiben Kleists an Goethe vom 24. 1. 1808, mit dem dieser dem Weimarer Dichtervorbild das erste *Phöbus*-Heft, das auch ein »Organisches Fragment« aus der *Penthesilea*, eine explizite Anti-*Iphigenie*, enthielt, mit folgenden Worten übersendet: »Es ist auf den ›Knien meines Herzens‹ daß ich damit vor ihnen erscheine; mögte das Gefühl, das meine Hände ungewiß macht, den Werth dessen ersetzen, was sie darbringen« (SWB 4, S. 407). 68.1916

Wenn Ihr wahrhaft [...] die Wahrheit!: Iphigenies Zuwendung zu den Göttern erhält hier den Charakter eines neuen Vertragsbündnisses: »[D]ie Wahrheitsliebe der Götter wird als Unterpfand dafür interpretiert, sich und die Gefährten durch die eigene Wahrhaftigkeit gegenüber Thoas gerade *nicht* in Gefahr zu bringen – ein selbstsuggestives Argument, das Iphigenie schließlich zum Geständnis gegenüber Thoas bringt« (Geisenhanslüke 2002, S. 34). 68.1916–69.1919

Apoll schickt [...] Tantals Haus': Gegenüber der Prosafassung von 1781, deren Wortlaut an dieser Stelle zumindest ambivalent war (»Apoll schickt sie [Orest und Pylades] von Delphos, das heilige Bild der Schwester hier zu rauben und dorthin zu bringen [...]«), wird der Inhalt des delphischen Orakelspruchs an dieser Stelle der Versfassung falsch wiedergegeben. Iphigenie hat von Pylades nur eine äußerst knappe und zudem zweideutige Auskunft über das Orakel erhalten, die eine innerhalb der Lügengeschichte (V. 838 ff.), die andere unmittelbar nach Orests Heilung (V. 1605 f.). Iphigenie, auf die hin das Orakel schließlich ausgelegt wird (V. 2116 f.), ist am schlechtesten über seinen Sinn 69.1928–1935 in Kenntnis gesetzt. Ihre falsche Wiedergabe im Gespräch mit Thoas wirkt als Spannungsmoment: einmal im Hinblick auf den tatsächlichen Wortlaut des Orakels (vgl. V. 2112–15) und seine mögliche andere Bedeutung, zum anderen mit Blick auf Thoas, der dem Raub des Kultbilds der Artemis/Diana im taurischen Tempel, eines derart wichtigen Kultgegenstands, von seiner Insel niemals zustimmen könnte; dadurch gerät eine letztlich friedliche Lösung (Identifizierung Iphigenies als ›Schwester‹) in der Auseinandersetzung Griechen-Taurer durch permanente Unwissenheit, Selbst- und Fremdblendungen, Listen und Intrigen an dieser Stelle noch nicht in den Blick der Agierenden (vgl. auch V. 2099 ff.).

69.1937 **Der rohe Scythe, der Barbar**: Thoas' ironische Replik zitiert wiederum (wie schon in V. 499–501) den griech. Barbaren-Diskurs und den ihm inhärenten Überlegenheitsdünkel gegenüber allen Nicht-Griechen. Die Gleichsetzung des ›Skythischen‹ mit dem Rohen, Unzivilisierten ist in den antiken Archetexten völlig selbstverständlich (vgl. Aischylos, *Choephoren*, V. 162; *Eumeniden*, V. 703). Bei Goethe macht der »Barbar« unter Verweis auf die Untaten des Atreus (vgl. auch V. 389) die Gegenrechnung auf, indem er das Prinzip der Menschlichkeit anerkennt und der Artemis/Diana-Priesterin eine Frage stellt, die in ironischer Brechung den kulturellen Gegensatz zum Ausgang nimmt.

69.1939– **Es hört sie [...] ungehindert fließt.**: Hörbar wird die Idee eines
1942 völkerübergreifenden Humanismus, der nicht mehr zwischen Griechen und Barbaren unterscheidet. Geisenhanslüke unterstreicht, dass Iphigenie mit diesen Worten »den Begriff des Menschlichen [formuliert], der über die Interessen des Einzelnen hinausgeht, dessen Bedingung aber die Reinheit des Herzens bleibt, die Iphigenie selbst in idealer Weise verkörpert. Nicht als Privileg der Priesterin erscheint die Einsicht in das Gute, sondern als eine Möglichkeit, die dem Menschen offen steht, sofern er sich der Stimme des Herzens anvertraut« (Geisenhanslüke 1997, S. 63).

70.1957– **Ich könnte hintergangen [...] laß sie fallen**: Die Prosafassung
1959 von 1781 formuliert an dieser Stelle Iphigenies Argument eindeutiger: »ich könnte hintergangen werden, diesmal bin ichs nicht. Wenn sie Betrüger sind, so laß sie fallen«.

Wenn zu den Meinen [...] zu lassen: Hier erinnert Iphigenie 70.1970–1972
Thoas an sein in I 3 gegebenes Versprechen (vgl. V. 293 f.), verbunden mit der impliziten Erwartung, dass es auch eingelöst wird.

Bedenke nicht [...] du's fühlst.: Vgl. Erl. zu 60,1650. 71.1992

Billigkeit: In der Bedeutung: Gebührlichkeit, Rechtmäßigkeit 73.2029
nach dem ungeschriebenen Gesetz. »Der Begriff der Billigkeit,
der aequitas, ist ein Grundbegriff des Naturrechts, d. h. des
Rechts vor allem geschriebenen, positiven Gesetz. Die Tugend,
nach ungeschriebenen Normen der Gerechtigkeit urteilen zu
können (besonders wichtig für den Richter, der oft urteilen muß,
ohne daß ihm das positive Recht eine klare Handhabe bietet!),
nennt Aristoteles ›Epikie‹. Sie ist das Vermögen, nicht starr nach
dem Buchstaben des Gesetzes, sondern nach dessen Geist zu urteilen. Auf ebendiese Tugend, das Herzstück des Naturrechts,
zielt Iphigenie« (Borchmeyer 1988, 1050).

Wähl' einen [...] gegen über.: An dieser Stelle des Dramas wird 73.2041–2042
nach zwei gescheiterten Vorschlägen zur Lösung des Konflikts
(Betrug der Taurer durch Pylades' ›kultische‹ List; Thoas' Insistieren auf der Wiedereinführung der rituellen Opferung) mit
Orests Vorschlag eines heldenhaften Zweikampfs eine heroische
Lösung geboten. Orest vertraut in seinem Vorschlag nicht auf
eine gewaltfreie Versöhnung mit Hilfe von Worten, sondern auf
die Gewalt der Waffen; damit stellt er sich in die Tradition des
Adelsethos und der Handlungsmuster griechischer Heroen, insbesondere seines Vaters Agamemnon. Der kundige Zuschauer/
Leser weiß natürlich an dieser Stelle schon um das Schicksal des
Agamemnon, der durch den Sieg über Troja keinen Frieden gefunden hat, und kann daher die von Orest angestrebte Befreiung
durch Waffengewalt als Irrweg durchschauen. Ähnlich wie die
ersten beiden kommt daher auch die dritte Idee nicht zur Durchführung: listiger Betrug, Menschenopfer und Zweikampf – allesamt klassische Versatzstücke der griech. Tragödie – werden
durch Iphigenies Etablierung der *humanitas* abgelöst, womit das
Tragische der Tragödie letztlich aufgehoben wird.

Und laß mich [...] jeglicher hinweg!: Diese Passage, die den 73.2050–74.2057
Konflikt um die Abschaffung der Menschenopfer und die Heiligung des Gastfreundes ins Überpersönliche wendet und Iphi-

genies Vision eines freien menschlichen Austausches über alle kulturellen und relig. Grenzen hinweg vorbereitet, ist erst in der Versfassung hinzugekommen. Im Gegensatz zur Prosafassung will Orest nicht nur für sich und seine Angehörigen kämpfen, sondern ganz allgemein für die Einführung des Gastrechts auf Tauris.

74.2082– **Sieh hier [...] Er ist's:** Goethe erfindet hier – unter Rückgriff auf
75.2091 die griech. Tragödie – sämtliche körperlichen Erkennungszeichen Orests, wobei das Vorbild nicht in der ›taurischen‹ *Iphigenie* des Euripides zu suchen ist (wo sich die Geschwister vielmehr über gemeinsame Erinnerungen ihres verwandtschaftlichen Verhältnisses vergewissern), sondern vielmehr in dessen *Elektra*, wo Orestes von den Schwestern an einem körperlichen Mal erkannt wird, einer Schramme, die von einem Sturz bei der Jagd herrührt.

75.2091 **Dreifuß:** Dreifüßiges Tischgestell (griech. τρίπους), bei Griechen und Römern sowohl im Alltag (Kochkessel) als auch im Kultdienst (Weihegabe an Götter, Siegespreis) verwendet. Die Apollon-Priesterin Pythia saß, nach antiker Überlieferung, auf einem Dreifuß über einem Erdspalt, dem betäubende Dämpfe entströmten.

75.2103 **Den fernen Schätzen der Barbaren:** Die Skythen waren für ihre Goldschmiedearbeiten und die Reichhaltigkeit ihrer Grabbeigaben berühmt.

75.2104 **Dem goldnen Felle:** Gemeint ist das Goldene Vlies, ein traditionsreiches Requisit der argivisch-mykenischen Herrscher. Ein Überlieferungsstrang berichtet von dem »goldnen Fell« eines Widders, den Poseidon mit Theophane gezeugt hat. Auf diesem heiligen Tier flüchten Phrixos und Helle vor ihrer Stiefmutter Ino, die ihnen nach dem Leben trachtet. In Kolchis bei König Aietes opfert Phrixos den Widder dem Zeus und bewahrt das Vlies auf. Die Fahrt der Argonauten nach Kolchis erfolgt, um das Goldene Vlies zurück nach Griechenland zu holen, was Iason mit Unterstützung von Herakles, Odysseus und nicht zuletzt durch Eingreifen der kolchischen Königstochter Medea auch gelang. Ausgangspunkt war die thessalische Stadt Iolkos, die dem mykenischen Kulturkreis zugehörte. Ein zweites Mythologem berichtet von Atreus' Schwur, der Göttin Artemis das beste Tier seiner Schafherde zu opfern, falls er König werden würde. Als er aber eines Tages eines goldenen Lamms in seiner Herde ansichtig wurde, schaffte er es nicht, es ganz der Artemis zu weihen. Er opferte zwar das Fleisch, behielt aber das goldene Fell zurück. Die darüber erzürnte Artemis sorgte dafür, dass das goldene Fell in die Hände von Atreus' Bruder Thyestes fiel, der daraus seinen Herrschaftsanspruch über Mykene ableitete.

Schleier: Mit dem Bild des ›Schleiers‹ könnte Goethe auf die 75.2109 berühmte Inschrift anspielen, die Plutarch (45–125) und Proklus (410–485) überliefern: »Ich bin alles, was da war, ist und sein wird; kein Sterblicher hat meinen Schleier gelüftet.« Der Schleier symbolisiert hier die Grenze bis zu einem unerreichbaren Punkt; er verhüllt das den Sterblichen vorenthaltene Wissen, die Welträtsel oder *arcana naturae*.

»Bringst du [...] sich der Fluch.«: Erst jetzt zitiert Orest den 75.2113– genauen Wortlaut des Orakels, den Pylades bisher nur in Para- 2115 phrase und in zu großer Eindeutigkeit referiert hatte (vgl. V. 722, 1605, 1617, 1688); erst dieser Wortlaut, eine Erfindung Goethes, macht das Orakel neu auslegbar, indem es um seine kultisch-rituelle Lesart beschnitten und ausschließlich auf den Menschen hin ausgelegt (humanisiert) wird, aber letztlich göttliches Orakel bleibt. Gleichwohl wird dadurch ein weiteres personales Requisit der griech. Tragödie (neben dem Chor und dem Auftritt der Götter selbst) bei Goethe entbehrlich: das Amt des Sehers (griech. *mántis*), der nicht unmittelbar die Zukunft verkündet, sondern entweder Urteile zu den Fragen der Ratsuchenden abgibt oder die Ambivalenz eines göttlichen Spruches aufhebt (vgl. etwa die Rolle des blinden Sehers Teiresias in den Tragödien des Sophokles), wäre hier funktionslos.

Und er gedachte dich!: Die nach den bisherigen Konfliktlö- 75.2117 sungsstrategien, die auf Betrug, Kampf oder Opferung hinausliefen, ebenso überraschende wie den Streit um das Kultbild der Artemis/Diana entschärfende Um-Deutung des Orakelspruchs – nach Schiller »eine ebenso einfache wie scharfsinnige Wendung« – dürfte nicht als dezidierte Aufkündigung der Loyalität zum Willen der Götter zu verstehen sein, sondern vielmehr als dessen kluge Befolgung (vgl. noch V. 2025 f.). Bereits Euripides hat in seiner *Iphigenie bei den Taurern* (V. 1401 f.) die Artemis-

Priesterin in der Anrufung ›ihrer‹ Göttin und im Hinblick auf die Geschwisterliebe (zu Apollon bzw. Orestes) an den Punkt geführt, wo ihr eigenes Bild in dem der angerufenen Göttin hervorzutreten beginnt. Auch in Goethes Drama entwickelt sich die ›metaphorische‹ Deutung (als Übertragung, wo das eigentliche Zeichen [›Diana‹ als Schwester Apollons, daher Vermutung, das Kultbild zu rauben] durch ein anderes ersetzt wird, das aus einem anderen Sachbereich stammt [›Iphigenie‹ als Schwester Orests, daher Wegführung der Artemis-Priester nach Griechenland]) aus der Parallele zwischen der mythischen (Apollon-Artemis/Diana) und der menschlichen Konstellation (Orest-Iphigenie) (V. 1317–24). Dass Orest kurz vorher Iphigenie sich als »Schwester« hat bezeichnen hören (V. 2002), ist dabei von geringerer Bedeutung als das Bewusstsein, ihr und nicht der scheinbar vom Orakel vorgezeichneten Zeitenfolge seine Rettung (V. 1545) und seine Heilung (V. 2119 f.) zu verdanken: »Jetzt kennen wir den Irrtum« (V. 2107).

75.2117–
2119

Die strengen Bande [...] Heilige, geschenkt.: Die erreichte Katharsis ist hier nicht nur auf Orests eigene Pathologie (erreichte Heilung in III 3), sondern auch auf das gesamte Tantaliden-Geschlecht bezogen; zum »Band« als Zeichen der immer wieder ins Unglück und Verbrechen bindenden schicksalhaften ›Verselbstung‹ und mythischen Abhängigkeit der Tantaliden von ihrer schicksalhaften Vergangenheit (als fundamentale Unfreiheit) vgl. u. a. V. 331. Gleichwohl spricht Orest in den nächsten Versen zunächst nur die Wirkung Iphigenies auf die eigene Heilung an: »Von dir berührt / War ich geheilt« (V. 2119 f.). Die Heilung durch die liebende Zuwendung der menschlichen Schwester (vgl. zur ›kathartischen‹ Berührung des Bruders V. 1194 f., 1205, 1341 f., 1392 f. u. 1703 ff.) stellt eine bewusste Antithese zur aischyleischen *Orestie* dar, in der Orestes nach dem Muttermord in seiner qualvollen Vision der aufsteigenden Erinnyen eine Befreiung durch Apollon, also durch göttliches Eingreifen, verheißen wird: »Es gibt Entsühnung! Wenn dich Loxias [Apollon] berührt, / So wird er huldreich dieser Qualen dich befrein« (*Choephoren*, V. 1059 f., übers. von J.G. Droysen).

76.2127–
2130

Gleich einem heil'gen [...] Schützerin des Hauses: Orest vergleicht seine Schwester Iphigenie mit einer Segen und Schutz

spendenden Gottheit, deren Bilder griech. Städte im Tempel auf-
bewahrten und verehrten. In Troja war dies das Palladium, ein
vom Himmel gefallenes Bild der Athene. Die Eroberung der
Stadt durch die Griechen nach 10-jähriger Belagerung war erst
möglich, nachdem Diomedes das Palladium geraubt hatte. In
Goethes Drama wird durch den Vergleich Iphigenies mit dem
»heil'gen Bilde« zum einen die Lösung des Fluchzusammenhangs für das gesamte Tantaliden-Geschlecht bezeichnet
(V. 2136 f.), zum anderen geschieht die wachsende Sakralisie-
rung Iphigenies durch ihren Bruder komplementär zur Humanisierung bzw. Säkularisierung der Orakeldeutung.

daß sie die Weihe […] alte Krone drücke: Goethe gestaltet hier – 76.2136–2139
im Gegensatz zur *Elektra* des Sophokles, wo Orestes es ist, der
durch den vergeltenden Muttermord zum Retter wird – Iphigenie zur Heilsbringerin für das Atridenhaus. Bei Euripides wird in
der *Iphigenie bei den Taurern* erst die Wiederaufrichtung des
väterlichen Hauses zu Iphigenies Sache, ohne freilich – wie bei
Goethe – an den Willen zur Entsühnung gebunden zu werden.
Im Gegensatz dazu wird bei Goethe die »verhängnisvolle Ver-
flochtenheit des Menschen in die schicksalhafte Ordnung der
Götter […] durch eine Form der Freiheit [abgelöst], die Iphigenie und Orest durch eine rein menschliche Entsühnung erlangen.
Die abschließende Heimkehr der Griechen bestätigt die Freiheit,
die Iphigenie und Orest im Verlauf des Dramas erlangt haben,
indem sie sich von den Banden der Vergangenheit gelöst haben«
(Geisenhanslüke 1997, S. 68).

des nähern Rechtes: Im Unterschied zum taurischen König hat 76.2141
der Bruder und mykenische König Orest, durch Katharsis und
Erfüllung des Orakels legitimiert, ein natürliches Recht auf die
Anwesenheit seiner Schwester Iphigenie.

die Wahrheit dieser hohen Seele: Zu Iphigenies Wahrheitspa- 76.2143
thos vgl. V. 218 f., 1403–11 u. 1916–19, zu Orest und der Dis-
kussion einer bloß rhetorischen Steuerung seiner Schlussrede
V. 768 u. 1076–81. Iphigenie versieht dieselbe schließlich mit
dem Siegel der Wahrheit (vgl. V. 2146 f.).

Lebt wohl!: Thoas' letzte Worte sind gewichtiger als im moder- 77.2174
nen Sprachgebrauch, da im 18. Jh. im Adverb »wohl« die alte
Bedeutung ›gut‹ noch nicht verblasst ist; sie sind durchaus das

»holde[] Wort des Abschieds« (V. 2169), der »Segen«, um den Iphigenie in V. 2151 gebetet hat. Die Ausnahmestellung wird auch dadurch unterstrichen, dass sie die einzigen Worte eines metrisch nicht abgeschlossenen Verses sind. Mit welcher Haltung Thoas sie ausspricht, bleibt also – wie ihre formale Gestaltung – im wörtlichen Sinne ›offen‹. Dementsprechend haben einige Interpreten angenommen, die abschließende Versöhnung sei unglaubwürdig und zum Teil sogar ungerecht. So kommt Adorno zu dem Ergebnis, dass »der Skythenkönig, der real weit edler sich verhält als seine edlen Gäste, allein, verlassen, übrig ist. [...] Das Meisterwerk knirscht in den Scharnieren: damit verklagt es den Begriff des Meisterwerks« (Adorno 1974, S. 509). Die Frage, die hinter Adornos Überlegungen steht, ist, ob die abschließende Lösung, die sich als das Ergebnis eines allgemein gültigen Humanitätsbegriffs ausgibt und in vielem dem Schlusstableau von Lessings *Nathan der Weise* (1779) gleicht (wo Nathan sich aus der restituierten Familiengemeinschaft ausgeschlossen sieht), nicht ein fundamentales Ungleichgewicht zwischen den Griechen und Thoas kaschiert, das dem angestrebten universalen Anspruch des Menschheitsideals widerspricht. Adornos Position aufgreifend und gleichsam differenzierend, gelangt Geisenhanslüke zu dem Ergebnis, dass »sich der Schluss des Dramas auf das Ideal der Menschlichkeit in keineswegs selbstverständlicher Weise bezieht. Orest und Iphigenie triumphieren über den König der Skythen nicht, wie ihr Vater Agamemnon über die Trojaner triumphierte. Vielmehr konstituiert sich die Versöhnung erst dadurch, dass Thoas, wenn auch zögernd, in die Abreise der Griechen in die Heimat einwilligt. Entscheidend für die abschließende Versöhnung ist mithin, dass nicht das Einschreiten der Götter die Lösung verbürgt, sondern eine Auseinandersetzung, die im Gespräch auf den Bereich des Menschen beschränkt bleibt. Die Freiheit, die Iphigenie in der Entsühnung der Vergangenheit erlangt, verdankt sich der Kraft des Menschen, sein Handeln selbst zu bestimmen. Gewonnen ist mit dem Happy End auf Tauris nicht der Kampf des Wahren, Guten und Schönen, sondern die Möglichkeit einer Selbstbehauptung innerhalb der Grenzen der Menschlichkeit. Und darin hat *Iphigenie* nichts von ihrer Aktualität verloren« (Geisenhanslüke 1997, 69).

Suhrkamp BasisBibliothek
Text und Kommentar in einem Band
Eine Auswahl

NF 279a/4/9.10